Secretos sangrientos

Carolina García-Aguilera

SECRETOS SANGRIENTOS

Un libro de misterio de Lupe Solano

Traducida por
Helena Uribe de Lemoine

Planeta Publishing

Título original: *Bloody Secrets*

© de la traducción, Helena Uribe de Lemoine

© 2005, Carolina García-Aguilera

© 2005, Planeta Publishing Corp.
2057 N.W. 87th Ave.
Miami, FL 33172 (Estados Unidos)

Diseño de la portada: Trialtea USA

Primera edición en castellano: abril de 2005
ISBN: 1-933169-05-2

Impresión y encuadernación: Quebecor World Bogotá S. A.
Printed in Colombia – Impreso en Colombia

Este libro está dedicado
a mis tres hijas, Sarah, Antonia y Gabriella,
amores y pasiones de mi vida, y a Cuba.
¡Que la pesadilla termine pronto!

PRIMERA PARTE

1

La Habana, julio de 1958

En el exclusivo Club Campestre de la Habana, el té bailable del domingo en la tarde llegaba a su apogeo. Los huéspedes comían y bailaban en la enorme terraza bajo una luna brillante, tan grande y definida en el cielo, que a simple vista era posible apreciar sus cráteres. Las majestuosas palmas reales detrás del bar estaban iluminadas desde abajo y las lámparas relucían en los botones de cobre pulido de las chaquetas de los camareros.

En la parte norte del salón de baile habían montado una pista elevada. Allí tocaba la orquesta dirigida por un director que sudaba profusamente por el excesivo calor. Los sonidos de las armas se hacían más cercanos, pero los músicos recibían sus salarios por horas, y por lo tanto estaban dispuestos a trabajar hasta el final de la fiesta. El director de orquesta les ordenó tocar más fuerte para que no se escucharan los disparos, pero el ruido que hacían era tan disonante que había que poner mucha imaginación para llamarlo "música".

Los huéspedes eran la élite reinante de La Habana. Presentaban un aire de ligereza y alegría, pretendiendo que solamente escuchaban el ritmo del mambo. En el denso girar de cuerpos resplandecían elegantes damas con vestidos de alta costura, accesorios de joyería en los que habían invertido fortunas y su cabello perfectamente peinado. Levantaban sus copas junto con las de los hombres impecablemente peinados, vestidos con guayaberas, esas camisas almidonadas de algodón blanco que son el equivalente cubano del saco cruzado de botones dorados de color azul marino. Luis Delgado se secó el cuello goteante de sudor con un pañuelo de hilo.

—Podemos ir por aquí —dijo—. Escuchen lo que pasa afuera: Batista no podrá sostenerse mucho tiempo. Dicen que Fidel está tan cerca de La Habana que ya puede ver las luces de la ciudad en la noche.

Alto y delgado, con aproximadamente treinta y cinco años de edad, Luis sobresalía en esa sala llena de señores elegantes. Aunque sus expresiones provenían de la preocupación, se mantenía buen mozo y con aire de dignidad. Sentada a su derecha se encontraba su esposa, María del Carmen. Evitaba mirar directamente a su esposo, optando en su lugar por concentrarse en el mantel. Miguel de la Torre le dibujó a María del Carmen una sonrisa confiada.

—Luisito, Luisito, amigo mío —dijo—, no trabajes más. Ya inspeccionaron el club campestre y no encontraron ni armas ni bombas. Estaremos perfectamente seguros aquí.

Miguel, aprovechó la mirada de un camarero y le indicó que le trajera otro cuba libre. Su esposa, Teresa, le lanzó una mirada de reproche, pero se quedó quieta, aunque haciendo un esfuerzo evidente. Teresa era una mujer sorprendente que parecía salida de otra época. Su cabellera negra y gruesa le caía hasta la cintura, desafiando la moda actual. Se movía segura de su condición privilegiada y no estaba acostumbrada a no ser tomada en cuenta.

Cuando comprendió qué eso era exactamente lo que Miguel pretendía hacer, Teresa levantó su cartera, alisó su vestido de satín rojo y se levantó furiosa para ir al baño. Atravesó la terraza taconeando con fuerza. Miguel la miraba con una señal de aprobación, pero su libidinosa rebeldía fue aplastada por una explosión particularmente fuerte en la distancia cercana. Ni el sonido de la música consiguió opacarla.

—Miguel, escucha eso —dijo Luis—. Puede que estemos seguros aquí, pero al final de la noche tendremos que ir a casa. Fidel va a ganar; Batista tendrá que salir. Entonces, ¿sabes lo que va a pasar? Te lo voy a decir: ¡el puro infierno para nosotros!

Miguel escuchó con aire de fingida tolerancia.

—Luisito, hemos sido amigos durante toda la vida —dijo calmadamente—. Y hemos sido socios durante ocho años. ¿Qué puede suceder en el mundo que tú y yo no podamos resolver?

Luis respiró profundamente y su cara pálida reflejó el brillo de la luna.

—Quiero que saquemos nuestro dinero de Cuba —dijo rápidamente y como si sintiera la angustia de perder el impulso de hablar—. Me la paso pensando en esto, Miguel. Estoy convencido de que esta es nuestra única oportunidad.

—¿Qué quieres decir? —preguntó Miguel. Su cara dejó traslucir sorpresa y un destello de ira—. ¿Estás proponiendo acaso que lo vendamos todo?

Lentamente Luis reaccionó, con pánico en sus ojos. Miguel miró a María del Carmen para buscar apoyo, pero ella se sentó tranquilamente apenas observando a los dos hombres.

—He escuchado que los americanos van a respaldar a Fidel —dijo Luis. Su voz se quebró como si los rebeldes ya estuviesen en el club, con sus fusiles desplegados sobre la mesa—. Hubo un artículo en el *New York Times* que decía esto.

—Ay, siempre te preocupas demasiado —dijo Miguel—. Supongamos, tan sólo supongamos, que tienes razón en todo esto. Haremos con Fidel lo que hemos hecho con los otros en el pasado: le pagaremos bien. ¿Qué más me da pagarle por debajo de la mesa a Fidel o a Batista? En últimas, viene a ser lo mismo.

Un sonido profundo de fusil se sintió a menos de una milla de distancia.

—Esta vez es diferente —dijo Luis. Sus ojos miraron fijamente a Miguel—. Fidel es diferente. Todos esos sacerdotes en las montañas son solamente para la exportación. Cuando tome el poder, todos los discursos sobre democracia habrán terminado.

—Bueno, La Habana se ha convertido en una ciudad peligrosa —reconoció Miguel y dirigió la mirada nerviosamente a través de la sala para buscar a Teresa—. Pero pronto las cosas volverán a la normalidad. Castro es una figura romántica, pero no se atreverá a meterse con la propiedad privada.

—Estaríamos locos si lo creyéramos —dijo Luis—. Escúchame, Miguel: Fidel tiene nexos con Rusia, y el Che Guevara se ha declarado comunista convencido. Su hermano, nada más y nada menos, estudió detrás de la Cortina de Hierro. ¿Tú crees que estas personas dudarán en reclamar la riqueza privada para beneficio del Estado?

Miguel recorrió toda la habitación con ojos asustados. Parecía como si quisiera cortar esa conversación, como si de pronto la encontrara aburrida e irrelevante.

La orquesta terminó una tanda. En ese momento no se escuchó el ruido de fusiles, sino solamente un profundo silencio, más profundo aún porque todos se habían callado. Luis se inclinó hacia adelante y bajó la voz hasta cuando sólo era suspiro.

—¿Por qué no consideramos la posibilidad de pérdida con la venta de las propiedades? —dijo—. ¿Un 25 por ciento? Si lo piensas, es una suma bastante conservadora. Y tendremos algo de liquidez para salir de aquí si las cosas se ponen más feas.

Miguel mostró desinterés y giró el rostro, pero Luis estaba seguro de que escuchaba.

—González ha manifestado interés en nuestra propiedad de Miramar —dijo Luis—. Aceptemos la oferta y luego giremos el dinero a algún sitio donde pueda recibir intereses; Nueva York, por ejemplo.

Luis sabía que Miguel estaba escuchando, pero también sabía que no lograba convencerlo. Para Miguel, permanecer en Cuba era un asunto de hombría, de cojones. Ningún hombre de verdad entraría en pánico y vendería. Luis miró nuevamente a María del Carmen, pero ella volvió la mirada secándose la barbilla con un pañuelo perfumado con violetas. Ya era cerca de la media noche, hora en que terminaría la fiesta. Los miembros de la orquesta comenzaron a empacar los instrumentos en cajas forradas con terciopelo, y el director pasaba de músico en músico distribuyendo la paga de la noche. El aire de la terraza estaba pesado y el silencio de cada uno era una forma de esperar a que se llenara con el ruido de los fusiles. Miguel se paró cuando divisó a Teresa de espaldas a la mesa. Caminó con Luis y le pasó el brazo por el hombro acercándolo.

—Ves, viejo, todo va a estar bien —dijo. Su rostro dibujó una amplia sonrisa—. Toda esta tensión te hará morir joven. Haz como yo.

Luis hizo un gesto para interrumpir, pero Miguel puso un dedo en sus labios.

—Si Fidel resulta ser tan malo como tú piensas —dijo—, entonces los americanos nos van a resarcir. Siempre lo han hecho y siempre lo harán.

—Bueno, así están las cosas —dijo Luis y tomó la mano de su esposa mientras miraba cómo Miguel y Teresa se alejaban—. Por lo menos no dijo que no. No fue un "no" definitivo, por lo menos.

María del Carmen se refrescaba con un abanico de seda. Todo a su alrededor era una masa de cuerpos calientes y un sonido de voces susurrantes.

—Quizás Teresa le diga algo —dijo ella—. Siempre ha sido más práctica que Miguel.

—Tendremos que ser más que prácticos en estas épocas venideras —agregó Luis asintiendo—. También vamos a necesitar mucha suerte.

Permanecieron juntos esperando a que se disolviera la multitud agolpada alrededor de la salida. Los camareros pasaban limpiando las mesas. No había sonido de disparos, aunque la cacofonía de la música había traído la ola de violencia con ella.

Esa noche, después de que María del Carmen se retiró a dormir, Luis se sirvió algo de beber. Caminó por la casa en la oscuridad, restregando su cuello con cubos de hielo y tratando de visualizar un futuro sin nubarrones. Finalmente, llegó a la habitación de su hijo. El pequeño Luisito dormía profundamente, sin la menor noción del peligro que acechaba. Luis lo contempló durante más de una hora y rezó por el futuro del niño.

2

La Habana, 11 de agosto, de 1994

En la parte más antigua de La Habana, Luis Delgado estaba tendido bajo el chasis aceitoso de un auto varado. El garaje era pequeño y sucio, y los bombillos que colgaban del techo estaban cubiertos de mugre. Afuera, asomando la cabeza por encima de la pared en bloque que corría a lo largo de un lado del garaje, apareció Mario Echavarría, el amigo de Luis.

—Hola, ¿has escuchado las noticias? —preguntó.

Fue tal el susto, que Luis se golpeó la cabeza tratando de salir de abajo del auto. Se secó las manos con un pañuelo sucio, miró a su alrededor y caminó con el calor de la tarde a cuestas. Cuando llegó a la pared, Mario lo alcanzó y lo tiró por la sucia y raída camisa.

—Cálmate, Mario —dijo Luis—. ¿De qué noticias hablas?

—¡Fidel está dejando que se vaya todo el que quiera irse! —dijo Mario. Sus manos se entrelazaron con emoción—. Cientos de personas están comprando los elementos necesarios para construir las balsas.

—¿Y esto está sucediendo abiertamente? —Luis inquirió y entrecerró los ojos para protegerlos del sol.

—Sí —dijo Mario—. ¡Tenemos que encontrarnos esta noche para urdir un plan! Esta es nuestra oportunidad, puedo sentirlo.

Luis y Mario, junto con tres hombres y dos mujeres habían conformado en los meses anteriores un grupo disidente para discutir la cada vez más deteriorada situación política de Cuba. Los siete que integraban el grupo provenían de los más diversos niveles sociales, pero todos compartían el mismo deseo de libertad. Todos sabían que podían hacer poco para mejorar sus vidas en la isla y, por lo tanto, se reconfortaban con estas sesiones de conmiseración. Inevitablemente, la conversación siempre derivaba en la misma fantasía: escapar hacia Estados Unidos.

—No sabía —dijo Luis. Trató de mantener su voz calmada y sin altibajos—. Pero si esto es cierto, entonces tienes razón: nos encontraremos esta noche.

Luis lanzó una mirada al garaje, centrándola en su jefe, un rudo miembro de la Brigada de Respuesta Rápida, una de las fuerzas sociales brutales de Castro. El *chivato* no vio a Luis; estaba ocupado con su pasatiempo usual de limpiar sus uñas con una navaja de bolsillo. Más de una vez Luis pensó en arrebatarle la navaja y clavarla en el corazón del hombre.

Durante el resto del día Luis absorbió un manual de instrucciones laborales que no ofrecía la menor emoción. Estaba tan distraído que se golpeó dos veces con la plancha de soldar. Mario tenía tendencia a elaborar ideas grandiosas, pero Luis confiaba en que lo que había dicho era correcto.

A las nueve de la noche el grupo se reunió en la cocina de Mario y cerraron la puerta para evitar que su madre los oyera. Se sentaron alrededor de una mesa de madera, y las expresiones de sus rostros expresaban una mezcla de esperanza y de miedo. Ahora que la posibilidad de escapar se presentaba como una realidad, se veían confrontados con otra: los peligros de cruzar las noventa millas de los estrechos de Florida.

Marta, una profesora de ciencias sociales de la Universidad de

La Habana, llevaba su largo cabello atado en la espalda en una sola trenza.

—Necesitamos ejecutar el plan rápidamente —sentenció—. Tal como están las cosas, bien pude ser que Fidel cambie de opinión.

A su derecha se encontraba Ernesto, un hombre de tan sólo treinta años y de anteojos. Era ingeniero civil y trabajaba en construcción comercial. Estaba sentado muy tranquilo, consciente de que no había ni una sola persona en esa mesa que supiera diseñar una balsa.

—Me robaré toda la comida que pueda —dijo Tomás Mesa. Trabajaba como jefe de pastelería en un hotel que recibía a turistas extranjeros y, por lo tanto, tenía acceso a los suministros de alimentos que se negaban a los cubanos comunes y corrientes. Tomás alimentaba a sus amigos en épocas difíciles y de ésas habían tenido muchas en tiempos recientes.

Amparo, una mujer seria de huesos delgados, era enfermera en Mazorro, el hospital psiquiátrico de La Habana.

—Voy a revisar las existencias para ver qué puedo sacar —dijo—. No hay mucho en el inventario en estos momentos, pero veré qué puedo hacer.

Aunque la reunión era en la casa de Mario, Luis Delgado estaba sentado en la cabecera de la mesa. Se había cambiado y llevaba pantalones limpios y camisa elegante de color azul pálido, y su pelo ondulado estaba peinado hacia atrás. Carraspeó, y todos se voltearon hacia él.

—Yo me hago cargo de las herramientas —dijo—. Coordinaré con Ernesto. Debemos estar preparados por si algo sale mal durante la travesía.

Pedro Aguilar, un hombre alto con apariencia perpetuamente desaliñada, acercó la barbilla a sus manos. Era el director de una clínica médica en los suburbios.

—No puedo ayudar mucho; no tenemos suministros de ningún tipo en la clínica —dijo Pedro—. Hemos estado operando con lo que nos envían desde Miami los parientes de los pacientes. Ayer practiqué una apendicectomía casi sin anestesia.

Mario trabajaba como intérprete en la embajada de Hungría. Cruzó una mirada tímida y avergonzada con Marta.

—Lo siento —dijo Mario—, pero me temo que no podemos contribuir con nada.

—Hay trabajo para todos —dijo Luis. Y le sonrió a Mario—. Ahora lo verdaderamente importante es reunir los dólares. Lo que no podamos robar para el viaje tendremos que comprarlo. ¿Cuánto podremos reunir?

Luis anotó cuidadosamente la cifra que cada persona propuso, una suma que representaba años de privación y de ahorros. Después de que cada cual ofreció lo suyo, el total llegó a unos trescientos dólares.

—Por ahí he escuchado que los remos cuestan alrededor de cinco dólares cada uno —anotó Mario. Un murmullo colectivo se extendió por toda la mesa. Cinco dólares era casi el salario mensual promedio de un trabajador. Tendrían que estirar el dinero hasta sus límites y posiblemente más allá.

—Me voy a quedar levantado toda la noche —dijo Ernesto, jugando con sus anteojos—. Voy a tratar de diseñar una balsa que sea lo suficientemente fuerte pero con la menor cantidad de materiales. En el camino a casa puedo pasar por unos cuantos sitios de construcción.

—No podemos perder tiempo —dijo Amparo—. Todos querrán hacer lo mismo que nosotros.

—Nos volvemos a reunir mañana por la noche —dijo Luis. Desde el primer momento, sin que hiciera falta una votación, se había establecido que Luis sería el líder—. Traigan el dinero, y que Ernesto traiga los planos. Ya sé que esto va a ser muy difícil, pero no pueden decir ni una palabra a terceros; y eso incluye a sus familias, amigos y colegas.

—Luis tiene razón. Tenemos que ser muy precavidos —dijo Amparo—. Yo ya sé lo que sucede con la gente que habla. Una de las enfermeras con quien trabajo le mencionó a alguien que quería irse y la gente dedujo que tenía dinero y suministros. Se le metieron a la casa y se llevaron todo.

—¡Qué desgracia! —irrumpió Ernesto—. ¡Cubanos robándoles a cubanos! ¡No olvidemos que estamos todos juntos en este infierno!

—Luis tiene razón —dijo Mario—. No podemos contarle nada a nadie.

Todos estuvieron de acuerdo, aunque sabían cuán doloroso sería romper los lazos con sus amigos y sus familiares.

Se encontraron a la noche siguiente para revisar los planes y delegar responsabilidades. Se decidió que se reunirían a mediodía del día siguiente, construirían la balsa todos y saldrían al atardecer. Al salir de noche evitarían el agobiante sol, al menos hasta interponer varias millas de distancia entre Cuba y ellos.

Luis llegó temprano al día siguiente y esperó a que llegaran los demás. Estaba rendido, pues había pasado toda la noche con horribles pesadillas acerca de los mares turbulentos que los esperaban; dos veces se despertó sudando y sintiendo como si se estuviera ahogando. Luis no les había dicho nada a los demás, pero él no sabía nadar. Allí en la fresca mañana se preguntó si debía confesarlo, pues al fin y al cabo alguno de sus camaradas tendría que empujarlo dentro del agua. Pero decidió que era mejor callar; él era el líder y necesitaban poder confiar en él sin tener dudas.

El lugar seleccionado para zarpar fue una pequeña playa llamada El Rincón de Guanabo, un estrecho de arena al oriente de La Habana frecuentado por turistas extranjeros. Luis no estaba sólo. Docenas de pequeños grupos construían sus barcas allí, y un creciente sentimiento de ansiedad permeó toda la playa. Luis se sentó bajo una palma real y cerró sus ojos en la sombra.

En cierto sentido, a él le costaba menos marcharse que a los otros, porque estaba solo. Luis jamás conoció a su padre, quien también se llamaba Luis. En efecto, Delgado murió en prisión después de haber sido declarado enemigo de la revolución. María del Carmen quedó a cargo de Luisito y sacrificó todo por él. Después de haber sido una dama de sociedad, pasó los últimos años de su vida lavando y limpiando como cualquier empleada del servicio e invirtió toda su energía en mantenerse y en mantener vivo a Luisito.

Aunque no se atrevía, Luis sentía enormes ganas de destapar su zapato y mirar los dos diamantes que tenía escondidos allí. Alguna vez fueron cuatro, ya que su padre tuvo la precaución de conservarlos para su familia en caso de que fallara el escape de los Delgado de Cuba. La madre de Luis le contó a Luisito cómo su padre había agonizado en prisión, a pesar de sus sufrimientos, debido a que había logrado mantener los cuatro diamantes sin el conocimiento de De la Torre. Pero su padre hizo bien, pues las cuatro piedras permitieron que la familia sobreviviera.

María del Carmen utilizó uno de los diamantes para un soborno con el fin de mantener a su hijo fuera del ejército de Castro, y Luis vendió otro a cambio de dinero en efectivo para aportar en la expedición de la balsa. Luis sonrió en la sombra mientras recordaba las historias que contaba su madre acerca de esas joyas; relataba, como si fuera una aventura, lo que tuvieron que hacer para vender sus propiedades —las de los Delgado y las de los De la Torre— a precio de quema para adquirir tanto dinero como fuese posible y sacar adelante sus planes. María del Carmen vívidamente le relató cómo adquirió los diamantes, pues se los compró a las amantes extranjeras de los hombres de Batista con el fin de que los bienes de la familia pudieran ser sacados de contrabando del país. Sintió que las lágrimas le quemaban el rostro al pensar en todo lo que le había sucedido a su familia en treinta y cinco años bajo el gobierno de Castro.

Los dos diamantes restantes era todo lo que quedaba de los orgullosos Delgado…, por ahora. Luis estaba dispuesto a vender otro diamante si ello era absolutamente necesario, pero había decidido no hacerlo si el dinero para el escape era reunido sin necesidad de ello. Con la venta de una piedra había logrado contribuir con más de lo que le correspondía para esta expedición, y no quería despertar sospechas generando demasiado dinero en tan corto tiempo. Saber que las piedras estaban escondidas en su zapato le producía una sensación de seguridad. De esta forma, no llegaría a Estados Unidos con las manos vacías.

Si los tiburones no se lo comían, Luis reivindicaría su derecho de herencia frente al amigo y socio de su padre. Solicitaría que Miguel y Teresa de la Torre honraran el trato que había llevado a la muerte a su padre: que la mitad del dinero producido por aquellos diamantes que habían sido sacados de contrabando de Cuba, pertenecía a los Delgado. Aunque Luis y sus padres nunca habían tenido la posibilidad de salir de Cuba, habían escuchado Radio Miami de tiempo en tiempo. Así se habían enterado de que Miguel y Teresa eran exitosos y prominentes. La idea llenó a Luis de optimismo. Estaba más cerca que nunca de su sueño, pero aún quedaba una gran distancia por recorrer.

—¡Hey, dormilón! —una voz lo llamó—. ¿Quieres dormitar todo el día y quedarte acá?

Luis abrió sus ojos y vio a Mario; percibió su silueta a contraluz. Luis se agachó hasta tocar sus pies y limpió la arena de sus pantalones. Todo el grupo estaba ya reunido en el agua esperándolo.

Ernesto había diseñado una balsa parecida a un catamarán, con tanques para cincuenta y cinco galones, soldados entre sí, atados con lazos, y cubiertos con tablas de madera. El grupo trabajó rápidamente sin hablar, salvo para pedir una herramienta o para dar su opinión sobre la construcción de la nave. A su alrededor muchos otros grupos hacían lo mismo. En determinado momento Luis miró con curiosidad: un grupo de turistas canadienses, tomándose su tiempo para recibir los baños de mar, estaban caminando entre los balseros tomando fotografías con sus costosas cámaras.

A las seis de la tarde la balsa estaba terminada. El grupo se sintió extraño al estar listo repentinamente, al ver sus años extendidos por la playa. Luis dio la orden de que se agruparan en un círculo con sus manos unidas para poder orar. Todos habían escuchado lo que podía suceder a los balseros en los estrechos y habían visto los cuerpos flotando, de regreso al puerto, hinchados, descompuestos, mordidos por los tiburones, lacerados contra las rocas y los corales.

El mar estuvo calmado la primera noche. Cuando el sol asomó en el horizonte, al oriente, Luis y su grupo se sorprendieron de ver que estaban rodeados por cientos de otras pequeñas embarcaciones. Una risa nerviosa llenó el aire. Cada cual tomó su turno para remar, y en determinado momento se acercaron a otra barca e intercambiaron cigarrillos y ron; así disfrutaron su primer gusto por la libertad.

Inevitablemente, algunas de las balsas no estaban en condiciones de enfrentar el mar y comenzaron a hundirse. Se escucharon gritos de pánico a todo lo largo de las aguas azules. No iban a permitir que nadie muriera, y los ocupantes de estas balsas fueron rescatados por otros. Los nuevos exiliados sintieron que nada podría detenerlos; seguramente en cualquier minuto los rescatarían a todos los guardas de Estados Unidos.

A mediodía, el mar estaba picado y la euforia comenzó a descender. Las olas se hicieron más grandes y profundos surcos separaban a las balsas. El grupo de Luis perdió de vista a los demás, y pronto dejaron de mirar. Una fuerte tormenta se acercaba.

Durante las doce horas siguientes, en la noche, las olas azotaron la pequeña balsa. Luis fue pasando un lazo y ordenó a todos los presentes que se agarraran de tal manera que nadie cayera fuera de borda. La brújula cayó al mar seguida por la comida que Tomás había sacado del hotel. El océano cambió de azul a violeta y las nubes cubrieron la noche con la más absoluta oscuridad.

El grupo pasó el segundo día descansando, recuperándose de tan dura noche. Trataron de reparar la balsa como pudieron, anticipándose a otra tormenta. No vieron más balsas a su alrededor aunque buscaron de manera vigilante y constante. Sin embargo, trataron de eludir el sol abrasador, el hambre y la sed, factores que devastaban sus energías, de por sí ya bastante mermadas.

Luis se esforzó por parecer calmado y seguro, tratando de mantener la moral entre sus amigos para evitar que perdieran la esperanza. Al atardecer del tercer día divisaron el primer cadáver. Les pareció que se trataba de una mujer, pero estaba demasiado hinchado para estar seguros.

Luego llegaron miembros humanos, brazos, piernas y, más adelante, la aleta del tiburón, que se movía al compás de las olas. Luis pidió silencio a quienes hablaban de hambre, sed o temor.

La balsa comenzó a desintegrarse. Remar se hacía imposible en las corrientes pesadas y siempre que un remo tocaba el agua un tiburón se acercaba y hacía mover la balsa. Parecía como si los despiadados depredadores estuvieran jugando y saltando y aprovecharan los cadáveres en el agua como si quisieran anunciar su primacía. Luis, con el estómago vacío y la garganta seca, sintió que en ese momento podría aceptar la muerte, pero no en la boca de los tiburones o ahogándose. Comenzó a gritar a sus compañeros rudamente, animándolos para que no cayeran en el total desespero.

Sentían como si esos horribles mares fueran lo único que habían conocido o conocerían. Luis pasó la mirada por el grupo a medida que salía el sol, y notó que sus rostros se habían convertido en máscaras que sólo expresaban temor y hambre. Todos estaban en silencio; las personalidades individuales se habían desvanecido para transformarse en una masa catatónica. Sentía el sufrimiento en la piel, lacerada por la intemperie, mientras miraba las olas que rompían. Solamente la urgencia de mantener unidas las tablas de madera de la balsa le daba sentido al momento.

A la mañana del quinto día sintieron que un pequeño aeroplano volaba sobre sus cabezas. Alzaron la vista con un dejo de esperanza. El piloto enfiló sus alas hacia ellos y pudieron ver el emblema de Hermanos al Rescate en el avión. Este grupo era ya legendario y cuando el piloto voló tan bajo que ellos pudieron ver su rostro en la cabina, tendieron sus manos hacia él. Les lanzó algunos paquetes a la balsa, bolsas que contenían alimentos procesados y botellas de agua. Luis los repartió entre sus amigos, y se sirvió de último.

En las primeras horas de la tarde, el mar comenzó a calmarse, como si el piloto hubiese roto de alguna manera la iracunda tormenta. Ahora podían ver a su alrededor y divisaron otras balsas en la misma condición que la suya. A las cuatro de la tarde un barco de la Guardia Costera llegó cerca de ellos y los recogió.

El cocinero del barco debió equivocarse al creer que los cubanos adoran los alimentos demasiado sazonados. La comida era tan picante que difícilmente podían comerla, aun con el hambre que tenían. Todos en el grupo de Luis, aunque quemados y extenuados, se encontraban en buen estado de salud. Recibieron cobijas y se les ordenó que permanecieran en cubierta con los trescientos balseros adicionales que habían sido rescatados de las aguas. Luis se sentó con sus amigos, incapaz de hablar, observando el horizonte y tratando de protegerse del sol.

Posteriormente los llevaron a un gran barco llamado *Carolina*. Poco a poco aumentaban los rumores de que no serían llevados directamente a Estados Unidos. Durante cuatro días permanecieron en el barco, dando vueltas en círculo y recogiendo más balseros. Luis perdió la huella de los miembros de su grupo, pero nuevamente los encontró esparcidos entre los muchos refugiados. En poco tiempo se habían congregado en el *Carolina* más de 35 mil miserables sobrevivientes expuestos a la furia de los elementos. Una vez al día los marinos norteamericanos los lavaban con una manguera de alta presión, la única concesión a la higiene en ese fuerte verano de agosto.

Luis trató de obtener información de los intérpretes americanos, pero no quisieron cooperar. Una mañana, después de que Luis había reunido a su grupo cerca de los salvavidas en el muelle del puerto, un anuncio por los parlantes despertó a los demás refugiados. La voz femenina hablaba de manera desapasionada.

—Ustedes acaban de llegar a la Base Naval de Guantánamo —dijo la voz—, donde permanecerán por un tiempo indefinido. Jamás tocarán suelo americano.

Luis desplegó toda su diligencia para mantener a su grupo unido, sabiendo que los números podrían ayudarlos a identificarse a donde fueran. Los sacaron del barco y los condujeron a su nuevo hogar: unas tiendas de campaña sobre una tierra árida.

La tienda que el grupo de Luis tuvo que compartir con otros

23 balseros estaba en el campo Eco. No tenía electricidad ni agua corriente; tan sólo una vista indefinida de cactus. A veces parecía que las iguanas y las ratas del banano tuvieran más vida que estos miserables refugiados.

A pesar de todos los esfuerzos por mantenerse unidos y después de todo lo que habían tenido que sufrir en Cuba y en alta mar, el grupo de Luis gradualmente se dividió y perdió todo contacto entre sí. Esto entristeció a Luis, pero reconoció que la necesidad del diario sobrevivir estaba erosionando las relaciones personales a su alrededor. Había estado solo en Cuba después de la muerte de su madre, y nuevamente se sentía solo. Con suerte, pensó, tal vez algún día encontraría nuevamente a sus amigos. Pero en lo más profundo de su corazón sentía fuertes dudas.

Más de 30 mil balseros —hombres, mujeres y niños— permanecieron en los ocho campos de Guantánamo durante más de un año, olvidados por los gobiernos cubano y americano. Pasaron casi 16 meses antes de que Luis Delgado hijo subiera a bordo del aeroplano que lo llevó a su nueva vida en Miami y a la fortuna que le esperaba.

De todos modos, el tiempo que pasó en el campo —un año entero de su vida— estimuló su sed de retribución. Como un fantasma del pasado, emergería para reclamar lo que le pertenecía por nacimiento. Y al diablo con todo aquel que quisiera interponerse en su camino.

3

Luis Delgado se sentó con los brazos cruzados y las piernas abiertas contra la cerca de madera a lo largo de la vía del embarcadero norte del río Miami. Miraba hacia adelante con los ojos desenfocados y oía el sonido de un carguero que buscaba su paso hacia el mar en la oscuridad del atardecer. Estaba tan sumido en sus pensamientos que no escuchó cuando el barco emitió un sonido como de cuerno para indicarle al operador del puente que abriera las compuertas para su paso.

Así había sido durante toda la semana. El lugar parecía irreal; la única luz provenía de los pocos autos que pasaban por el puente aledaño. Con tan escasa iluminación, Luis a duras penas podía adivinar que había algunos hombres sentados en las otras barcas. Algunos tenían demasiada ropa para el clima tan caliente; uno, incluso, llevaba puesto un abrigo. Algunos de ellos tenían autos de mercado llenos con todas sus posesiones. Dos perros sorprendentemente bien alimentados asomaban sus narices por entre unos barrotes cerca de un hombre adormilado.

Después de la tercera o cuarta noche, Luis encontró que algunos de sus compañeros habían comenzado a reconocerlo. Algunos le ofrecían tragos de lo que estaban bebiendo, oferta que era fácil de declinar.

Luis había estaba viviendo en una casa flotante cerca del río durante siete días con sus noches. Había decidido que ésta sería la última.

Los hombres sin hogar que veía por el río podían parecer amables y tímidos, pero sabía que ninguno de ellos dudaría en romperle la garganta si sospechaban de lo que llevaba. Luis miró a su alrededor y estiró el cuello. Sintió como si los mosquitos se lo estuvieran tragando vivo.

En ese momento, notó a un hombre extraño parado cerca de un poste de la luz. Después de una semana de noches pasadas en el río, Luis sabía qué tipo de hombres dormían allí. Pero éste era diferente: estaba de pie, erguido, y miraba a cada persona con un propósito definido. Treinta y cinco años pasados en la Cuba de Castro le habían otorgado un poderoso instinto para detectar problemas.

Luis se levantó y se estiró, sin dejar de observar al hombre para ver su reacción. Presintió violencia y entonces deliberadamente caminó hacia él y pasó delante. No pudo detectar ningún olor a alcohol, aunque el hombre tomaba de una botella envuelta en una bolsa de papel. Luis se sintió alarmado. Este hombre tenía que ser un profesional.

Caminó varias yardas antes de que el hombre diera la vuelta para seguirlo y entonces Luis pudo divisar el punto donde se detendría: en la próxima vuelta, detrás de un pilar. No había allí la intimidad que Luis hubiera deseado, pero, por otra parte, estaba seguro de que ninguno de los vagos cooperaría con una investigación policial en caso de que tuviera que matar al hombre.

Cuando el hombre volteó la esquina para seguirlo, Luis se lanzó encima de él y puso un cuchillo en su garganta. El hombre luchó un poco y dejó caer su propio cuchillo.

—¿Quién es usted? —le preguntó Luis.

Silencio. Luis presionó el cuchillo contra la garganta del hombre y repitió la pregunta. Dejó deslizar la navaja contra la piel del hombre. Una ligera línea de sangre brotó.

—Mi nombre es Pepe —dijo el hombre con una voz tenue—. Pepe Salazar.

Luis lo miró detenidamente. Salazar era el tipo de hombre del cual los niños huyen. Sus ojos eran punzantes y rudos; su nariz, bulbosa; su boca, como la de un lagarto. Luis notó que algunos cigarros sobresalían del bolsillo de la camisa de Salazar.

—¿Quién lo envió? —le preguntó Luis presionando nuevamente la hoja de la navaja en la garganta de Salazar. Más sangre fluyó y la navaja se sintió resbalosa en las manos de Luis.

—De la Torre —musitó Pepe.

—¿Cuáles son sus órdenes? —preguntó Luis, pero no se sintió sorprendido—. ¿Qué se le ha ordenado hacer?

—Matarlo —respondió Salazar tratando de liberar la mano que sostenía la navaja—. Tengo órdenes de matarlo.

—¿Cómo debe probarles mi muerte? —preguntó Luis—. ¿Qué pruebas tiene que darles?

—Se supone que debo llevarles dos diamantes —dijo Pepe—. Se me dijo que debía buscarlos en su ano.

Pepe respiró con terror. Luis hizo una pausa para pensar, pero mantuvo su pie con fuerza sobre la navaja del asesino.

—Mira comemierda, esto es lo que vas a hacer —le dijo Luis—. Vas a decirles que hiciste lo que te pidieron. Te vas a encontrar con ellos y les vas a dar un diamante. Diles que es todo cuanto llevaba conmigo. Van a creer que te robaste el otro, pero eso es problema tuyo.

Pepe asintió, sintiendo cómo el sudor se mezclaba con la sangre en su cuello.

—Diles que me lanzaste al agua cuando un carguero pasaba y que mi cuerpo fue destrozado por las hélices. Fue un trabajo limpio y todo salió bien. ¿Comprendes? Y comienza a hacer planes para irte de Miami por siempre.

Luis aplicó más presión sobre la navaja contra la garganta de Pepe. La sangre comenzó a fluir más espesa.

—Ahora date vuelta. Lentamente. Desvía la mirada y cierra los ojos —le ordenó Luis a Pepe poniéndolo en la posición que quería que guardara. Una vez que la espalda del hombre estaba totalmente contra él, Luis agregó—: Te mueves y te degüello.

En un rápido movimiento Luis se dobló y tocó su zapato. Tan pronto como localizó lo que estaba buscando, se estiró y adoptó su posición anterior con la navaja colocada en la garganta de Pepe. La maniobra no requirió más de diez segundos. Pepe no movió un músculo. Luis lanzó la piedra a la mano de Pepe.

—Toma esto y recuerda lo que te he dicho —le ordenó—. Te espero mañana en la noche y me cuentas qué sucedió. Si te escapas, te encontraré y te mataré. Y lo mismo es cierto si alguna vez sé que estás de regreso en Miami.

Luis retiró la navaja de la garganta de Pepe. El presunto asesino se frotó la piel y salió disparado. Colocó la piedra en su bolsillo sin siquiera mirarla. Recogió el cuchillo del hombre y lo lanzó al río tan lejos como pudo.

Caminó lentamente hacia la habitación que había tomado en arriendo. Tendría que mudarse porque sabía que confiar en Salazar sería absurdo. Sospecha de que Salazar estaba asustado y tenía la intención de tranzarse por el dinero que Miguel y Teresa le estaban pagando en lugar de salir corriendo con el diamante. Luis también tenía que confiar en que los De la Torre creerían que estaba muerto. Su vida dependía de esta aseveración, pues de otra manera habría otros del tipo de Salazar escondidos en cada sombra. Ahora tan sólo quedaba una piedra, la mejor, que él había destinado para lo último.

La noche siguiente Pepe cumplió su cita con Luis. Le dijo que Teresa de la Torre le había creído que él había fallecido, había aceptado la piedra y le dio a Pepe 25 mil, que Salazar mostró como prueba.

—Hiciste bien —le dijo Luis—. Ahora recuerda lo que te espera si alguna vez vuelves a esta ciudad —Luis abrió su chaqueta e intencionalmente le mostró a Salazar el cuchillo. Pepe lo reconoció y suspiró a medida que respiraba.

Luis estaba solo, sin amigos, en un país extraño. En su cabeza le daba vueltas a lo que todo esto significaba. En un impulso se arrodilló en la hierba húmeda y sacó el último diamante de su escondrijo en el tacón de su zapato.

Se aferró a la piedra y le juró a sus padres que vengaría su memoria. Sin importar lo que sucediera y durante el tiempo que fuera necesario.

SEGUNDA PARTE

1

Miami, mayo de 1997

Manejé velozmente por la autopista de Miami, en mi camino hacia Solano Investigaciones. Tomé el primer sorbo del café con leche de mi jarro de cerámica, le di la vuelta para que la bandera cubana quedara frente a mí; soy una apasionada de estos pequeños detalles. Estaba camino de la escena, yendo con rapidez, escuchando la radio, soñando despierta, cuando el teléfono del auto me devolvió a la realidad.

Fue una interrupción molesta. Miré la bocina y bendije a aquellos santos ingenieros alemanes que diseñaron los autos para gente que quiere hacer varias cosas a la vez, además de conducir —aunque había jurado que no me maquillaría mientras sostenía el timón con mis rodillas. Tomé el teléfono sin derramar una gota de café.

—¿Lupe? —era mi primo Leonardo.

—Buenos días, Leonardo —dije—. ¿Qué sucede?

—Tu cita de las nueve está aquí —miré el reloj del tablero de mi Mercedes: 8:45. Qué molesto. Realmente iba a llegar puntual por primera vez, pero de todos modos tendría la sensación de haber llegado tarde.

—Ha estado aquí desde las 8:30 —agregó Leonardo, con voz irritada.

Sé que el cliente debió haber interrumpido la sacrosanta meditación matutina de mi primo. Por alguna razón desconocida, sus sesiones tenían que efectuarse a la misma hora todos los días. Recientemente Leonardo había investigado las religiones, hasta cuando encontró una que se adaptara a sus necesidades, pero yo no podía comprender por qué no optó por un dios de veinticuatro horas. Parecía como si esta corriente del gran espíritu funcionara solamente a horas de sindicato.

—Estoy pasando por el Teatro en este momento. Estaré allí en cinco minutos —el café con leche se había enfriado lo suficiente como para que yo pudiera pasarlo con facilidad—. Háblame acerca del cliente. Realmente no recuerdo qué me dijiste ayer.

—Si no hubieras tenido tanta premura para salir anoche, lo recordarías —dijo Leonardo protestando. Realmente pasaba por un mal momento.

—Ello no sucederá nuevamente, —te lo prometo —hundí el acelerador.

—Sabes, Lupe, has estado muy distraída últimamente. Ya es hora de que comiences a prestar atención a lo que te digo.

Leonardo era mi asistente, pero también era de mi misma sangre —hijo de la hermana de mi madre—; por lo tanto, se sentía con derecho a hablarme de esta manera. Aunque era cinco años menor que yo —veintitrés años frente a mis veintiocho— Leonardo podía parecer un anciano cuando tenía gripa.

—Ahórrame la conferencia —le dije. Estaba a pocos minutos de la oficina—. Dame tan sólo los hechos, la versión editada.

—Bueno, no tengo muchos antecedentes sobre éste —dijo Leonardo—. No es un cliente referido.

Yo sabía que Leonardo detestaba los clientes aparecidos. Como gerente, se sentía realmente atacado por el riesgo que podían representar. La mayoría de las veces estos casos eran genuinos y no eran problema, pero siempre tenían la posibilidad de quemarnos. De ser posible, siempre prefería aquellos casos referidos por alguien que él conocía.

—No te preocupes por él, estoy entrando a la avenida en este momento —"Mierda". Debí hablarle al cliente.

En el estacionamiento había un Mercedes plateado convertible con la capota abajo, una rareza en el campo del crimen de Miami. Estaba en el último lugar para huéspedes, cercano a la cabaña. Saqué mi propio Mercedes, un dos puertas, azul marino SL, que se encontraba cerca del anterior. Mientras fijaba la alarma, sentí un algo de envidia. El auto estaba en condiciones impecables. La pintura brillaba con el sol de la mañana.

Después de que mi alarma dio muestras de estar activa, hice una pausa antes de iniciar otro día en la oficina. El típico tráfico atlético de Coconut Grove, con patinadores, ciclistas y trotadores, irrumpió en la calle. Pude verlos, pero ellos no podían verme, a menos que se detuvieran y miraran. Solano Investigaciones ocupaba una cabaña blanca de tres habitaciones con marcos de ventana verdes en la parte central del Grove, aunque un poco oculta por el espeso follaje.

Leonardo y yo habíamos convertido el lugar en una oficina hacía siete años, cuando iniciamos nuestro negocio. Cinco años antes, después de efectuar los pagos mensuales a una compañía arrendataria durante dos años, decidimos comprarlo. Por una parte estábamos cansados de pasar por todo el proceso cada vez que queríamos hacer alguna reforma en la cabaña y estábamos deseosos de darle al lugar un aspecto que reflejara nuestra propia imagen.

Fue una sabia decisión comercial, pero también fue abrir la caja de Pandora a nuevos problemas. Leonardo rápidamente se dio a sí mismo carta blanca para convertir los espacios en un gimnasio y, recientemente, en un área de meditación. Fue leal conmigo y diligente en su trabajo; por lo tanto, no tuve corazón para decirle que no. El resultado final fue que la oficina se convirtió en un sitio donde los clientes quedaban perplejos cuando llegaban por primera vez: inevitablemente veían la máquina de ejercicios y los espejos desde el piso hasta el techo, escuchaban la música de la nueva era y pensaban que habían ingresado a un lugar del mundo totalmente distinto de una oficina de investigaciones privadas.

La apariencia de Leonardo no servía para disipar esta confusión. En un día promedio era posible hallarlo en su escritorio, vestido con sus pantalones cortos ceñidos, de color negro, con su correspondiente camiseta, sorbiendo extrañas mezclas de jugos en un frasco de un galón. También usaba barras con pesas plateadas como pisapapeles. Al final yo podía convivir con todo esto, siempre y cuando él fuera exitoso y ganara dinero.

Me acerqué a la cabaña y abrí la puerta externa. Después de medio segundo supe cuál era la verdadera razón por la cual Leonardo sonaba tan extraño en el teléfono. Independientemente de la meditación interrumpida o del cliente que esperaba, el lugar apestaba a humo de cigarrillo. En el universo de Leonardo, fumar era una ofensa que bien merecía la presencia de los tribunales contra los crímenes de guerra.

Yo musité algo con la mano aún en la puerta. Sabía que tan pronto como nuestro nuevo cliente se fuera, Leonardo saldría a la ofensiva con sus aerosoles purificadores de aire tratando de sacar el demonio del lugar. Yo tendría que aspirar ese olor a pino silvestre durante los próximos días. Internamente comencé a prepararme para una semana alpina.

Pude ver al señor que me esperaba, de pie en la mitad del área de recepción. De alguna manera me pareció familiar, pero no lograba identificarlo. Era alto, más de uno ochenta. Y muy delgado, hasta el punto de parecer desgarbado. Tenía unos treinta y cinco años, quizás algo más cercano a los cuarenta, con un rostro juvenil, pero cabello ya encanecido. Llevaba un vestido café oscuro de corte descuidado, con una camisa de rayas blancas y chocolate, una corbata caqui y zapatos cafés de amarrar. Ninguno de los distintos cafés combinaba entre sí.

Su modesta vestimenta me sirvió para comprender que no se trataba de un cliente aristocrático. Se volteó y se acercó a mí de manera bastante formal, con un cigarrillo en una mano, y me extendió la otra. Yo pasé mi jarro de Cuba a la mano izquierda y estrechamos nuestras manos. Pude ver que sus inteligentes ojos oscuros se posaron en la bandera de la taza —ahora frente a él— y observé que pestañeaba.

—Miss Solano —dijo en voz baja y mesurada, con un ligero acento hispano—, mi nombre es Luis Delgado.

—Buenos días —le dije. Aún no lograba recordar dónde lo había visto, y ello me molestaba—. Es un placer. Vamos a mi oficina.

Leonardo se mantuvo silencioso en su escritorio mientras observaba que yo escoltaba a Luis por la puerta abierta de mi despacho. Le hice una seña a mi primo tratando de estimularlo. Él hizo un gesto y fingió estar absorto en un montón de facturas. Yo sabía que las tres bombas aromáticas estaban al alcance de sus dedos, a pocos segundos de detonar.

Le señalé a Luis una silla y cerré la puerta. Luis se sentó y quedó frente a mí. Yo me alegré de haber usado esa mañana una falda y una blusa en lugar de una camiseta y jeans. Siempre ayuda tener la ventaja sicológica de verse bien.

Luis me observó detenidamente, quizás por demasiado tiempo. Pero no me importó. Estoy acostumbrada a esta reacción. Muchos de los clientes tienen una noción preconcebida de cómo debe verse un investigador privado: como un practicante corriente o un alcohólico semirreformado tratando de ganar el dinero para efectuar los pagos de la pensión alimenticia; un retrato en el cual yo no encajo para nada. Los hombres tienen tendencia a mirarme, y considero, además, que es una carta que debo jugar bien. De todas formas, me dio la oportunidad de observarlo por un momento. Aún no lograba identificarlo.

—Señor Delgado, ¿quisiera una taza de café?

Él movió la cabeza en forma negativa. Aparentemente sólo quería hablar de negocios, sin que tuviera tiempo para distracciones. Él dobló su cuerpo aún más en su silla.

—Creo que lo he visto antes —agregué.

—Usted es muy observadora —respondió aprobando—. La mayoría de los clientes que acuden al área de servicio del distribuidor de Mercedes no se fijan en los empleados.

Yo puedo ser muy observadora, pero aún no recordaba dónde lo había visto. Pero me preguntaba cómo un hombre vestido como él podía darse el lujo de conducir el Mercedes que había visto afuera. Puede que no hubiera sido una pregunta muy elegante, pero ahora yo quería saber: ¿podía darse el lujo de pagar a Solano Investigaciones? Nosotros no éramos propiamente una entidad sin ánimo de lucro. Luis encendió un cigarrillo.

—Solamente he estado en Miami durante dos años —dijo—. Llegué de Guantánamo. Un balsero.

Yo le alcancé un cenicero muy poco usado que estaba encima de mi escritorio e hice unos rápidos cálculos. Si había venido a Estados Unidos, en ese entonces, de la Base de Guantánamo, seguramente había sido parte del éxodo masivo que se dio en Cuba en agosto de 1994. Esos cubanos habían sido internados en campos por más de un año mientras los americanos jugaban a la política.

Luis tomó una larga aspirada de su cigarrillo y yo traté de no volverme paranoica frente al humo. Él parecía querer tomarse su tiempo, observando un poco los loros que tomaban el sol en el árbol de aguacate fuera de la ventana. Eso estaba bien para mí. Yo cobraba por hora. Finalmente, fijó su vista en la ventana.

—Tengo una situación muy seria —dijo—. Y es muy delicada.

Esto no era exactamente una gran noticia. Nadie se sienta en una silla como cliente sin un problema que considere grave.

—¿Por qué no empezamos por contarme acerca de usted mismo? —le insinué. Esto siempre ayudaba al cliente a relajarse—. ¿Cómo llegó a Solano Investigaciones?

—Escuché a varios hombres en el negocio hablando acerca de usted alguna vez que trajo su auto —dijo Luis con una sonrisa desdibujada—. Estaban haciendo bromas, usted sabe, y agregaron que cualquier hombre que se involucrara con usted tendría que ser muy valiente, debido a que es investigadora privada y porta un arma.

El hombre realmente se sonrojó mientras hablaba. Yo traté de no sonreír demasiado debido a que presentía que probablemente había ocultado muchas de las cosas que los mecánicos decían acerca de mí.

Luis respiró profundo. Parecía que trataba de permanecer calmado. Fue un milagro que pudiera respirar, considerando la rapidez con la que aspiraba su cigarrillo.

—Creo que usted estaba allí por problemas en su aire acondicionado —dijo—. Luego la observé todo el tiempo cuando llegó con problemas en el compresor de su auto. Pude admirar la forma como usted se comporta, con dignidad. Miré el computador y encontré la dirección de su oficina y su número de teléfono. He estado pensando acerca de usted durante más de un año, tratando de decidir si es el tipo de persona a quien me gustaría darle la información.

Analicé cuidadosamente lo que él acababa de decir. No me gustaba esta inversión de papeles en el cual yo quedaba sujeta a la investigación de un aficionado. Era el momento de empujarlo hacia la puerta. Yo lo sabía. Pero la curiosidad fue más fuerte que la razón. Aún en este momento, yo seguía uno de los principales mandamientos del investigador: no demuestres tu reacción cuando se te dice algo extraño o inesperado.

Detrás de mi cara de póker, hice un trato conmigo misma: escucharlo, y decirle después que no podía tomar el caso. Y no le enviaría factura por el tiempo que le había dedicado. Esto era, yo lo sabía, racionalización de clase mundial, pero también sabía que no era la primera vez que la curiosidad había sido más fuerte que mi sentido común. Además, Miami Mercedes era el único proveedor de servicio para mi auto en el condado de Dade, y yo sabía que no sería prudente dañar las relaciones con el mecánico que trabajaba allí. Sería un verdadero problema tener que virar hacia el condado de Broward cada vez que mis frenos empezaran a chirriar.

Tomé una libreta legal y escribí su nombre en la parte superior de la hoja. Le solicité que contestara preguntas rutinarias: nombre completo, fecha de nacimiento, dirección, número de seguridad so-

cial, educación y antecedentes sociales. Él disparaba la información en
español, pero con tal rapidez que tenía dificultades para seguirlo. Mi
habilidad para tomar notas en mi idioma natal era un poco deslucida.
Pensé que más tarde estaría en capacidad de transcribir todos estos
horrores en mi informe, si me hacía cargo del caso. Finalmente pude
llevarlo a la historia real, la razón por la que había venido a verme, y
por la cual había estado pensando en mí durante tanto tiempo antes
de tomar la decisión de acercarse.

—Un mal terrible le ha sido infligido a mis padres por un hombre
que es muy conocido en Miami —dijo Luis, y encendió otro cigarrillo,
con sus ojos fríos—. Ese hombre y su esposa nos quitaron el dinero
que nos pertenecía. Yo quiero contratarla a usted para reclamar ese
dinero.

Fue muy astuto, sin la menor duda. Estaba fraccionando la historia en pequeños trozos, diciéndome solamente lo suficiente como
para mantenerme interesada.

—Esto suena como si usted se hubiera dirigido a la oficina del
fiscal del Estado —dije—. Solamente ellos tienen la autoridad para
establecer cargos criminales. Yo soy tan sólo una investigadora, y
todo lo que hago es investigar.

—Usted no entiende —dijo Luis muy digno; pero dejó traslucir
que se sentía frustrado conmigo. Nuevamente me sentí tentada a
poner fin a esta conversación—. No tengo prueba alguna de lo que
sucedió —dijo—. Comenzó en Cuba hace treinta y ocho años y
ahora estas personas son muy prominentes aquí en Miami. Sería
mi palabra contra la de ellos, un balsero contra un hombre rico. El
gobierno jamás me ayudaría.

—¿Qué pasaría si usted fuera adonde un abogado y presentara
una demanda civil?

Para mi sorpresa, Luis encendió el último cigarrillo del paquete.
Yo estaba comenzando a desear una máscara de gas y un ventilador
turbo.

—Aún tendría el mismo problema —dijo—. Sería mi palabra
contra la de ellos.

Debo admitir que había algo atractivo en Luis. Él me recordaba un círculo de exiliados cubanos que mis padres habían conocido desde la primera vez que llegamos a Miami. Usaban vestidos baratos, sus manos eran burdas, pero llevaban la dignidad de sus antiguas vidas. A pesar de los problemas sociales y financieros que a menudo los separaban, mis padres siempre recibieron con agrado a los amigos de la familia que venían de Cuba a nuestro hogar. Yo siempre sospeché que mi madre y mi padre les habían prestado ayuda en tiempos de necesidad, pero nunca pude cerciorarme de que ello fuera así. Todo el mundo actuaba como si nuestros visitantes estuvieran sólo temporalmente alejados de su suerte y era apenas un asunto de tiempo antes de que pudieran nuevamente encontrar su camino.

Era a la vez doloroso y triste. Yo tosí y miré para otro lado. Nunca dejo traslucir mis sentimientos personales en el trabajo. Con algo de duda, le pedí que siguiera.

—Mi padre y mi madre eran muy amigos de otra pareja en La Habana —dijo—. Los dos hombres eran socios comerciales, principalmente en finca raíz. Después de la revolución ellos mismos liquidaron muchos de sus activos y los convirtieron en moneda transportable.

—¿Qué tipo de moneda transportable? —pregunté.

Luis se dobló hacia adelante y se sacó uno de sus zapatos. Con un gruñido desatornilló el tacón y extrajo una pequeña bolsa gris. Con cuidado, casi ceremonialmente, desenvolvió el paño y me lo extendió.

En ese paño percudido yacía un hermoso diamante. No soy experta en joyas, pero éste era de una gran belleza y mucho más grande de cuantos había visto. Di gracias a la Virgen por todos mis viajes pasados con Papi a Tiffany y Cartier, en busca de regalos para Mami. Gracias a ello terminé con un conocimiento bastante aceptable sobre piedras preciosas. Luis envolvió el diamante en el paño y lo mantuvo fuertemente en su mano. Sabía que había despertado mi atención.

—Mi padre y su amigo tuvieron la capacidad de reunir cuatro

millones de dólares representados en diamantes —dijo Luis—. Era
solamente parte de su riqueza, pero estaban desesperados. Tenga
en mente que estamos hablando de dólares de finales de los años
cincuenta.

Luis se había liberado completamente de su aspecto de inmigrante. Podía ver que estaba agudo, consciente y, más que todo,
ambicioso. Yo estaba alerta, con el fin de detectar signos de peligro,
algo que pudiera decirme que era un mentiroso o un astuto, pero no
logré notar nada. Continué tomando notas; Luis, inexplicablemente,
pasó del español al inglés.

—El amigo de mi padre pudo salir de Cuba con su esposa. No
pudimos salir todos al mismo tiempo, era demasiado peligroso
—continuó Luis en un inglés casi sin acento—. El plan era que mis
padres y yo nos reuniríamos con ellos poco después. Pero mi padre
fue arrestado y enviado a prisión antes de que pudiéramos escapar.

—¿Por qué fue arrestado? —le pregunté.

—Como contrarrevolucionario —dijo Luis con una voz calmada—. Debido a que era rico.

—¿Qué sucedió con los diamantes? —pregunté.

—El amigo de mi padre los tomó todos, con excepción de cuatro
piedras que mi padre conservó para sí. Yo creo que tuvo la premonición de que algo pasaría. Ellos planearon que harían negocios aquí
en Miami. Naturalmente, eso jamás sucedió.

—¿Y qué sucedió con su padre?

—Murió después de diez años en prisión —Luis me miró directamente a los ojos—. Estaba en Combinado del Este. Lo torturaron,
pero solamente supe de eso más tarde.

—¿Por qué no le llegó esta información? —pregunté. Logré conservar un tono tan neutral como fuera posible, pero internamente
sentí un brote de temor. La historia de Luis me hizo pensar en la
historia de mi propia familia. Papi, Mami y mi hermana mayor, Fátima, salieron de la isla mientras aún era posible, con nada más que
la ropa que llevaban puesta. Si Papi no hubiera dejado a la familia
cuando lo hizo, el mismo destino los habría esperado.

—Mi madre quería protegerme. Ella no me dejaba visitarlo en la cárcel —continuó Luis—. No quería que la Policía se fijara en mí, ni quería que nadie supiera que yo era el hijo de un prisionero político. Justo antes de morir, hace tres años, ella finalmente me relató toda la historia.

Hasta aquí yo había garabateado algunas palabras en mi libreta: "Guantánamo", "diamantes", "prisionero político" y "acuerdo familiar". Pero faltaba demasiado para tener el cuadro completo y, sin embargo, pensé que nos estábamos moviendo al ritmo de Luis.

—¿Y por qué se siente engañado por el amigo de su padre? —pregunté. Pude ver que las mejillas de Luis se tensionaron y supe por qué. Mis palabras sugerían que solamente se sentía engañado, pero que sus palabras no eran ciertas. Pude ver que él esperaba que yo aceptara su historia sin cuestionarla. Pero si todo el que pensara que había sido engañado tuviera su recompensa, este mundo sería un lugar diferente y no necesariamente mejor.

—El acuerdo consistía en que las dos familias se repartirían el dinero cuando llegaran a Miami —explicó Luis—. Fue un pacto diseñado para el futuro. Si mis padres no podían llegar a Estados Unidos a su debido tiempo, el dinero sería guardado por los De la Torre hasta cuando ellos llegaran y pudieran reclamarlo, o hasta que su hijo lo hiciera. Exactamente la mitad de las inversiones producidas por los diamantes pertenecerían a los Delgado.

Ahora comprendí lo que decía. Si la historia que contaba de una manera tan metódica y desapasionada era verdadera —un gran *si*—, entonces podía convertirse en un hombre muy adinerado.

—Probablemente le deben una fortuna. Y apuesto a que no quieren dársela.

Luis asintió pacientemente.

—El dinero es mi derecho de nacimiento, mi herencia. Mi padre dio su vida por él. Yo no soy un hombre tramposo o, cómo se dice, ¿estafador? —enfatizó su pregunta con una fuerte nube de humo.

—Esa es la palabra correcta —dije. Yo me pregunté si este pequeño desliz en su manejo del inglés era genuino o diseñado para

congraciarse conmigo. Previamente no había necesitado utilizarme
como si yo fuera un diccionario.

—Sí, evidentemente —agregó—. No soy un estafador. Solamente
quiero tener lo que me pertenece por derecho propio.

Me había preparado para otro día de rutina en la oficina. Pero,
ciertamente, me había equivocado. Me levanté para subir un poco
el aire acondicionado pues, aunque el calendario decía que aún era
primavera, el día estaba verdaderamente abrasador. También encendí
el ventilador; por lo menos el aire circularía y podría respirar humo
fresco.

Cuando me senté de nuevo, Luis me observó. Realmente era muy
buen mozo, con una frente alta y rasgos refinados aunque un poco
endurecidos por años de adversidad. Era peligroso pensar de esta
manera, y cuando nuestros ojos se encontraron, inmediatamente
bajé la mirada para escudriñar las notas.

—Hay cosas que usted no me ha dicho —le lancé.

Los ojos de Luis se abrieron desmesuradamente, en lo que yo
consideré como la expresión de incredulidad de que yo pudiera
siquiera sugerir que no había sido totalmente honesto.

—Primero, ¿quién es el hombre de Miami que usted dice que
le debe todo ese dinero? Y segundo, ¿por qué está usted totalmente
seguro de que no cumplirá el acuerdo? ¿Usted ha hablado con él?

—La pareja está formada por Miguel y Teresa de la Torre —dijo
Luis. Mi corazón dio vuelcos en mi pecho. Mierda—. Miguel es mi
padrino. Ellos patrocinaron mi liberación de Guantánamo. Luego
decidieron esperar para ver si yo sabía algo del trato y cuando se
cercioraron de que sí lo sabía, me lanzaron fuera de su casa. Y trataron de matarme.

—¿Matarlo? —repetí.

—Yo no sé por qué tuvieron que acudir al asesinato —agregó
Luis, con una voz encubierta de tristeza—. De lo que pude ver, ellos
tienen más que suficiente para pagarme lo que me deben.

Luis se detuvo para esperar mi reacción. No fue necesario decir
que yo sabía de qué estaba hablando. Miguel de la Torre era uno

de los hombres más ricos, en una ciudad de ricos. Era el director del First Miami Bank, y su esposa era una conocida filántropa. Sus nombres habían podido ser citados en el *Webster's* bajo "pilares de la comunidad". Se les había dedicado una de las más largas biografías en la *Guía social*, el registro social cubano. Y, más importante aún, seguramente tenían suficiente dinero para dar a Luis la suma que pretendiera como suya —si realmente le pertenecía—.

—Yo... honestamente, encuentro difícil creerle —dije—. Los conozco sólo por su reputación, pero no personalmente. Son personas muy respetadas aquí. Por lo tanto, su sugerencia de que le hicieron trampa y de que quisieron eliminarlo no tiene ningún sentido.

—¿Ve usted?, ésta es la razón por la cual ni siquiera intento acudir a la Policía. ¡Ni siquiera usted me cree! —dijo Luis, y sus rasgos se afilaron como una marioneta cuando se le cortan los hilos.

Cavilé por un momento. Debo admitir que mi actitud cambió cuando escuché el nombre de los De la Torre. Sonaba tan inverosímil como si me hubieran informado que la Madre Teresa sacaba dinero robado de la caja de ahorros de las monjas o que había sido sorprendida falsificando cheques.

—Yo no dije que no le creo —musité—. Tan solo dije que no le encuentro sentido. Existe una diferencia.

De todos modos, la diferencia en mi cabeza era muy fina. Aun si la historia fuera verdadera, no sabía exactamente qué podría hacer por él.

—Bueno, señor Delgado, ciertamente usted debe haber pensado al respecto. ¿Qué podemos hacer nosotros por usted?

—Quiero investigar a los De la Torre —dijo—. Necesito que ustedes me informen todo acerca de ellos. Particularmente acerca de sus finanzas...

—Espere un momento —lo interrumpí—. Ignoro lo que usted pretende hacer, pero no pienso formar parte de una especie de esquema de chantaje.

—En este momento, ellos están convencidos de que estoy muerto —dijo Luis desdeñando mis palabras. Me sentí molesta conmigo por no haber hecho el seguimiento del intento de asesinato que él mencionó anteriormente. Su historia era demasiado. Él era demasiado. Me di cuenta de que estaba teniendo un efecto sobre mí y no me gustó la idea. Él continuó:

—Yo me quedé donde los De la Torre algunos días después de mi llegada aquí, aunque ellos no me habían visto desde cuando era un bebé. Creo que me querían tener cerca para mantenerme vigilado —agregó. Acto seguido, otro cigarrillo hizo su aparición—. O quizás para asegurarse de que yo era quien pretendía ser. Cuando mencioné el compromiso se enfurecieron y dijeron que jamás se había dado un acuerdo al respecto. Luego acusaron a mi familia de robar, o de apropiarse de cuatro diamantes que hacían parte de la fortuna combinada de las dos familias.

—¿Y usted habló con Miguel y Teresa?

—Con los dos al mismo tiempo —dijo Luis—. Me alegra que mis padres no estén vivos para ver la forma como se comportaron.

"Muy bien —pensé—. Si fue recibido como un huésped en su casa, ello probaría que lo conocían". Los De la Torre no eran el tipo de personas que recibirían a un balsero extraño sin tener una buena razón para ello.

—Tan pronto como supieron que mi intención era esperar que honraran su compromiso, me expulsaron de su casa —dijo Luis, e inmediatamente se marcaron algunas arrugas en los promontorios de sus mejillas—. Unos días después enviaron a un hombre a asesinarme.

Esto sonaba cada vez más a una fantasía.

—¿Y cómo sabe usted que lo enviaron los De la Torre? Hay muchos crímenes en Miami, señor Delgado.

—Eso ya lo sé —dijo Luis lentamente—. Y por favor llámeme Luis. Yo sé que mis pretensiones son extremas, pero no quiero que nos excedamos en las formalidades.

Yo estuve de acuerdo, notando que instintivamente él tomaba el control de la situación. Era el tipo de hombre que sobresalía incluso en una fotografía donde hubiera una multitud: distinguido, intenso, con grandes ojos ardientes que miraban fijamente. Me sorprendí al darme cuenta de que no me estaba sintiendo cómoda.

—Yo sé quién lo envió debido a que pude detenerlo antes de que me matara —dijo Luis—. Fue cerca del río Miami, donde suelo hacer caminatas todas las noches. No se asuste, yo no le hice nada.

—¿Y qué hacía usted allí? —le pregunté, tratando de no reaccionar frente a lo que acababa de escuchar.

—Vivo en una habitación cerca del centro de Miami —replicó—. Es un lugar poco costoso para vivir.

No era necesario explicarlo. Yo conocía el área; estaba llena de transeúntes y personas que vivían al margen de la sociedad y de la ley. No era ciertamente un barrio apto para personas remilgadas.

—Logré obligar al hombre a que me dijera su nombre: Pepe Salazar. Él me dijo que tenía la misión de quitarme los dos diamantes que yo les había enseñado a los De la Torre. Lo insté a que les dijera que me había matado, pero que yo solamente llevaba un diamante. Le di un diamante como recompensa. Estoy seguro de que logró ser muy convincente.

Pasó largo tiempo antes de que yo pudiera musitar algo. Luis decía en ese momento que había obligado a un matón contratado. Era en defensa propia, pero, aun así, era peligroso. Verifiqué mis sensaciones frente a este balsero y decidí que le creía. Quería tomar el caso a mi cargo.

—¿Usted no pensó que él solamente conservaría el diamante?

—Creí firmemente que él mantendría su palabra —dijo Luis—. Utilicé la persuasión.

Maravilloso. Ni tan siquiera me permití especular acerca de lo que había sucedido; sospeché que Luis no solamente había hablado con el asesino contratado para que hiciera lo que él ordenaba.

—Tiene que comprenderme —añadió Luis—. Alguna vez tuve cuatro diamantes; ahora tan sólo me queda uno. Yo no soy el tipo de persona que tenga intención de utilizar una navaja, pero me estoy quedando sin opciones.

—Usted le entregó un diamante a los De la Torre —dije, pasando por alto su comentario acerca de la navaja—. ¿Qué sucedió con los otros dos?

—Uno fue utilizado por mi madre para un soborno, cuando yo contaba con quince años. Lo utilizó para pagarle a un médico con el fin de que declarara que yo no era apto para servir en el ejército —respondió—. Utilicé el otro para salir de Cuba.

"Muy bien", pensé, "ahora la historia sí es totalmente consistente".

—Tiene que cuidarse —dije—. Si ellos saben que usted está vivo, debemos asumir que contratarán a alguien más para matarlo.

—En efecto, al día siguiente tomé en arrendamiento otra habitación —dijo Luis calmadamente—. Es un distrito fácil para lograr tornarse invisible.

—¿Y dónde encaja en todo esto el distribuidor de Mercedes? —le pregunté. Mi mente retornaba a la navaja que había mencionado. Lo observé cuidadosamente para ver si notaba algún bulto en su saco o en sus bolsillos. No había ninguno—. Usted está expuesto al público todos los días mientras trabaja.

—Conseguí el trabajo después de que salí de la casa de los De la Torre. Ellos manejan Jaguar. No hay ninguna razón para que entren allí. De todos modos, yo sé cómo sobrevivir y cuidar de mí mismo —Luis se inclinó hasta tocar su pantorrilla izquierda respondiendo así a mi pregunta no formulada. Movió su cabeza con lo que parecía un dejo de pesar—. Sé que habría podido llamar a la Policía después de que Salazar me asaltó, pero nadie hubiera creído mi historia. Por lo tanto, jamás obtendría aquello que considero que me pertenece por derecho propio.

Yo no estaba pensando con claridad. Habría debido decirle a Luis que se dirigiera a la Policía tan pronto como la historia comenzó a enseñar actividad criminal. Yo tenía el deber profesional de hacerlo. Pero mis pensamientos se arrastraban detrás de los de él.

—Tal vez tenga razón —admití—. Y probablemente usted esté más seguro en esa área. Yo dudo de que los De la Torre se aventuren siquiera a circular por allí —me paré y le extendí mi mano—.

Me pondré en contacto con usted dentro de un día o dos —dije teniendo cuidado de no comprometerme a nada—. Entretanto, tenga cuidado.

—Naturalmente —dijo—. Soy extremadamente cuidadoso.

Una vez salió, una enorme nube de humo permaneció en la habitación. Heme allí sentada frente a mi escritorio escuchando el ruido de los loros en el exterior.

Era una sensación curiosa saber que un posible cliente me había estudiado tan profundamente, que en este momento sabía más de mí que lo que yo sabía de él. Me pregunté si me había observado sólo en mis visitas al distribuidor Mercedes. Cuando dijo que había sabido de mi existencia por el computador del distribuidor, me pareció que pretendía que yo supiera que era un hombre recursivo.

¿Alguna vez se sintió tentado a saber más de mí? Por todo lo que yo sabía, podía incluso haberme seguido hasta mi hogar y tal vez no sólo una vez, sino a diario. Después de todo, éste era, por supuesto, un asunto de vida o muerte para él y no parecía ser un hombre que entregara su confianza libremente.

Di un paseo por los árboles, y una parte de mí misma parecía reprocharme el haberme levantado aquel día.

2

Después de que Luis salió de la oficina, me quedé sentada durante tanto tiempo, que los papagayos alcanzaron a construir un nuevo nido para su siempre creciente familia. Oí que alguien tocaba a la puerta con suavidad.

Leonardo no esperó una respuesta antes de entrar con mi jarro. Lo había llenado de café con leche recién colado y cuando lo puso en mi escritorio se aseguró de que la bandera cubana quedara frente a mí. Él conocía mis chocheras bien y era lo suficientemente amoroso como para satisfacerlas.

Luego entró en acción. Con una mirada de disgusto abrió mis ventanas tanto como pudo. Extrajo de mi archivo algunas carpetas de color marrón y comenzó a moverlas para airear la habitación. En su furor descubrió una enorme mariposa, pero exitosamente logró sacar buena parte del humo por la ventana. Pronto había creado una corriente de aire, y la nube comenzó a desaparecer en un ancho halo.

Dejó la habitación y yo bebí mi café. Al momento regresó con dos tarros de aerosol. Como esos vaqueros del viejo oeste, sostuvo una lata en cada mano apuntando hacia arriba y disparando con precisión. Cubrí el café con mi mano tratando de evitar que el veneno químico lo dañara y me produjera un cáncer de pulmón. Leonardo no se detuvo sino hasta que las latas estuvieron vacías.

Difícil saber qué era peor, si el humo o ese olor a pino fresco, sin duda un remanente de la Navidad. Por fin, se apiadó de mí, lanzó las latas a la basura y se sentó.

Me observó. Mi silencio obviamente lo incomodaba.

—¿Quieres discutirlo? —preguntó.

—Leo —le dije después de tomar un sorbo de café—, déjame contarte una historia. Y ponme atención. Quiero tu opinión.

Leonardo se dio cuenta de que estaba seria y, en consecuencia, decidió adoptar una posición de escucha adecuada. Se pasó de la silla al sofá en el rincón y luego con cautela desenvolvió un paquete y meticulosamente lo puso sobre la mesa. Nada habría perturbado los tesoros que cargaba allí: píldoras de vitaminas y lecitina y tabletas de ajo sin las cuales él consideraba que no podría sobrevivir por más de un par de horas. Una vez completada esta delicada labor, se acomodó en el sofá estirando sus pantalones de ciclista hasta que las costuras estuvieron meticulosamente alineadas y acomodó su camiseta. Finalmente, cruzó los brazos sobre el pecho y yo asumí una expresión seria.

—¿Estás cómodo ahora? —le pregunté.

—Lo estoy —respondió, sin el menor rastro de vergüenza—. Puedes comenzar.

—Este cliente sostiene que Miguel y Teresa de la Torre le robaron el dinero de su familia en Cuba —comencé.

—¡Miguel y Teresa de la Torre! —Leonardo se irguió en el sofá.

—Sí.

—¿Le robaron el dinero? —musitó Leonardo—. ¿Cómo? ¿Por qué? ¿Cuánto?

—Yo no sé, pero parece que es mucho. Luis Delgado sostiene que le robaron, como mínimo, varios millones de dólares que pertenecían a su padre y su madre —dije.

—Te estoy escuchando, empieza desde el principio —Leonardo estaba tan molesto, que nuevamente echó mano a su paquete y comenzó a buscar las píldoras.

Reproduje lo que Luis me había contado, omitiendo aquella parte acerca de que me había observado en el pasado. Sabía que mi primo reaccionaría en este punto. Leonardo escuchó sin interrumpir una sola vez: un punto a su favor.

—Puedo percibir que deseas tomar el caso —dijo cuando terminé.

—Primero voy a informarme de todo lo que pueda acerca de Delgado —dije—. Voy a telefonear a Ted Rafferty en este momento. Si la historia coincide, tú y yo tendremos que discutirlo. Bien puede ser que nos estemos metiendo en un campo minado. No me gustan mucho los clientes que llegan sin recomendación. Hay que cuidarse de ellos.

—Escúchame, Lupe —dijo Leonardo—, no te empeñes en tomar este caso hasta que hayas hablado con Rafferty. Aquí se trata de enfrentar a dos de las más prominentes figuras de Miami, por la palabra de un balsero.

—Por favor, no me dores más la píldora, habla francamente; dime lo que realmente piensas —dije sarcásticamente—. Puedo aceptarlo.

Era asunto mío, pero ambos sabíamos que él no quería que yo tomara este caso. No estaba totalmente en desacuerdo, en especial por lo que ya sabía acerca del hombre, pero me intrigaban Luis y su historia. La pregunta para la cual habría debido estar preparada era: ¿qué iba a ser lo más fascinante, Luis o el caso?

Leonardo me miró desde el sofá con el ceño fruncido.

—Llama a Rafferty —dijo—. Él te puede dar algunas respuestas al final del día. ¿Cómo quedaron las cosas con Delgado? ¿Supongo que no le prometiste nada, o sí?

—Leonardo, no cometo ese tipo de errores —me quejé.

Me miró un poco sorprendido, pero lo dejó pasar.

—Te ves realmente deprimida —dijo—. ¿Por qué no dejas que

te prepare un té bien fuerte en lugar de ese café? Te hará relajar y sentirte mejor.

—No, gracias. No quiero estar relajada justo ahora.

Miré en mi tarjetero hasta encontrar la tarjeta de Rafferty. Comencé a marcar los números mientras desocupaba la taza de café. Leonardo me miró con total disgusto y salió de la habitación.

—Aquí Rafferty —contestó una voz fuerte.

Sonreí involuntariamente; con Ted Rafferty nunca hacía falta usar el parlante. Ted había trabajado con la Policía de Miami durante treinta años y nada lo tomaba por sorpresa. En un viaje de dos semanas a Irlanda, hacía diez años, había logrado adquirir una voz intermitente y un dejo de coloquialismos irlandeses. Si no lo conociera como lo conozco, podría jurar que acababa de descender del barco.

—Ted, cómo estas —dije—. Es Lupe.

—¡Lupe, mi cubana favorita! —exclamó Ted. Tuve que alejar un poco el teléfono de mi oído—. Lo mejor en esta mañana para ti. ¿En qué andas?

—¿Cómo está la familia? —le pregunté.

Intercambiamos informaciones por un momento, pero lo interrumpí antes de que nos remontáramos a generaciones más antiguas. Una conversación sobre la familia entre una cubana y un irlandés puede tomar mucho tiempo. Podemos hablar sobre parientes en cuarto y quinto grado como si se tratara de hermanos.

Había conocido a Ted hacía algunos años cuando trabajé clandestinamente en un hotel de Miami Beach en el que se presentaban robos regularmente. Cuando los huéspedes regresaban a sus habitaciones, se encontraban con que su dinero y los objetos de valor habían desaparecido; las directivas sospechaban que podía ser algún miembro del personal. Me contrataron como camarera en la división de servicio a la habitación. Ted había tomado un trabajo como guardia de seguridad para complementar su sueldo: su hija menor había sido admitida en una universidad del Ivy League y, anotando en broma que ella no tenía el menor talento deportivo, tendría que pagar toda la matrícula. Nos hicimos amigos durante las semanas en que trabajé en el caso y él me ayudó a hacer el seguimiento del personal de servicio, dentro del cual dos hombres habían estado perpetrando los robos.

—Sospecho que esta es una llamada de negocios —dijo Ted—. ¿En qué puedo ayudarte?

—Un cliente potencial llegó a mi oficina esta mañana. Es realmente toda una historia y necesito verificarla. ¿Aún tienes amigos en inmigración INS? —le puse una inyección de azúcar a mi voz. Se trataba de un favor enorme.

—Chica, si yo no tuviera amigos en inmigración INS en esta ciudad, lo mejor que podría hacer sería retirarme —dijo Ted, riéndose de su chiste.

Sostuve el teléfono con el brazo totalmente estirado y con el hombro cerrado. Me preguntaba si mi capacidad auditiva se veía afectada por esta conversación. Después de todo, según decían, los teléfonos celulares podían producir cáncer. Pero cualquier otra cosa era posible. Comencé a sentir que podría necesitar un té de los que me había ofrecido Leonardo, tal vez uno a base de Valium, con fines medicinales, naturalmente.

—Bueno, Ted —dije acercando el teléfono a mi rostro, dispuesta a poner en riesgo mi capacidad auditiva nuevamente—. Este señor vino a través de Guantánamo. Era un balsero que fue recogido en el mar.

—¿Un remero? Debes tener cuidado —advirtió Rafferty—. No te expongas. Esos remeros son bastante rudos.

—Su nombre es Luis Delgado —dije procurando que mi voz no delatara la molestia que sentía—. Un hombre hispano, naturalmente. Fecha de nacimiento, 30 de septiembre de 1957. Estuvo unos quince meses en Guantánamo. Fue admitido en Estados Unidos el 7 de diciembre de 1995.

Podía escuchar cómo Ted iba anotando todo.

—El aniversario de Pearl Harbor, el día de la infamia. Trataré de conseguirte alguna información para esta tarde —dijo con voz marginalmente más tranquila—. No sé muy bien cómo se llevan los registros de Guantánamo, pero te avisaré si tengo algún problema.

Ted colgó sin decir "hasta luego", ni siquiera una buena señal. Pero aunque desaprobaba la acción, yo sabía que me respondería. Me desquitaría de alguna manera. Ted tenía una debilidad incontrolable por los restaurantes cubanos.

Pasé el resto de la mañana escribiendo informes de casos para que Leonardo pudiera facturarlos. Traté de no pensar en Luis Delgado.

A la una de la tarde escuché un golpecito en mi puerta. Yo sabía que Leonardo no lograba estar molesto conmigo durante mucho tiempo. Había cambiado su ropa y se veía fresco, lo que significaba que su trabajo de la mañana en la habitación había terminado.

—¿Quieres ir a almorzar? —me preguntó.

—¿Es católico el papa?

Agarré mi bolso del escritorio. Siempre que iba a almorzar con Leonardo, yo tenía que pagar la cuenta. No sabía muy bien cómo se había establecido esta costumbre, pero después de siete años no se había modificado. Sospecho que ser la prima mayor, así como la jefe, me situaba en posición privilegiada para gozar de este honor.

—Mejor que tengas un gran almuerzo, Lupe. Recuerda que tienes ese asunto doméstico para esta noche —quizás me puse pálida—. Tú sabes, el contador y la empleada temporal. Le dijiste a la cliente que lo haríamos *todo* esta noche; el contador le hace creer a su esposa que efectúa la auditoria de la oficina los martes.

No tenía ni la menor idea de lo que estaba hablando.

—Lupe, estoy preocupado por ti —dijo Leonardo—. Voy a tener que ponerte en un tratamiento de píldoras para la memoria. Acabo de leer que hay unas nuevas fabricadas a base de espinas de caballito de mar.

La aterradora idea de tragarme esas píldoras jalonó mi memoria. Vagamente recordaba que había prometido trabajar en un caso doméstico. Los odiaba tanto, que trataba de mantenerlos totalmente fuera de mi cabeza. Estaba reflexionando acerca de mi suerte cuando sonó el teléfono.

—Dejemos que el contestador reciba las llamadas —dijo Leonardo. Rodeó el escritorio y trató de empujarme hacia la puerta—. Vamos, tengo hambre.

No obstante, contesté el teléfono. Ted Rafferty se anunció e hizo que mis oídos retumbaran al instante. Si no hubiera sido capaz de reconocer esa voz inmediatamente, habrían debido retirarme en ese momento la licencia de investigadora. Leonardo salió con una mirada totalmente desilusionada.

—Tengo la información que querías.

Ted debía de estar muy molesto conmigo; cuando hablamos no se despidió, y ahora no me saludaba.

—Estoy lista, Ted —dije amablemente. Tomé mi libreta.

—Tu tipo estuvo en Guantánamo, muy bien, y las fechas que te dio son correctas. Fue un interno modelo: no hubo ninguna queja contra él, fue colaborador. Tampoco tiene registros en Cuba, pero esto no es una sorpresa. No habría podido llegar nunca a Estados Unidos si tuviera algún registro en Cuba.

Contuve la respiración. No sabía si quería seguir escuchando, o si más bien no quería saber nada más.

—¿Algo más, Ted?

—Bueno, algo más —agregó. Por primera vez, el tono de su voz era realmente normal—. El nombre de sus patrocinadores es un poco sorprendente: Miguel y Teresa de la Torre. *Los* Miguel y Teresa de la Torre. Interesante, ¿verdad?

Mierda.

—¿Chica, aún estás allí? —preguntó Ted—. Mira, quizás no sea el momento de preguntarlo, pero ¿estás segura de que sabes lo que estás haciendo?

3

Para ser sincera, me apresuré a pasar delante de la pareja que esperaba pacientemente y les robé el sitio de estacionamiento. Pude notar, tras sus gafas de sol y la capa de Coppertone, que estaban muy molestos, lo que quiere decir que eran turistas: solamente alguien extraño a la ciudad se sorprendería. Es un hecho que en sitios más civilizados las normas sociales no escritas son respetadas. Pero esto es Miami. Y no hay reglas en Miami.

En el mismo momento en que los turistas retrocedían y miraban asombrados, yo ya me estaba cambiando el vestido en la silla delantera de mi Mercedes. Esto es parte del trabajo de un investigador privado, aunque no lo muestren en televisión. Me quité la camiseta y la blusa y me puse un vestido negro de algodón y zapatos de tacón alto. Así me vería como las demás mujeres en el bar y el objetivo jamás sospecharía que yo lo estaba investigando.

Con los años he aprendido a llevar varias mudas de ropa en un maletín de gimnasia en el asiento trasero de mi auto. En un caso de vigilancia, puedo cambiarme en menos de un minuto —modestamente— y aún más rápido si estoy fuera del auto y no tengo que pelear con el volante.

Verifiqué el contenido de mi bolso: máquina de fotografiar, *pager* graduado en vibrador, de tal manera que no se disparara y llamara la atención, pañuelos, estilógrafo, libreta de apuntes, licencia de investigador y, naturalmente, mi Beretta. Miré por el espejo, puse una expresión de sencillez en mi rostro y salí del automóvil.

Caminé por el corredor iluminado suavemente y fui abordada por el vigilante, un hombre fornido con una camiseta en la que se leía "Key West". Verificó mi edad en la licencia de conducción para ser extremadamente meticuloso; si bien es cierto que me veo menor de los veintiocho años que tengo, tampoco parezco tan joven. Se hizo a un lado para permitirme el paso después de lanzarme una mirada escrutadora que daba más pistas de lo que yo quería saber acerca del estado de su vida amorosa.

El bar era perfecto para una cita ilícita. Ni el sol habría podido ser pillado allí dentro; no había ni un rayo de luz en la tarde que pudiera penetrar esa estrecha habitación. Después de que mis ojos se adaptaron a la oscuridad, me dirigí hacia el bar y casi tropecé con una mesa. Detrás del bar había un espejo que iba desde el suelo hasta el techo. Aunque ahumado suficientemente claro, me permitía observar a mi objetivo sin tener que darme vuelta.

Estaba sentado solo en una mesa en el último rincón del recinto, con cara de culpabilidad, tal como había predicho su esposa. Era algo calvo, pasado de kilos, y su vestido parecía haber sido comprado cuando Kennedy era presidente; la última vez que fue enviado a la lavandería debió de ser por la época en que los Beatles aún estaban juntos.

Tomé un sorbo de mi bebida suave y sin hielo, y sentí un poco de lástima por mí misma. El lugar era tan barato y tan de baja clase, que mi soda vino sin burbujas: las burbujas habrían costado extra. No veía la hora de terminar con todo esto.

Detesto los casos domésticos con verdadera pasión. Lo mismo les pasa a la mayoría de los investigadores, pues, en general, sólo causan dolor y angustia a su alrededor. Florida es un Estado donde se obtiene el divorcio sin necesidad de demostrar faltas y, por lo tanto, el adulterio no tiene peso en un caso ante los tribunales; esta es la razón por la cual la gente sigue contratando investigadores privados.

Investigaciones Solano se deja contratar. Realmente nos interesa. Con esos casos se pagan las cuentas. Siempre que Leonardo se siente inseguro con respecto a nuestras finanzas, o si requiere una nueva pieza del costoso equipo para su gimnasio, me obliga a aceptar toda clase de casos horribles. Algunas veces nos las arreglamos para contratar a otros investigadores, pero yo me había prometido hacerme cargo de éste personalmente. Esta cliente nos había conocido por medio de su prima, quien nos había contratado para otro caso doméstico hace algunos años. Acepté más para mantener la paz que para mantener la práctica. A partir de algunas claves, podía notar que Leonardo sentía pesar por la cliente y quería que el trabajo se hiciera correctamente, aunque él jamás lo habría admitido ante mí.

Terminé mi soda y comencé a pensar en mi cliente. Era una señora agradable, una esposa de edad mediana. Se había sentado en mi oficina durante casi una hora la semana anterior, sollozando dentro de una montaña de pañuelos húmedos. Estaba convencida de que su esposo salía con una muchacha que trabajaba en su empresa contable. Después de escuchar su relato, concluí que el marido probablemente ni siquiera valía la pena, pero ¿quién soy yo para juzgar eso? Jamás me había metido en arenas movedizas.

Mis pensamientos se desviaron hacia Luis Delgado. Por ahora, su historia parecía coherente. Pero no podía librarme de la impresión de que, aun cuando Luis había venido a pedir mi ayuda, estaba lejos de ser un inválido. Me preguntaba en qué podía consistir exactamente la ayuda que él esperaba que yo le brindara.

Antes de que pudiera terminar el curso de mis pensamientos, una mujer joven que coincidía con la descripción que la cliente me había hecho de la muchacha, ingresó al bar. Tuve oportunidad de mirarla mientras vacilaba en la puerta de entrada. Inmediatamente sentí una especie de simpatía por ella: estoy segura de que ese bar no era lo que ella consideraba un encuentro decente.

En ese punto, el contador ya se había levantado de su silla y trataba de atravesar el salón, prácticamente estrellándose con las mesas en su afán de llegar hasta ella. Todos los demás clientes del bar levantaron los ojos de sus respectivas bebidas, y siguieron a la mujer a medida que ingresaba.

No había la menor posibilidad de que la esposa pudiera competir con esta atractiva mujer. La esposa era bonita a su manera, pero después de tener tres hijos en cinco años las cosas no son tan sencillas. Es lo que sucede cuando se maneja una camioneta Volvo, hay que llevar al perro al veterinario y hay que sentarse a escuchar interminables reuniones de padres y profesores. El *glamour* prontamente se borra del cuadro.

El contador apenas le dio a la muchacha el tiempo suficiente para tomarse un horrible vino blanco antes de comenzar a empujarla hacia la puerta. Seguro que pretendía llevarla al motel que se encontraba detrás del bar. Todo era predecible. La muchacha terminó su último sorbo y el hombre sacó algunos billetes que puso sobre la mesa. La empujaba rápidamente, como si el lugar hubiera estallado en llamas y ella fuera un saco lleno de dinero. No dejó siquiera un espacio para cortejarla: el propósito de su reunión tenía una finalidad precisa. Yo no era una neófita en este tipo de vigilancia, pero aun así sentí algo de tristeza ante la inmediatez de todo eso.

Pagué en efectivo mi soda, guardé el recibo y los seguí discretamente. Sin duda alguna, se dirigían hacia el motel. Hice como si buscara las llaves dentro del bolso mientras comprobaba cómo el contador ingresaba rápidamente a la recepción del motel. Afuera, la joven se paseaba nerviosamente, tal vez pensando que después de todo no era una buena idea.

Al hombre le tomó menos de un minuto registrarse y, acto seguido, recogió la llave de la habitación. Se secó la frente con la gruesa palma de su mano y condujo a la muchacha a la habitación; cerró la puerta fuertemente trás de sí.

En ese punto, yo ya estaba acomodada en mi auto. Me mantuve ocupada desde el momento en que cerré la puerta. Tenía que reunir toda la información que pudiera para mi cliente, pero era imposible saber cuánto podría aguantar en el mismo lugar. Saqué la cámara y los lentes telescópicos, y comencé a tomar fotografías. Del auto del contador, del auto de la muchacha estacionado junto al de él, del motel, de sus placas.

Más tarde llenaría la ficha de la muchacha para confirmarle a mi cliente con toda la información que su peor pesadilla era una realidad. Si tuviera un presupuesto ilimitado, habría podido darle a la esposa la marca y el color de la ropa interior de la muchacha, pero ella sólo me pagaba por la información básica: nombre, dirección, edad, empleo, antecedentes de conducción. Más detalles significan, casi siempre, más dolor para el cliente. Pero siempre les suministraba lo que me pedían.

Todo lo que faltaba era anotar la hora en la cual el contador salió de la habitación del motel con la muchacha. Quizás tomaría una o dos fotos de ellos juntos. En lo posible, trataba de tomar una foto comprometedora, pero no me iba a arriesgar a mirar por las persianas. Hubo un momento, hace seis años, en que me disfracé de camarera de hotel para poder ingresar a una habitación ocupada; sin embargo, he pasado cada minuto de mi vida desde entonces tratando de olvidarme de ello.

Verifiqué mi reloj con las luces de estacionamiento fluorescentes. Probablemente era demasiado tarde para regresar a la oficina después de esta noche de vigilancia.

La avasalladora mayoría de las vigilancias son increíblemente aburridas. Es realmente un reto permanecer enfocado y alerta hora tras hora, especialmente durante la noche. Los buenos investigadores deben aprender a no aburrirse allí donde se encuentren —casas, verjas o autos— sin interrupción. Sentarse en un auto parqueado sin leer o incluso sin escuchar música —debido a que cambiar de estación o de CD demanda atención y el sonido es una distracción— es un ejercicio de disciplina. Retirar los ojos del objeto de vigilancia aun por un momento puede resultar en un desastre; en ese breve tiempo puede suceder algo crucial y no hay manera de pedir que suceda de nuevo.

Las horas pasarían más rápidamente si pudiera evitar mirar el reloj cada pocos minutos. Hace algunos años aprendí a sacarle ventaja a la vigilancia. Traté de agudizar mi habilidad mental para obligarme a recordar hechos largamente olvidados. Una vez me dediqué a recordar los nombres de cada profesor que tuve en el colegio. Otra vez estuve tratando de hacer una lista de cada canción que Gloria Estefan había grabado y luego tarareé sus coros incluso si las melodías que tenían letra de conga eran difíciles. Esta noche me concentré en recordar cada una de las vacaciones de verano, empezando con el jardín infantil y siguiendo hasta después de mi graduación de la universidad. Me detuve en aquellos veranos que tuvieran algún interés amoroso. Éste resultó ser uno de mis más amables ejercicios intelectuales.

Permanecieron en el motel cerca de tres horas. Mis ojos se despertaron cuando miré el reloj y eran las nueve y media. Mentalmente, había catalogado al contador como el tipo de hombre que actúa por la fuerza y después da las gracias.

Me dolía la espalda. Me acordé de casi una docena de chistes de doble sentido en los que el contador dice que va a verificar sus activos y a pasar revista a sus libros, pero se me estaba desapareciendo el sentido del humor. La esposa me dijo que ésta era la primera vez que su esposo le era infiel, pero yo no estaba tan segura. El adulterio es como las papas fritas: uno no puede parar después de probar la primera.

Quizás la esposa no había querido gastar dinero anteriormente para vigilarlo. Quizás él había ido finalmente tan lejos que ella sintió que no tenía la menor opción. Si cuestionara los motivos de los clientes, tendría que cerrar el negocio en cinco minutos. Estaría tentada a indicarles que no necesitaban mis servicios de investigadora. Les vendría mejor invertir su dinero en un psiquiatra o en un psicoanalista. Para ese entonces, mi trabajo ya no era juzgar a mis clientes, sino únicamente prestar un servicio y cobrar. En la medida en que yo mantuviera mis investigaciones dentro del marco legal, no era productivo especular acerca de las minucias.

Comencé a distraerme haciendo la contabilidad de las horas facturables en mi cabeza. Leonardo le cobró a la esposa 70 dólares por hora, ofreciendo el descuento de diez dólares de la tarifa corriente si había un mínimo de diez horas. Realmente debió sentir mucho pesar por ella. Pensé que el contador tendría que salir en cualquier momento, y claramente habrían transcurrido seis horas para un trabajo de cuatro horas. Qué lástima que no todos fueran así.

Por lo general, yo no me siento a calcular la facturación de una vigilancia. Leonardo es quien se encarga de nuestra contabilidad. Pero allí, súbitamente, me di cuenta de lo que estaba sucediendo. Todas estas gimnasias mentales eran una forma de no pensar en Luis Delgado.

¿Qué había detrás de todo esto para que el hombre hubiera atraído toda mi atención? Después de todo, yo había conocido a muchos hombres, pero nunca a un cubano. Tenía tendencia a sentirme atraída hacia los hombres norteamericanos, altos y rubios. Parte de mi gusto se justificaba en una forma de autoprotección: yo era demasiado independiente para el gusto de los hombres cubanos, incluso para aquellos que se proclamaban progresistas y liberados. Otro aspecto de la situación era que ninguno se me había acercado antes. Jamás.

Por lo tanto, me sorprendió pensar en Luis de esta manera. Quizás era el aura de peligro que se escondía tras sus buenos modales. O quizás era su soledad frente a sus pretensiones de justicia. Yo trabajaba en una profesión que demandaba rudeza, pero de alguna manera era una idealista y una romántica. Y, siendo cubana, comprendí que Luis sintiera necesidad de retribución. Ya sabía que los sufrimientos de su familia lo quemaban y lo habían obligado a buscarme.

Luis era un hombre complicado y, sin la menor duda, sus motivaciones también lo eran. Nada de esto modificaba el hecho esencial: en el Miami de 1997, estábamos lejos de ser iguales en términos sociales o económicos; pero esto no era suficiente para opacar mi fascinación. Aunque me había criado con ciertas limitaciones, mi vida había estado muy lejos de las privaciones. A mis hermanas y a mí nos habían criado diciéndonos que no había que juzgar el carácter de las personas en virtud de su situación social. Además, esto era Miami, no Cuba. Aquí las clases no importaban y la situación de una persona dependía de sus logros, más que de su historia familiar.

Me hervía el cuello. Busqué algo de alivio recostando la cabeza en el espaldar. Había estado pensando demasiado. Traté de enfocarme en otros temas, pero mi cabeza pronto regresó a Luis. ¿Por qué estaba tan asustada? Era bien parecido, carismático, atractivo… ¿y qué? No era la primera vez que conocía a un hombre atractivo. El hombre y el caso se estaban convirtiendo en uno sólo ante mis ojos, lo cual era un signo inequívoco de que mi objetividad estaba en peligro. "Lo que tengo que hacer es mantener las dos cosas separadas", pensé. Seguramente podría mantener la cabeza despejada.

Traté de pensar en las vigilancias. Cuando estaba más joven y recién instalada por mi cuenta, solían gustarme, pero esa forma de placer se había aplacado hacía mucho tiempo. Las vigilancias interesantes eran aquéllas para las cuales había un amplio presupuesto. Gente con la cual se podía hablar y consultar y compartir secretos. Pero este tipo de trabajos eran escasos; solamente el gobierno podía darse esos lujos.

"Tal vez si tocara la bocina —pensé—, el sonido los sacaría de la habitación". Finalmente, se abrió la puerta de la habitación 18. La chica salió, miró alrededor y luego corrió hacia su auto. El contador esperó algunos minutos antes de aventurarse, con su cigarrillo poscoital brillando en su estirada mano. Me las arreglé para tomar fotos de los dos y luego esperé hasta que él partió.

Esperaría hasta la mañana siguiente para revelar la película. Las malas noticias siempre pueden esperar.

Había transcurrido casi media hora sin que pensara en Luis Delgado. Este era un buen comienzo.

4

Estaba sentada en una silla de plástico rojo en La Cubantería, la cafetería cubana frente al estacionamiento de la droguería Eckerd. Debía matar una hora antes de que la película correspondiente a la vigilancia de la noche anterior estuviera lista y, por lo tanto, decidí saborear mi café con leche y reproducir la imagen de Luis Delgado en mi mente. Pude ver su frente amplia, sus ojos oscuros y los huesos de sus mejillas —nuevamente me pregunté por qué—. No porque yo fuera una persona inocente. Realmente tenía bastante experiencia con una gran variedad de hombres, tanto en el campo personal como en el profesional. Sin embargo, esto me devolvía a mis años de bachillerato cuando me enamoré de un muchacho en la clase de álgebra.

Mis sueños fueron interrumpidos por un sonido agudo, un pito que traspasó mis oídos, proveniente de la cocina. Lancé una mirada sosteniendo mi taza de cerámica blanca desportillada y sonreí sin mucho entusiasmo.

—¿Cómo estás, Gregorio? —dije.

—¡Lupe, amor! —Gregorio gritó y su voz llenó toda la cafetería—. ¡La mujer más bella de Miami!

Observé cómo Gregorio se las arreglaba para venir hacia mí

desde atrás del mostrador. Su opinión era ciertamente muy galante; mi único deseo en aquel momento era que otros hombres, aparte de este octogenario cocinero de La Cubantería, compartieran esa opinión. Gregorio era un cubano con apariencia de Mahatma Gandhi, totalmente calvo, de piel oscura y bastante parecido a una ciruela pasa. No tenía dientes, porque tuvo que renunciar a su dentadura frente a la Policía cubana cuando salió del país, de conformidad con alguna absurda subsección de las leyes de emigración de la isla.

Gregorio se acercó.

—Tómate otro café —dijo confidencialmente—. Cortesía de la casa.

Gregorio no tenía nada que ver con ello, pero su café era casi legendario. Estaba terminando mi segunda taza y realmente consideré una tercera, pero recuperé la cordura.

—Ay, no me tientes —dije—. Ya he tomado demasiado café. Puedo sentir los latidos del corazón.

Para ilustrar mis palabras señalé hacia mi camiseta. Grave error. Sus ojos se posaron en mis pechos y comenzaron a recorrerlos.

Era el momento de cambiar de tema.

—Anoche hubo una luna llena magnífica, ¿verdad? —le pregunté—. ¿Hiciste una lectura?

Gregorio era miembro de una secta ilegal casi religiosa que sacrificaba animales, los asaba hasta que estuvieran crujientes y luego hacía las lecturas de los huesos chamuscados. Si la sacerdotisa encontraba algunos signos inequívocos —más específicamente si lograba discernir algunos números— la secta cobraba boletos para la Bolita, una lotería de Puerto Rico. Yo ni siquiera estaba segura de cómo se llamaba la secta —en lo que a mí respecta, cuanto menos supiera, mejor—. Alguna vez le pregunté a Gregorio si estaba relacionada con la santería, pero Gregorio lo negó vigorosamente, ofendido con mi ignorancia.

—La luna estaba llena, pero no hicimos nada —respondió Gregorio, moviendo su cabeza con tristeza—. Nuestra alta sacerdotisa estaba como jurado. ¿Puedes imaginarte? Encerrada en una habitación con once extraños una noche de luna llena, sin poder hacer nada al respecto.

Golpeó el mostrador para expresar la injusticia de todo esto. Yo sentí conmiseración; toda una noche de deliberaciones en un jurado de Miami era la segunda cosa mejor que nada. También recordé que la luna llena de la noche anterior había sido espectacular.

No sabía muy bien en qué consistía la secta de Gregorio; había cientos de sectas en Miami. Mi hermana mayor, Fátima, había explorado en busca de formas de espiritualidad alterna y en algún momento tuvo algunos contactos con el grupo de Gregorio. Pero era consistente con su personalidad que ella pasara rápidamente de una secta a otra, una que cumpliera mejor con sus fines en determinada semana. Algunas de sus sectas eran más memorables que otras, por ejemplo aquella que involucraba cerditos hermafroditas. Gracias a Dios, su relación con esa secta fue breve: el líder estaba pagando de dos a diez años de cárcel por irrumpir en el laboratorio de ciencias de la Escuela de Medicina de la Universidad de Miami.

Gregorio había salido para recibir la orden de un cliente; cuando regresó traía otra taza humeante de café con leche. Yo la acepté —sabía que no me permitiría rechazarla— y el viejo se retiró a la cocina satisfecho de su propia generosidad.

Me incliné sobre la taza quizás con la esperanza de que el café fuera una bola de cristal y me diera algunas respuestas acerca de Luis Delgado. Todo lo que me había dicho había sido corroborado hasta el momento, lo cual hablaba a su favor. Pero yo sabía que me estaba metiendo en ríos revueltos. Me sentía muy cerca de violar peligrosamente mi regla cardinal: nunca te involucres personalmente con un cliente. Todo me devolvía al hecho indiscutible de que me sentía atraída por él y que esto podía hacer que perdiera mi objetividad. No estaba segura de poder mantener suficiente control como para conservar la distancia. Esto era una constatación desagradable, pero era necesario reconocerla. Luis podía perfectamente exhibir un letrero intermitente con la palabra *problemas* en luces de neón.

Profesionalmente, tomar este caso era atraer desastres. Miguel

y Teresa de la Torre eran, sin duda alguna, la pareja cubano-americana más respetada de Miami. Busqué por todos los rincones de mi
memoria tratando de encontrar si alguna vez había escuchado algo
desobligante o negativo sobre ellos, pero no pude hallar nada. Sería
muy cuidadosa al investigarlos, pero sabía por experiencia que aun
la discreción total no conseguiría evitar que algo se filtrara. Y no
tenía idea de lo que podría sucederme, pues ellos podrían usar muy
bien lo que fuera para sacarme del negocio. Si ellos se enteraban de
que Luis estaba vivo, esto podría costarle la vida. Ya habían tratado
de matarlo una vez y probablemente no dudarían en terminar el
trabajo. Es decir, si lo que él me contó era cierto. En ese momento
me di cuenta de que ya había asumido que en realidad lo era.

La Cubantería se iba llenando paulatinamente; una joven pareja se
detuvo en la puerta tratando de ubicar dos asientos vacíos. Hacía una
hora que yo había dejado la película para revelar y, por lo tanto, terminé
el último sorbo de mi tercer café y les hice señas de que se acercaran y
tomaran mi asiento y el aledaño, que se encontraba vacío.

Ya en el almacén de fotografía miré detenidamente las fotos
mientras esperaba que el gerente terminara su llamada telefónica
para pagarle. Estaban perfectas. Tomé excelentes fotos de los dos. La
mayoría de ellas eran poco halagüeñas, lo que me facilitaba la labor,
pues no tenía necesidad de molestar a mi cliente mostrándole fotos
de la muchacha joven y bella.

Después de pagar, puse las fotos y el recibo en mi bolso. Me tomó
media hora regresar a la oficina, tiempo que utilicé para llamar a la
esposa del contador.

Una vez abrí la puerta de la cabaña de Solano Investigaciones,
recibí en el rostro un fuerte rocío de purificador Alpine Forever. A
medida que inhalaba el intenso olor de ese aire químico, me pregunté
si sería posible conseguir otro olor refrescante para la oficina. No
podía decidir en ese momento cuál era el destino que prefería: la
muerte por el humo pasivo de un fumador compulsivo, o pasar el
resto de mi vida con alucinaciones que me llevaban a un bosque de
pinos en lo más profundo del Canadá. Habían transcurrido veinti-

cuatro horas desde la visita de Luis, pero mi primo aún no dejaba de accionar su fatal purificador.

En asuntos relativos a la salud, Leonardo invariablemente escogía la exageración, por molesta que fuera.

—¡Te llamó tu futuro cliente! —gritó Leonardo desde la sala de pesas—. El del deseo de muerte, con uñas de fumador.

Me asomé desde la puerta. Leonardo estaba ejercitándose y sudando en el StairMaster.

—Por favor, muestra un poco más de respeto por nuestros clientes —le dije, un poco molesta por su sarcasmo—. Gracias a ellos tenemos comida y un techo sobre nuestra cabeza, para no mencionar el costoso dispositivo de torturas que tanto amas.

—Lo siento —Leonardo saltó de la máquina y secó el sudor de su rostro con una toalla—. Se me olvidaba que los casos domésticos te ponen en esta tónica tan desagradable.

Hice caso omiso de su comentario.

—¿Qué quiere Luis Delgado?

—No dejó dicho nada —afirmó Leonardo con un dejo de reproche—. Tan sólo dejó su nombre. A las nueve de la mañana; la primera llamada del día.

Leonardo se dirigió a la cocina, evitando todo contacto con la mirada. Abrió la puerta del refrigerador y examinó el interior estudiando el contenido con la misma intensidad con la que Marie Curie debió inspeccionar las bacterias en sus tubos de ensayo.

Con un movimiento de cabeza me dirigí a mi despacho. Primero tenía que llamar a la esposa del contador. No era la manera más agradable de comenzar el día, pero era lo que debía hacer. Además, sabía que evitar la llamada me quitaría más energía que hacerla.

Me senté en el escritorio y despejé los papeles para tener suficiente espacio donde escribir mis notas. Abrí el archivo de mi cliente en la hoja de datos personales y comencé a marcar su número telefónico, evitando mirar el de Luis Delgado, que estaba en un lado del escritorio. Contestó un segundo después del primer timbre.

—Lupe —dijo, vigilante y ansiosa—. ¿Y bien? ¿Se encontraron?

Le di toda la información por la cual me había pagado y luego le dije que viniera a mi oficina más tarde por el informe y las fotografías. Pude sentir los tres cafés que se deslizaban por mi garganta. Finalmente tuve que interrumpirla cuando empezó a darme las gracias gustosamente por mi trabajo. Era el tipo de mujer que, si tuviera que llamar a los bomberos, se disculparía por no poder limpiar todo el desorden que fueran dejando.

Salí precipitadamente de mi oficina y casi irrumpí en la de Leonardo, quien estaba escurriendo un jarro del tamaño de un galón con una poción repulsiva de color indefinido. Casi se atora con la sorpresa.

—¡Nunca más! —grité. Mecí las fotos del contador y de la muchacha, levantando mi puño hacia el techo en mi mejor representación de Scarlett O'Hara—. ¡Dios es mi testigo! y lo juro por todo lo sagrado: ¡nunca más me haré cargo de un caso doméstico!

Leonardo permaneció incólume; delicadamente insertó un pitillo y tomó un sorbo.

—Vamos, Lupe —dijo finalmente—, eso es lo que siempre dices. Míralo de esta manera: ya se acabó y recibimos el pago anticipado.

Me plantó allí y siguió haciendo lo que tenía que hacer en la cocina. Agucé el oído y me llegó el sonido del agua que corría por el lavaplatos. Leonardo tenía la compulsión de lavar los platos y las tazas en el preciso momento en que terminaba de utilizarlos. Si alguna vez se casaba, iba a ser a alguien delirantemente feliz, o bien iba a convertir a su compañera en una psicótica criminal. La cosa podía terminar de una manera u otra.

Emergió de la cocina y me señaló el mensaje rosado sobre su escritorio.

—¿Qué piensas hacer con este muchacho Delgado? —preguntó—. Tienes que tomar una decisión y cuanto más pronto, mejor. Si no vas a tomar el caso, no debes seguir alimentando sus esperanzas.

—Necesito verificar un par de cosas más —musité.

Me dirigí hacia mi despacho decidida a no prestar atención a la mirada escrutadora de Leonardo. Cerré la puerta trás de mí.

Por lo menos había hecho una salida dramática. Después de esto no tenía ni idea de cuál sería el siguiente paso. Durante algunos minutos observé a los papagayos trabajando fuertemente en su árbol de aguacate. Me preguntaba por qué jamás engordaban, ni siquiera comiendo libras y libras de este fruto cuando estaba en cosecha. Si yo comiera demasiado aguacate me pondría como un balón, no había la menor duda.

Sacudí mi cabeza para retirar de mi mente estos problemas de peso y luego levanté la bocina del teléfono y oprimí el segundo número en la memoria del aparato.

—¿Tommy? —dije.

—Hola, querida —respondió—. ¿Qué pasa?

—Hay algo que quiero consultarte —dije cuidadosamente—. Es sobre un caso. Aún no estoy trabajando en él, pero es probable que lo tome. Aunque podrían presentarse algunos problemas. ¿Tienes tiempo libre?

—Para ti, todo el tiempo del mundo —dijo—. ¿Qué tal si cenamos esta noche?

—Me parece estupendo —dije—. Y muchas gracias.

—Excelente —dijo Tommy—. Hace mucho rato que no nos vemos.

Oí el ruido de papeles.

—Dime, ¿qué te has hecho estos días? —preguntó—. ¿Aún en la casa de Cocoplum?

Tenía razón en preguntar; mis instalaciones residenciales confundían a todo el mundo. Tenía un apartamento en Brickell Avenue, no muy lejos del de Tommy, pero no tan costoso como el suyo. El problema radicaba en que casi nunca me quedaba allí.

Después de graduarme en la Universidad de Miami con un título en publicidad —que no me ha servido—, con todo el espíritu de independencia que sentía en ese momento, firmé un contrato de arrendamiento para un apartamento de dos habitaciones. Era el mismo

lugar que aún conservaba, pero en ese momento la idea era que sería
una solución temporal hasta que Solano Investigaciones me hiciera
rica y pudiera hallar una mejor dirección. En un primer momento,
me sentí muy independiente y adulta —las familias cubanas pueden
ser algo maternales—, pero la novedad de esta sensación se agotó
rápidamente. Siete años después, seguí pagando el arrendamiento
del lugar, aunque el horno permanecía cubierto con una banda de
plástico que decía "Inspeccionado por 27". Es probable que no haya
vivido en el lugar más que los primeros seis meses después de que
me fui de la casa, pues cuando Mami se enfermó, comencé a pasar
cada vez más tiempo en la casa de Cocoplum. Estaba viviendo la
mayoría del tiempo en mi vieja habitación, mientras que, a la vez,
mantenía el apartamento.

Era lo suficientemente cubana como para desear vivir con mi
familia a la edad de veintiocho años, mientras que cualquier mujer
de Estados Unidos se sentiría bastante avergonzada por ese hecho.
El apartamento de Brickell era la solución intermedia perfecta. Me
daba un lugar conveniente para tener algo de intimidad, pero también
podía dejarlo solo durante semanas. Tengo que admitir que era bastante difícil explicar a mis amigos norteamericanos que yo vivía con
mis dos hermanas mayores, mis dos sobrinas mellizas adolescentes
y Papi, bajo el mismo techo, además de Aída y Osvaldo, la pareja
de septuagenarios que había trabajado con mi familia desde que
vivíamos en Cuba. Mi hermana mayor, Fátima, es la madre de las
mellizas, quien decidió regresar a la casa después de la muerte de su
esposo, Julio, empeñada en trabajar en el negocio de contratación de
mi padre. Mi otra hermana, Lourdes, es monja de la Sagrada Orden
del Rosario. En teoría, vivía en una casa pequeña en Little Havana
con otras tres monjas, pero venía a la casa con tanta frecuencia que
decidió que su correo debía ser enviado a la casa de Cocoplum.
¿Qué puedo decir? Nosotras, las niñas Solano, no podemos soportar
demasiadas privaciones.

Papi construyó una enorme casa de diez habitaciones, a pesar de
las objeciones de mi madre. Ella no tenía aspiraciones de grandeza,

pero Papi logró su cometido. Quizás tenía la sospecha de que cada una de nosotras eventualmente necesitaría esa habitación. Desde que se convirtió en contratista, es probable también que encontrara fácil construir en gran escala. La casa era lo suficientemente grande como para estar en perfecta proporción con el *Hatteras* de 52 pies anclado en la parte posterior, totalmente dotado y listo para zarpar el día en que Castro finalmente sea depuesto o asesinado. Papi quería conducir el primer barco de regreso al Puerto de La Habana y anclarlo frente al malecón. Su plan era meticuloso: el barco contenía tres cabinas para la familia, así como una habitación para Osvaldo y Aída.

Le dije a Tommy que me recogiera en la casa de Cocoplum a las siete. El haberlo involucrado de alguna manera me hacía sentir menos ansiosa acerca de Luis Delgado. Tommy McDonald era algo más que el famoso abogado defensor de criminales en el condado de Dade; también era mi amigo y, algunas veces, mi amante, y sabía que podía confiarle hasta la vida misma.

Estaba contemplando qué me pondría para la comida, pues Tommy siempre me invitaba a los mejores lugares de la ciudad, cuando escuché un golpe en la puerta.

—Luis Delgado en la línea, para ti —dijo Leonardo, asomando la cabeza. Sabía perfectamente que podría haber anunciado la llamada por el intercomunicador y pasármela, pero estoy segura de que quería observar mi reacción.

—Gracias —dije.

Puse mi mano en el teléfono, pero esperé hasta que Leonardo cerrara la puerta antes de hablar.

—Buenos días, Luis —dije tratando de mantener la voz sin alteraciones. Mi mano tembló ligeramente—. ¿En qué puedo servirle?

—Buenos días, Lupe —Luis respondió formalmente—. Me pregunto si necesita información adicional acerca de mi situación para ayudarla en la decisión de tomar mi caso.

Pensé por un momento.

—Realmente, me alegro mucho de que haya llamado —dije—. Hay

algo que quiero preguntarle: ¿estaría dispuesto a llevar el diamante que
me mostró a un avaluador para determinar su precio?

—Por supuesto —dijo. Parecía muy complacido—. Cuando
quiera. Lo llevo siempre conmigo, así que le solicito que programe
esta reunión según su propia conveniencia.

—Estupendo, Luis. Pero usted comprende que todavía no he
tomado la decisión de aceptar su caso, ¿verdad? —le advertí.

Luis hizo una pausa.

—Usted se ha encargado de dejarlo muy claro.

—Lo llamaré tan pronto como haya decidido hacerlo —agregué,
y colgué la bocina.

No era uno de mis momentos estrella en el campo de relaciones
públicas, pero me pareció vital cortar la comunicación en ese punto.
No podía decidir exactamente lo que quería hacer, o por qué, y esto
me aterraba. Estaba tratando de ganar un poco más de tiempo; eso
me quedaba bastante claro.

Llamé a Leonardo por el intercomunicador; me di cuenta de que
era el momento de reparar algunos daños dentro de la casa.

—¿Quieres que salgamos a almorzar? —le pregunté.

—¿Ahora? —dijo sorprendido—. ¡Son sólo las diez y media!

—Entonces un *brunch*, señorita Buenos Modales —dije—. ¿Desde cuándo te has convertido en árbitro de urbanidad?

Diez segundos después abrió la puerta de mi oficina, con su camiseta totalmente rodeada por la banda de caucho de sus pantalones
de ciclista. Siguiendo su moda, inmediatamente me metí la camiseta
dentro de los jeans. "Tal vez deberíamos de tener un código de vestido", se me vino a la mente en el momento en que apagué las luces.
Todos los días eran viernes de desaliño en nuestra oficina.

Nuestro *brunch* consistió en ensalada de frutas y café, en un
pequeño local a la vuelta de la esquina. No me hubiera molestado
comerme un bisté con huevos, pero Leonardo sabía que estaba tratando de recompensarlo con un poco de amabilidad, e insistió en
que la comida fuera saludable. Después de cuarenta y cinco minutos

de escucharlo hablar acerca de la terapia de masajes y de los aceites esenciales, consideré que mi deuda había sido pagada.

Dediqué el resto de la tarde a tratar de ponerme al día con los informes escritos para viejos casos. Alrededor de las cuatro me di cuenta de que estaba dorando la píldora tratando de evitar una decisión con respecto a Delgado. En ese momento sentí que debía ir a casa. Asomé mi cabeza por la puerta del gimnasio donde Leonardo estaba haciendo flexiones con pesas. Cada vez que sus rodillas se doblaban, liberaba un grito tan fuerte que me sorprendió que las ventanas no crujieran. Tal vez los vecinos creían que yo tenía una especie de clínica obstétrica clandestina y que no les daba a las parturientas ninguna anestesia. Lo dejé en su labor y me fui a casa.

Cuando llegué al sendero de entrada de la casa de Cocoplum, divisé el auto de mi hermana Lourdes estacionado en el pasto, peligrosamente cerca de las bella-helenas de Osvaldo. Tomé nota de avisarle que moviera el auto antes de que él se diera cuenta, aunque quizás saldría ilesa de cualquier reprimenda, puesto que era la favorita de Osvaldo. Realmente, Lourdes era la favorita de todo el mundo. Después de todo, ¿cuántas monjas tiene la Iglesia católica que vivan en su propia casa? Los católicos tienden a ser gente práctica y los católicos cubanos en particular: de alguna manera, consideran que tener una persona religiosa en la familia significa que hay algo de bendito en el hogar. Yo, personalmente, contaba con mi asociación con Lourdes para facilitar mi entrada al Cielo, por lo menos alguna indulgencia en el examen de ingreso.

Miré la cámara de seguridad que registraba a todos los que se aproximaban a la puerta de entrada, e ingresé a la sala. A través de las puertas de vidrio abiertas del patio, pude escuchar un grito:

—¡Marco Polo!

Me molestaban estas palabras. Siempre detesté ese juego, pero mis sobrinas jamás se cansaban de él. Cuando llegué a la terraza, pude ver que Lourdes estaba en la piscina también. Jugaba con tanto entusiasmo que parecía de la misma edad de las mellizas, que tenían doce años. Era fácil pensar que nadie había sobrepasado la edad para el juego.

—¡Ponte tu vestido de baño, Lupe! —me gritó, escupiendo agua.

—Dame un minuto —dije. Puse mi cartera en la mesa y me senté—. De todos modos, es obvio que se están divirtiendo mucho sin mí.

Lourdes me observó durante un momento y luego se volteó hacia nuestras sobrinas.

—Voy a salirme ahora —les dijo—. Quiero charlar con la tía Lupe un rato. ¿Está bien? Ustedes dos sigan jugando.

Con un gracioso salto, quedó de pie en el borde de la piscina. Me acerqué y ella me abrazó fuertemente, sin darse cuenta, por lo visto, del hecho de que estaba escurriendo toda el agua sobre mí. Habían transcurrido dos o tres días sin vernos, pero Lourdes me abrazaba como si hubieran sido meses.

Cuando Lourdes tomó una toalla, tuve un momento para maravillarme de verla. Ya había cumplido los treinta el mes anterior, pero era tan juvenil de aspecto y de espíritu, que bien podía pasar por una adolescente. Yo sé que ella se sentía muy orgullosa de su apariencia; no por ser una monja tenía que descuidarse. Era alta y delgada; tenía vestido de baño negro de una pieza, su cabello negro corto que brillaba con el agua y sus ojos cafés claros, relucientes. Me reproché por pensar que era un desperdicio que justamente la monja de la familia tuviera esa altura y esa gran figura, pero quizás era la recompensa por atender el llamado de Dios.

Mi hermana era devota y muy dedicada, pero no era una monja estereotipada. Por ejemplo, Lourdes tenía una cita todos los sábados en la tarde con una esteticista de Hialeah que le depilaba las cejas hasta formar un arco impecable. La historia que corría en la familia era que unos años antes, Lourdes había ido a la casa de esta señora unas horas antes de que el huracán Andrew golpeara el sur de Florida. Lourdes había querido verse lo mejor posible en los días venideros, cuando Miami estaría sin electricidad y sin agua. Para ser justa con Lourdes, se comprometió a ayudar a la esteticista a poner los protectores de tormentas después de este momento crítico. Yo jamás le pregunté a mi hermana si esta historia era cierta, pero lo que sí es cierto es que ella se veía mejor que todo el resto de nosotros durante la tormenta, cuando la ciudad parecía una zona de guerra.

—¿Qué hay de nuevo, chica? —preguntó Lourdes. Me estaba mirando de pies a cabeza; era imposible ocultarle algo.

—Hay un caso de trabajo que quizás acepte, aunque no estoy segura de hacerlo.

Empecé a darle alguna vaga idea acerca del caso de Luis, cuando Fátima entró con una expresión triste. Bueno, esto no era nada nuevo.

—Me alegra mucho ver que están las dos aquí —dijo Fátima—. He estado esperando para hablar con ambas.

Fátima llevaba una vestimenta muy seria, quizás como la que se esperaría que llevara Lourdes: un vestido camisero café que llegaba hasta las rodillas y unas sandalias de paja sin tacones que la hacían ver bajita y gruesa. Tal como yo, Fátima había perdido en la lotería genética de la altura. Su lindo cabello castaño dorado estaba recogido en una cola de caballo. Los ojos de color caramelo estaban exentos de cualquier maquillaje.

Me podía acordar de cuando Fátima era bella y sin cuidado, no hacía mucho tiempo. Aunque solamente tenía treinta y dos años —Mami nos tuvo a las tres con intervalos precisos de dos años—, había envejecido en los últimos cinco años. Se había hecho cargo de la casa después de la muerte de Mami, y tomó sus responsabilidades muy en serio. Aída y Osvaldo se dedicaban a la cocina y a la limpieza, y al jardín, respectivamente. En gran parte, la labor de Fátima era preocuparse por todos.

Fátima puso sus manos en las caderas. Yo sabía lo que esto significaba: Lourdes y yo estábamos esperando que nos dijera qué le molestaba.

—¿Qué pasa, Fátima? —preguntó Lourdes en un tono dulce, casi caritativo—. ¿Cómo podemos ayudarte?

—Estoy muy preocupada acerca del estado de la cabeza de Papi.

Ayer lo pillé llevando las cenizas de Mami desde la habitación hasta el *Hatteras* —Fátima se restregó las manos a medida que liberaba tan pesada información—. Le pregunté qué hacía. Me respondió que quería estar totalmente listo cuando llegara la noticia de que Fidel había sido derrocado.

Lourdes y yo cruzamos una mirada; primero quise llorar y luego reír.

—¿Qué le hace creer que algo va a cambiar en este momento en Cuba? —me preguntó—. No he escuchado que esté pasando nada nuevo.

—Yo tampoco me he enterado de nada —Lourdes sacudió la cabeza regando gotas de agua en todas las direcciones.

—Todo lo que sé es que está actuando de manera extraña —dijo Fátima—. Le pregunté por qué no llevaba a Mami de regreso a la casa. Le recordé que a ella nunca le gustó dormir en barcos, ni siquiera en el *Hatteras*.

Fátima parecía sentirse muy complacida con esta solución. Le sonreí, más que nada porque parecía que ella esperaba que lo hiciera. No me parecía que pudiera decir nada más.

Las mellizas salieron de la piscina, conversando y goteando. Fátima las regañó por lanzar agua por todas partes, aun cuando solamente estaban paradas en el borde de la piscina. Después de que estuvieron aceptablemente secas, las llevó a la casa para comer algo. Lourdes y yo nos sentamos, con nuestros ojos cerrados por el sol de la tarde. El aire olía a agua salada y a cloro de la piscina.

—¿Qué piensas de lo que dijo Fátima? —pregunté a Lourdes, acomodando el cojín para estar más cómoda.

—Es curioso —cuando la miré, Lourdes estaba tan relajada que solamente su boca se movía—, pero no es raro. Quizás está exagerando un poco. Probablemente Papi sólo estaba escuchando esas estaciones de radio cubanas otra vez. Si uno les cree todo lo que dicen, habría que dormir vestido y tener las maletas en la puerta, listos para zarpar en cualquier minuto.

Lourdes definitivamente no parecía muy convencida; yo tampoco lo estaba.

—Supongo que tienes razón.

—Ahora, ¿cuál es el caso del que me estabas hablando hace un momento? —preguntó—. Te conozco. Estás confundida y no sabes qué hacer. ¿Por qué no me cuentas algo más?

—No es nada —dije—. Me estoy preocupando demasiado. Supongo que ya lo ha notado toda la familia.

Cuando abrí los ojos nuevamente, Lourdes estaba observándome. No me creyó ni una palabra de lo que dije.

—Lo que sea, hermanita —dijo—. Estoy segura de que ya tendré oportunidad de escuchar lo que tenga que ver con ese asunto.

Me di vuelta. La peor parte de todo esto es que probablemente tenía razón. Tenía una vaga premonición de que muchas personas iban a enterarse del caso, quizás todo el mundo en Miami. Entonces, "¿por qué —me pregunté a mí misma—, no lo rechazaba y salía corriendo?"

Por una razón, naturalmente: por Luis Delgado.

5

—Entonces, Lupe, ¿cuál es el caso del cual querías hablarme? No es que me importe verte sin cita previa, naturalmente.

Tommy me hablaba por primera vez desde que dejamos la casa de Cocoplum. Yo estaba silenciosa… preocupada con lo que había dicho Fátima de Papi.

—Sencillamente despertaste mi curiosidad —dijo—. Casi nunca me pides un consejo; por lo general, sencillamente me das órdenes.

Estábamos atravesando la Julia Turtle Causeway, para llegar al restaurante en South Beach. Me fascinaban las noches como ésta, navegando en el Rolls Royce de Tommy, con la capota destapada y la suave brisa de Miami acariciando mi frente, con una suave balada de Gloria Estefan en el radio. Con un poco de resistencia, nuevamente estaba pensando en Luis Delgado. Los dos mojitos que había tomado en la casa no contribuían a mejorar mi poder de concentración —dos vasos de ron generalmente no lo logran.

—Hay un hombre que quiere que me ocupe de un caso, es un balsero cubano —comencé—. Hace poco llegó a través de Guantánamo. El caso puede ser realmente complejo. Y no propiamente en el sentido positivo de la palabra.

—Nunca antes te había visto preocupada por que un caso fuera difícil —dijo Tommy. Tenía una mano puesta sobre el volante y la otra suavemente sobre mi apoya-cabezas—. ¿Qué tiene éste de distinto?

—Si lo que este balsero dice es cierto —y hasta ahora su historia es coherente—, los malos en este caso son Miguel y Teresa de la Torre —Tommy lanzó un suave silbido.

—Ya veo cuál es tu problema.

Nos quedamos en silencio. Como siempre, manejar sobre esta vía particular me hacía pensar en mi madre. Había muerto hacía siete años, pero no pasaba un sólo día sin que pensara en ella. Mientras Tommy manejaba y pasábamos frente a los cruceros anclados en el puerto de Miami esperando su carga de turistas, pensaba en la devoción con la que ella había adorado el mar. Algunas veces, nos esperaba a mí y a mis hermanas, y nos llevaba a Miami Beach para jugar con las olas. Crecimos con una cantidad de historias acerca de las aguas alrededor de Cuba, y me di cuenta de cuánto corría por mis venas el agua de mar.

Mami también creía firmemente en el poder curativo del mar. Los viajes a la playa se habían convertido en algo cada vez más frecuente, a medida que su cáncer progresaba. Después de su muerte, Papi y yo íbamos juntos a su sitio favorito en Miami Beach, donde podíamos ver las olas que rompían en la playa. Había colmado cada uno de sus últimos momentos pensando en su país nativo, e imaginé que estas aguas —que también acariciaban la costa cubana— le habían traído su patria más cerca. Yo estaba muy sintonizada con la forma de pensar de mi madre, pues compartía su amor por nuestro país y por las aguas que lo rodeaban.

—¿Sigues despierta? —preguntó Tommy.

—Naturalmente —dije sacudiéndome.

—Bien, no reservé mesa en ningún lugar en particular, porque no sabía exactamente a qué hora saldríamos de tu casa —dijo—. ¿Te parece bien si vamos a Washington Avenue y miramos cómo están las cosas?

Habíamos pasado por este ritual incontables veces. Tommy casi nunca reservaba una mesa en algún lugar; no hacía falta.

—Muy bien —dije—. Sabía que iba a ser imposible sacarte de la casa una vez que comenzaras a probar los fritos de Aída y los mojitos de Osvaldo.

En los seis años que había conocido a Tommy, siempre se las había arreglado para que lo invitara a mi casa tan frecuentemente como fuera posible. No soy tan ingenua como para creer que la gran atracción era yo; me parece que eran más bien las creaciones de Aída y de Osvaldo las que lo atraían de esa manera. La vieja pareja a menudo comentaba que Tommy debía de haber sido cubano en su vida anterior o, después de que ellos mismos hubiesen bebido algunos mojitos, que la madre de Tommy tal vez había tenido un amante cubano. Para ellos, éste era el mayor de los cumplidos.

—¡Siempre tomo más de lo necesario! —exclamó Tommy, deteniéndose ante la luz roja. Se frotó el estómago—. ¡Debo de haber comido al menos tres docenas de fritos!

—Y, naturalmente, los fritos te producen sed —dije burlándome de él—. Tenías la boca como el Sahara; por lo tanto, tuviste que empacarte algunos mojitos.

Tommy descolgó su cabeza en señal de vergüenza en el momento en que la luz se puso en verde.

—Ay, Lupe, no puedo ocultarte nada.

Tommy y yo teníamos mucho en común: un agudo sentido del humor, orgullo por nuestro trabajo y el hecho de que, en nuestra calidad de investigadora privada y de abogado defensor, nuestros senderos tendían a cruzarse. La atracción mutua no hacía daño tampoco. Tommy era alto, rubio, de ojos azules, de contextura atlética. Yo era pequeña, oscura, curvilínea; la típica latina. Miami debiera incorporarnos a los dos en una campaña publicitaria para promover la diversidad cultural.

Llegamos a la intersección de Fifth Street y Washington Avenue, donde Tommy puso la luz para girar a la izquierda. Mientras esperábamos el desfile del tráfico que venía en sentido contrario, pensé cuánto había cambiado Miami Beach desde los comienzos de los años ochenta. Alguna vez había sido un pequeño distrito dormido, hogar de viejos judíos y de cubanos que llegaban en la barcaza desde Mariel. Desde entonces se había convertido en el sitio de moda, lo cual había obligado a salir a muchos de sus residentes originales. El tráfico se había convertido en una pesadilla, los estacionamientos eran casi inexistentes; los arriendos, exorbitantes, y vendían droga por todas partes. El nuevo Miami era moderno y muchos querían estar allí. Sin embargo, los dos estábamos preparados, razón por la cual Tommy llevaba una .357 Magnum en su guantera, y yo tenía una Beretta cargada en mi bolso.

Tommy cruzó lentamente hacia Washington Avenue, buscando inspiración. Realmente no me preocupaba qué era lo que íbamos a comer; aún estaba llena, aunque esto jamás había sido óbice para querer comer más. Manejamos hasta que llegamos al final de la fila de restaurantes. Nada había parecido muy atractivo. Tommy decidió hacer un giro en *U* y nos dispusimos a devolvernos por donde habíamos venido.

—Ya sé —dijo acelerando—. Miremos en el China Grill.

—¿Sin haber reservado? —pregunté—. Cielos, estás bastante difícil esta noche.

Era casi imposible ingresar al China Grill sin haber hecho una reserva con semanas de anticipación. El lugar estaba perpetuamente atestado, y bien lo merecía. Tal vez era un poco pretencioso, pero la comida era deliciosa, y el servicio, muy bueno.

Se me había olvidado: Tommy nació con suerte, y raramente tenía que pasar las humillaciones a las que nos vemos sometidos el resto de los mortales. La camarera ni siquiera parpadeó cuando entramos al local y solicitamos una agradable mesa para dos. Un minuto después estábamos sentados al lado de una ventana en el comedor principal. Habíamos comido allí con frecuencia, así que ni siquiera nos molestamos en pedir el menú. Como siempre, pedimos demasiada comida: cordero, pato, pescado, espinacas fritas y un delicioso Merlot californiano.

Tommy esperó hasta que llegamos a la segunda copa de vino antes de referirse al caso.

—Miguel y Teresa de la Torre —dijo con una voz reflexiva—. Creía que eran tan buenos y puros que Dios solamente nos los había prestado por un rato antes de llamarlos nuevamente a su seno y sentarlos a su diestra.

—Ya sé que para la gente del condado de Dade poco menos que caminan sobre el agua —dije. Me estaba tomando el vino demasiado rápido, pero eso a Tommy nunca le importaba. Sencillamente pediría otra botella cuando yo no estuviera mirando—. Pero no es eso lo que me ha dicho mi cliente.

—Tu "cliente", ¿verdad? —agregó Tommy—. Creí que no estabas segura de aceptar el caso.

—Y es justamente eso lo que quería discutir contigo —saqué un dólar de mi bolso y lo puse en su mano. Tommy se rió y lo puso en el bolsillo de la chaqueta.

—Muy bien, ahora trabajo para ti —dijo—. Nos hemos cubierto las espaldas. Ya puedes hablar.

Tal como lo dijo Tommy, nos habíamos protegido. Si estaba trabajando con un abogado, se me permitiría intercambiar información privilegiada con él como parte de la relación cliente-abogado. El dinero había cambiado de manos como una petición formal, pero el monto era lo de menos.

Comencé a relatar la historia de Luis, manteniendo baja la voz para que nadie que pasara cerca de la mesa pudiera oírme. Más o menos en la mitad de mi discurso llegó la comida. Los platos se veían tan buenos que tuve que dejar de hablar. Cuando disminuimos la marcha, seguí con mi historia. Tommy no interrumpió ni una sola vez.

—Ahora, ¿cuál es tu próximo paso? —preguntó una vez terminé.

Retiró un plato vacío de cordero y se sirvió lo que quedaba del pato.

—Quiero mandar avaluar el diamante —le dije—. Tengo la idea de que esto despejaría mis últimas dudas sobre su credibilidad.

—Me parece sensato —dijo Tommy. Llenó nuestras copas

vacías—. Proyectémonos al futuro. Supongamos que este señor Delgado se registra, entonces, ¿qué? No se puede tomar a esta gente a la ligera.

—Precisamente por eso debemos mantener todo en absoluto secreto —repliqué—. No podemos darnos el lujo de cometer errores, pues es muy probable que ellos estén dispuestos a cargarla contra Luis o contra mí. He pensado en comenzar con la información financiera, buscando lo que haya en los registros públicos. A nada de esto puede seguírsele la huella. Ese sería el punto de partida.

Me podía dar cuenta de que lo que estaba diciendo parecía desesperanzadoramente ingenuo. Tommy movió su copa de vino en círculos y se dirigió a mí.

—Supongo que no estás presionada —dijo con sarcasmo—. ¿Y qué pasa si te va mal? Toda la culpa recae sobre ti. No más carteras Chanel hechas a la medida para que tu Beretta encaje perfectamente. Y tu cliente, ¿qué tiene que perder? ¿La respiración?

A la mención de mi cartera de cuero, de manera protectora la cogí de la silla del lado. La había mandado a hacer después de que su predecesora tuvo un destino infortunado.

Tommy estaba aún riéndose de su propio chiste.

—Solamente asegúrate de estar haciendo tu trabajo. No te dejes manipular por este personaje. Suena como si te hubiera embelesado.

Empujó los anteojos con marco de carey hasta la parte más alta del puente de la nariz y sacudió la cabeza.

—¿Postre? —preguntó.

—¿Por qué no? —su realismo me deprimía—. Cualquier cosa de chocolate, cantidades de chocolate, por favor.

—Más allá de todo esto, ¿por qué quieres tomar este caso? —preguntó Tommy. Me lanzó una mirada de sospecha—. No tengo la impresión de que te haga falta trabajo. Hablando como tu abogado, y no como tu amigo, me parece que se trata de un caso perdido.

—Ya sé, Tommy, lo he pensado todo con mucho cuidado. Te juro que lo he pensado —¿qué iba a decirle? ¿Que estaba fascinada con el cliente? Tommy se habría burlado de mí—. Pero realmente no me gusta nada que aquellos que son considerados los pilares de la comunidad saquen ventaja de su posición para incumplir un trato. Ofende mi sentido de la decencia y el respeto por las reglas del juego.

—¿Cuándo te convertiste en la Madre Teresa? Pensé que Lourdes era la que se dedicaba a estas cosas —Tommy saboreó un trago de vino—. Conoces bien el dicho: sigue el dinero. Este muchacho es un balsero. Trabaja como mecánico. ¿Realmente crees que lograr justicia para su familia sea su motivación primaria?

El postre llegó y silenciosamente comenzamos a engullir nuestra impresionante y elaborada creación que consistía en helado y salsa de chocolate. Tommy sospechaba que en algo lo estaba engañando. Y probablemente también a mí misma.

—Tal vez tengas razón —apunté—. Quizás haya otras razones.

—Hazlo o no, según te parezca —dijo Tommy pasando la lengua por la cuchara—. No hace falta que yo sepa cuáles son tus motivos; mi deber es advertirte que puedes meterte en graves problemas. Pero si llegas a algún acuerdo con este hombre, te pido que me dejes firmar con él un contrato muy riguroso. Si esto llega a generar problemas inesperados, necesitas estar protegida tanto como sea posible. Solano es aún una organización del subcapítulo S, ¿verdad? Necesitas limitar tu responsabilidad.

—Eso suena maravilloso. Y puedes actuar también como abogado de Luis Delgado, ¿verdad? —pregunté. Descaradamente, lo premié con el leve parpadeo de mis largas pestañas—. Al fin y al cabo, ya recibiste tu primera paga. Me imagino que ese dólar sigue en tu poder.

Tommy puso la mano sobre el bolsillo del pecho y respondió con una risa.

—¡Por eso te adoro! —dijo—. Eres tan insolente como yo.

—No te menosprecies.

Tommy se quedó pensando un momento; por un instante, su buen humor desapareció.

—No, no —dijo—. Después de lo que ha sucedido aquí esta noche, oficialmente te pongo en la misma liga en que estoy yo.

Lo miré fijamente, sin lograr discernir si lo que acababa de decir era un cumplido.

6

Afortunadamente, en el viaje a Key Biscayne para ver al joyero, Luis se cambió el traje de color fecal que previamente había llevado, por unos pantalones caqui, una camiseta polo rosada de algodón, y unos zapatos tenis sospechosamente blancos. Le había pedido que se vistiera deportivamente, con la esperanza de que se camuflara entre los demás visitantes del cayo. Fue una sorpresa agradable comprobar que había seguido mis instrucciones, aun cuando daba la impresión de que había estudiado cuidadosamente el catálogo de Brooks Brothers para modelar su aspecto. En ropa informal parecía más joven, más despreocupado, todavía más saludable. Su elegancia natural brillaba con estas vestimentas y, en esa medida, el vestido café lo hacía ver más desaliñado y envejecido.

Incluso Leonardo parecía impresionado con el nuevo aspecto de Luis. Cuando salí de mi despacho después de hacer una llamada telefónica de último minuto, Leonardo le estaba ofreciendo a Luis una de sus malteadas de fruta. Luis muy cortésmente declinó la oferta. Ni siquiera había encendido un cigarrillo en los veinte minutos que había estado en mi oficina, pero aparentemente tampoco se había transformado en un fanático de la salud. Traté de detener la sonrisaa que afloraba a mis labios.

Una vez alisté mi bolso, tomé a Luis por el brazo y le susurré:

—Tiene la piedra, ¿verdad? —hice esta pregunta puesto que no llevaba los zapatos cafés de amarrar con el tacón hueco.

Luis sacó una cajetilla de Marlboro del bolsillo y de allí extrajo una bolsita de terciopelo. Con su cuerpo tapó a Leonardo en el momento en que me mostraba el diamante.

Nuevamente me sorprendió la belleza de la piedra. Luis la guardó delicadamente en la bolsa y la metió en el bolsillo de su pantalón. Esto explica por qué no estaba fumando: el diamante había tenido prelación ante los cigarrillos.

Finalmente le pedí a Luis que me excusara; regresé a mi oficina y cerré la puerta. Me paré sobre el sofá y puse una mano en la pared para mantener el equilibrio. Descolgué el cuadro —un paisaje cubano— y lo puse cuidadosamente sobre el sofá. Delante de mí quedó descubierta mi caja fuerte secreta. Marqué la combinación y abrí la puerta, retirándome un poco para que su poderoso resorte no me golpeara. Saqué una caja que tenía balas adicionales para mi Beretta, así como el disparador.

Antes de cerrar la puerta, busqué hasta hallar una segunda caja idéntica, la que contenía mi arma. Al fin y al cabo, estábamos en Miami. Una segunda arma no era obsesión ni paranoia, solamente un acto de prudencia.

Después colgué nuevamente el cuadro, salté del sofá y puse el arma en mi cartera Chanel. El disparador distorsionaba la forma del cuero y, por lo tanto, prescindí de él. Di un último vistazo a mi alrededor y me detuve para enderezar el cuadro —lo había colgado totalmente torcido, y las palmeras se veían como torres de Pisa en medio del campo—.

Cuando salí, le dije a Luis que estaba lista.

—Leonardo, vamos a Key Biscayne —dije—. Estaremos de regreso en un par de horas.

Leonardo pareció no interesarse, pero yo sabía que la curiosidad lo quemaba. Se habría enfurecido al saber que le había puesto un término a nuestra incursión simplemente porque me preocupaba que me pillara dedicándole toda la tarde a Luis.

Nos dirigimos hacia mi Mercedes en silencio. Luis me escoltó por el pasadizo, esperó hasta que yo desactivara la alarma y luego abrió la puerta para dejarme entrar. Noté que había perdido el aspecto de muchacho asustado que le había visto la primera vez que nos encontramos. Sentí que estaba ante un hombre de acción: tan pronto como percibía que algo estaba sucediendo, se sentía relajado. El largo período de espera e inactividad lo había afectado.

Era una mañana inusualmente agradable; por una vez, el calor opresivo y la humedad de Miami no habían descendido a temprana hora. Me enrumbé hacia el oeste por la Avenida 27 y tomé hacia el norte por U.S.-1.

Habíamos recorrido ya unos cuantos kilómetros antes de que Luis rompiera el silencio.

—¿A quién vamos a ver en Key Biscayne, si no le importa que lo pregunte?

—Vamos a ver a un hombre llamado Tony Fuentes —dije. Comprendía la necesidad de tranquilizar a Luis, dada la importancia de su diamante—. Es un joyero que se especializa en avalúos. Y es el mejor.

—Muy bien —replicó Luis con satisfacción.

Lancé un suspiro profundo.

—Pero creo que es justo que también sepa que Tony perdió su licencia profesional hace mas o menos un año —agregué, anticipándome a cualquier pregunta embarazosa que pudiera hacer Luis después de nuestra visita.

Luis guardó silencio por un rato, hasta que pudo más su curiosidad.

—¿Y cómo sucedió eso?

Seguí manejando hasta el siguiente semáforo antes de responder.

—Lo agarraron negociando mercancía robada. De hecho, se trataba de diamantes.

Pasamos el Museo de Ciencias y giré a la derecha, alejándonos de U.S.-1, rumbo este hacia el mar. Pronto encontramos la cabina de peaje que marcaba la entrada al cayo. Miré de reojo a Luis y vi que se fijaba en una escultura casi de tamaño natural que representaba un tiburón gris que daba vueltas en su pedestal y anunciaba el Seaquarium de Miami.

En una ocasión, algunos bromistas habían colocado estratégicamente un par de pantalones en la boca del tiburón, sugiriendo que el monstruo se había tragado a un indefenso turista. ¡Como si nuestros visitantes no tuvieran suficientes cosas de qué preocuparse!

En la cabina del peaje le tendí al dependiente malhumorado un billete de cinco dólares. Mientras esperaba el cambio, me volví hacia Luis; me dio la impresión de que necesitaba que le diera seguridad.

—Era su primer delito —dije ecuánimemente—. Tony llegó a un acuerdo con el juez y salió con el compromiso de prestar quinientas horas de servicio comunitario. Pero aún sigue siendo el mejor del negocio. Nos puede dar un avalúo realista y, si es necesario, servir como vendedor del diamante. Y también sabe guardar un secreto.

La barrera del peaje se levantó y yo oprimí el pedal con cuidado para no acelerar demasiado por encima de las cuarenta y cinco millas por hora permitidas. La policía de Key Biscayne es famosa por su capacidad para poner multas por velocidad. Me consta: he recibido varias por haberme pasado del límite sólo algunas millas.

A medida que manejamos por el alto puente que separa la tierra firme del cayo, pude sentir que había una transformación en Luis. Estaba más tranquilo y su aire despreocupado parecía haber sido reemplazado por una especie de tristeza profunda.

—Ya he estado aquí —dijo tranquilamente, señalando con las manos hacia fuera de la ventana—. Cuando llegué de Guantánamo, Teresa de la Torre me envió aquí con su ama de llaves. No era precisamente para que yo pudiera disfrutar de la belleza de Florida del sur. Aprovecharon el tiempo que yo estuve fuera para inspeccionar mi habitación. Estaba bajo tanta presión, que ni siquiera tuve la capacidad de concentrarme para disfrutar de este bello lugar.

Mi corazón dio un vuelco.

—Esto no me lo había mencionado.

—Oh, ¿cómo se me pudo haber olvidado? —Luis se golpeó la parte lateral de su cabeza con la palma de su mano abierta—. Es algo que le interesa saber, ¿verdad?

En un acto de introspección, no dije nada y traté de concentrarme en mi forma de conducir. A los dos lados de la vía se veían playas blancas y prístinas con pelícanos que se lanzaban sobre las olas tratando de pescar los pequeños pececillos del agua. Traté de excusar la omisión de Luis pensando que, por otro lado, no podía esperar que recordara cada detalle del tiempo que pasó con los De la Torre. Cada cliente olvida ciertos hechos o —lo que es peor, pues a todos se les advierte insistentemente que no lo hagan— omite dar información sobre algo porque decide que no es importante. Y luego viene la tercera razón por la cual los clientes retienen información: sienten vergüenza o tienen la sensación de que ciertos episodios pueden desacreditarlos ante mis ojos.

Tuve la extraña sospecha de que Luis estaba soltando la información por goteo, deliberadamente, según le pareciera adecuado. Y no me gustó. No sentía vergüenza de nada, lo sabía. Estaba manipulando la situación, controlando el curso de la acción con arrogancia, y planeando cada movimiento con debida anticipación. Era un cubano de la vieja guardia en más de un sentido.

Luis sintió mi desaprobación; me miró y luego sonrió a manera de disculpa. Se golpeó de nuevo la cabeza con la mano y dejó traslucir algo de tristeza. Nuevamente le sonreí. No era un cliente común, no con todo lo que había sufrido. Las mentiras y las decepciones eran parte integrante de su vida en la Cuba de Castro, especialmente tratándose del hijo de un patriarca fallecido. Me prometí no juzgar a Luis con demasiada severidad, pues, al fin y al cabo, yo nunca había tenido que pasar por ninguno de los sufrimientos a los que él había estado sometido. Pero también tomé nota de que debía mantener los ojos abiertos. No me sentía muy segura de poder mantener el equilibrio.

—Inspeccionaron mi habitación después de que me mandaron

fuera. Sospeché que harían algo así —dijo Luis mirando hacia el mar—. Mientras estaba en Guantánamo escuché que los exiliados en Miami recelaban de los balseros cubanos. Creían que Castro estaba enviando espías como lo había hecho durante el problema de la barcaza *Mariel*. Hasta cierto punto, podía comprender bien sus temores. Quizás yo no fuera ni siquiera el verdadero Luis Delgado; podría haber sido un impostor que se hubiera enterado del pacto entre mi padre y Miguel. Cuba me había acostumbrado a la sospecha y a la paranoia, y yo sabía que Miguel y Teresa no iban a recibirme, así no más, con los brazos abiertos. Por lo tanto, querían hacer algo de investigación por su propia cuenta.

—Yo habría hecho lo mismo. Y así fue como descubrieron el diamante. Lo dejé allí a propósito, para ver qué harían y cómo reaccionarían si lo encontraban después de haberse enterado de que yo ya tenía conocimiento de su traición. Me confrontaron a la hora de la comida esa noche y me preguntaron cuáles eran mis intenciones. Después de que les dije que yo esperaba que cumplieran lo que habían pactado con mi familia, me ordenaron que saliera de su casa.

—¿Dónde lo encontraron? —pregunté.

Luis mantuvo sus ojos enfocados en el mar.

—Buscaron minuciosamente. Yo lo había escondido en el interior de un frasco lleno de champú; era visible, pero no demasiado evidente. No tenía casi pertenencias, así que una inspección de mis objetos personales era fácil. El frasco de champú era amarillo pálido y yo sabía que se podría ver la piedra si alguien sostenía el frasco contra la luz.

—Esto sí es nuevo para mí —dije.

—Vi este truco en una película de espionaje. Tal vez ellos también la vieron. Coloqué pequeñas tiras de hilo dental en algunos lugares de la habitación para poder comprobar fácilmente si alguien había estado hurgando mis cosas. Una estrategia vieja, pero efectiva.

Tamborileé con los dedos en el volante, tratando de no pensar a qué otros trucos sería capaz de acudir Luis para protegerse.

—Luis, una investigación se basa en pequeños detalles —dije—. Si recuerda algo más, por favor compártalo conmigo. Si retiene información, es su caso el que se ve afectado.

—Por supuesto, Lupe —dijo con una sonrisa que no me convenció del todo—. Trataré de ser un buen cliente.

—Soy yo quien lleva a cabo esta investigación, no usted —agregué—. Recurrió a mí porque sabe que soy una profesional. Y los profesionales no pierden tiempo con jueguitos.

—Naturalmente —respondió, más tranquilo que antes.

Pasamos por el Seaquarium y nos aproximamos al Laboratorio Marino de la Universidad de Miami. Los surfistas golpeaban el agua y sus vivas velas contrastaban con el azul del horizonte; se inclinaban graciosamente, aún acrobáticamente, contra esa línea infinita del agua y del cielo. En la playa, muchas familias estaban reunidas alrededor de sus parrillas portátiles o jugando con el agua, mientras sus perros jugaban con las olas en la orilla.

Luis lanzó un suave silbido de aprobación.

—¡Qué lugar tan curioso! —dijo—. Esas cosas allá en el fondo, ¿cómo se llaman?

—Surfistas —respondí. La tensión entre nosotros se había disipado—. Debería intentarlo alguna vez. Es muy divertido.

—Curioso —dijo—. Cuando todo esto termine, quizás lo practique. Podemos salir juntos al mar.

No respondí. Podía imaginarme que ya había pasado demasiado tiempo en el agua tratando de escapar de Cuba. Su sueño parecía tan conmovedor que no quise sacarlo de él. También sabía que estaba tratando de recuperar mi lado positivo; probablemente sintió que se había pasado de la raya conmigo y que debía ganar mi confianza nuevamente.

En el último estrecho antes de ingresar a Key Biscayne, las playas fueron reemplazadas por un bosque de eucaliptos a los dos lados de la carretera, remanentes de una ya desvanecida y no desarrollada Florida del sur. Había tan solo siete millas de distancia entre la caseta de peaje y el cayo, pero ese breve trecho ya marcaba un mundo de distancia y de aislamiento. Puse la señal para salir de Crandon Boulevard hacia Key Colony, un exótico y extenso complejo de apartamentos que ocupaba todo el terreno entre la carretera y el océano.

Key Colony era impresionante, aún para una nativa como yo; los edificios tenían la forma de las pirámides aztecas. Cada apartamento mostraba un fecundo balcón con enredaderas que caían como cascadas florales. El guarda en la entrada verificó mi nombre para asegurarse de que nos estaban esperando y luego levantó la enorme barra de madera que bloqueaba el camino.

El apartamento de Tony Fuentes estaba situado en el último edificio desde la entrada, al lado del mar. Cruzamos lentamente el conjunto, pasamos las canchas de tenis, y bajo la sombra de los árboles vimos un grupo de niñeras con cochecitos de bebé y con caminadores. Estaban conversando, relajadas y calmadas. Luis miraba sorprendido.

—Todas estas mujeres y ninguna de ellas anglosajona.

—No, todas son hispanas —reduje la marcha para dejar cruzar a un enérgico labrador negro.

—Para una inmigrante ilegal, la mejor manera de conseguir trabajo es como empleada doméstica o niñera —agregué—. Les pagan con dinero en efectivo, y por lo general mandan muchos de sus ingresos a sus familias en el país de origen.

—Una ciudad de refugiados y exiliados —musitó Luis, observando a un chiquillo que balanceaba una pelota de caucho en la acera de concreto—. ¿Sabe por qué esas mujeres se ven tan felices? Es por los niños.

—Pero esos no son sus hijos —le expliqué pacientemente, tratando de encontrar un espacio donde estacionar.

—Por supuesto que no —dijo Luis—. Pero les recuerdan a sus propios hijos, y cuánto quisieran verlos nuevamente. La familia, tener niños… así es como la vida adquiere sentido.

Escuchaba a medias este discurso sobre los valores familiares; finalmente había hallado un espacio, aprisionada entre un Porsche color vino tinto y un Volkswagen convertible. Puse en el vidrio delantero el permiso de estacionamiento temporal que el guardia de seguridad me tendió a la entrada y apagué el motor. Mis oídos se sorprendieron del repentino silencio.

—Usted no tiene hijos, ¿verdad? —preguntó Luis.

Me incliné para encontrar la manija de la puerta.

—No, no tengo —salí del auto antes de que él pudiera agregar algo. Lo que menos podía interesarme era involucrarme en una conversación personal. Muy probablemente de lo que no quería enterarme era de la actitud de Luis ante las mujeres. Tal vez sospechaba que era bastante chapado a la antigua…, que consideraba que las mujeres tienen que convertirse en madres para realizarse.

Subimos por el ascensor hasta el último piso, en absoluto silencio. Salí hacia la derecha tratando de poner en orden mis pensamientos antes de encontrarme con Tony.

Algunos segundos después toqué el timbre y una linda jovencita abrió la puerta. Cuando ingresé me di cuenta de que era realmente joven; me pregunté si Tony estaba al corriente de que hay leyes contra estos actos. Se trataba de una lolita latina, sin brasier, con un vestido ceñido muy revelador, con las piernas desnudas y los hombros dorados por el sol.

—¡Lupe, mi amor! —Tony Fuentes irrumpió en el salón con sus brazos estirados de manera teatral. Luis retrocedió un paso en el momento en que Tony se abalanzaba para darme un apretado abrazo, llenándome de besos en las mejillas y en la frente.

—¡Querida, ha pasado mucho tiempo! Estás más bella de lo que recordaba —le sonrió a Luis, pero recibió un saludo seco de vuelta.

Probablemente Luis estaba esperando un joyero muy conservador, lo cual Tony distaba mucho de ser. Era bajito y regordete, con un rostro de querubín y cabellos crespos negros. Tenía tres diamantes que le atravesaban cada oreja para complementar el collar de diamantes y oro, del cual colgaba una virgen cubana.

Todo esto era bastante conservador, hablando en términos

relativos. Brazaletes de oro deslumbrante, con diamantes audaces y piedras preciosas colgaban de las carnudas muñecas de Tony. En cuanto a su vestimenta, Tony me había confiado alguna vez, años antes, que su madre le había dicho que se veía más delgado si usaba camisas y pantalones que combinaran. Por lo tanto, había adoptado un aspecto monocromático como norma de vestir. Hoy llevaba unos pantalones color crema y una camisa de seda desabotonada hasta la cintura, lo cual permitía, a todo el que estuviese interesado, contar los rollos de grasa entre la barbilla y el ombligo. Dentro de toda esta carne se veía aún un muchacho que seguía a pie juntillas los consejos de su madre. Ella debería haberle advertido que debía usar colores oscuros. Los colores oscuros ocultan muchas faltas.

El abrazo de Tony estaba alcanzando una fase asfixiante cuando Luis aclaró su garganta cerca de nosotros. Tony me liberó y fijó su mirada en Luis. Yo sabía que a Tony no le gustaría. Se sentía amenazado por los hombres delgados. Tony recuperó sus modales, aunque saludó a Luis con muchísimo menos entusiasmo de lo que lo hizo conmigo.

—Tony Fuentes —dijo extendiéndole la mano—. Usted debe ser Luis. Por favor, siéntase bienvenido. Permítame traerle algo de beber.

Tony caminó hacia el enorme sofá de cuero blanco que recorría toda la pared, e hizo sonar sus dedos para llamar a la chica. Ella lo miró como si se tratara de un demente.

Con un largo paso, Tony se acercó al bar y comenzó a mezclar Coca-Cola con Bacardi, para preparar cubaslibres. Después de tendernos las bebidas, nos llevó a su estudio. Antes de cerrar la puerta, le vi lanzar una mirada turbadora a la niña, una mirada que decía mucho. Decidí no prestar atención a lo que estaba pasando en la vida privada de Tony.

El salón era soleado y abierto, pero en el estudio las ventanas estaban cubiertas con una pesada tela de color vino. Solamente una pequeña lámpara emitía algo de luz y creaba sombras en los rojos oscuros y el color madera del santuario privado de Tony.

Se sentó detrás del escritorio y sacó unos portavasos de un cajón para poner las bebidas que aún no habíamos tocado. Su rostro y sus movimientos habían sufrido una suerte de metamorfosis: el anfitrión cordial había sido reemplazado por el sombrío profesional. Se dirigió a Luis.

—Lupe me ha dicho que usted tiene una piedra que quiere mostrarme —dijo—. Me ha dicho que desea un avalúo y quizás venderla. ¿Puedo verla?

Yo estaba acostumbrada a la forma de negociar de Tony, pero pude notar que Luis se sintió totalmente fuera de contexto. Lentamente buscó en su bolsillo el paquete de Marlboro, y luego desamarró con reverencia el trapo de terciopelo.

Tony agarró el diamante con unas pinzas de acero, lo examinó, y luego lo puso sobre el escritorio. De una cajonera empotrada en la pared del estudio sacó una bolsa de terciopelo que contenía un vidrio de aumento y lo colocó en un soporte. Encendió una luz mucho más potente y no pudo contener su sorpresa ante la piedra.

—Muy linda —musitó—. Miremos cuánto pesa.

Sacó de un cajón una balanza de joyero bastante anticuada. Con un delicado toque de sus dedos en forma de salchicha, Tony suavemente colocó el diamante en la pequeña bandeja de acero de la balanza.

—Casi seis quilates, solamente un punto menos —dijo—. Nosotros decimos seis y un poquito escaso. Qué piedra tan formidable. Definitivamente sin defecto alguno. Es casi perfecta, Luis, con un bello color. Se le pueden sacar muchos dólares.

Luis se inclinó a un paso del escritorio. Tony había empezado a jadear, lo cual yo sabía que significaba que estaba emocionado.

—¿Quiere saber cuánto vale? —preguntó Tony, sacando una calculadora del bolsillo de su camisa—. Seis quilates a veinte mil dólares el quilate para una piedra en esta excelente condición. Ahora mismo, el precio al por mayor de un diamante como éste se calcula más o menos entre 15 mil y 16 mil dólares por carate. El precio del carate aumenta con el peso, por lo tanto una piedra redonda como ésta debería costar alrededor de 20 mil dólares por carate. Esto quiere decir que su precio es de 120 mil dólares. Esta cifra es calculando por lo bajo.

Respiré profundo y me pregunté si debería tomarme el cubalibre. Luis permaneció en silencio, mirando como si estuviera hipnotizado.

—Desafortunadamente —dijo Tony, perdiendo un poco de su alegría—, esto no se aproxima a lo que usted podría obtener. Lupe me dijo que quiere que la operación se haga en silencio. ¿Sigue siendo así?

—Sí —susurró Luis, quien continuó mirando el diamante.

—Bueno, le voy a hacer una oferta realista parar este diamante —dijo Tony—. Si voy a Cartier con esta piedra, sin duda me van a hacer muchas preguntas.

—El diamante no es robado —dijo Luis.

—Magnífico, magnífico. Lo que sea —Tony hizo un gesto con la mano—. Lupe lo trajo aquí y yo creo en ella. Pero usted tiene que comprender lo que sucede cuando uno trata de vender una piedra preciosa. El comprador tiene que llenar papeles para el gobierno. Piden los números del seguro social, las huellas digitales, los impuestos. Y, si no me equivoco, queremos evitar todo esto.

Luis escuchaba como si fuera un colegial.

—Es correcto —dijo.

—La otra posibilidad es venderlo en la calle, donde no hacen preguntas —Tony suspiró, como si le entristeciera la injusticia del mundo—. Pero la calle es un lugar donde los compradores esperan descuentos. Así de simple.

—Dios mío —dije—. No tenía idea de que fuera tan valioso.

Me producía un ligero vértigo estar en la misma habitación con algo tan precioso.

—Ha sido tratado con mucho cuidado —dijo Tony lacónicamente.

—Está seguro de que no es robada… —preguntó a Luis; esto sonó más como una afirmación que como una pregunta—. No es que me importe mucho, pero eso afecta mi estrategia de venta.

—Tiene mi palabra —dijo Luis cortante.

Una sonrisa asomó en la comisura de los labios de Tony.

—Excelente —dijo—. En esas condiciones, puedo sacarle más dinero. Voy a proponer algunas posibilidades, sin ningún compromiso de venta. Sobre cualquier cifra que le dé es necesario descontar mi comisión del 15 por ciento.

—¿Cuánto calculas que se puede obtener? —pregunté. No tenía ninguna seguridad de que Luis quisiera vender el diamante, pues aún no se había pronunciado.

—Calculo que entre 80 mil y 100 mil dólares, tomando en cuenta que se trataría de una venta rápida, sin documentación alguna. Saquemos un promedio y digamos que es 90 mil menos, mi 15 por ciento de comisión. Esto daría setenta y cinco mil quinientos dólares, tal vez un poco menos —dijo Tony.

—Si a Luis le parece bien, te dejaremos el diamante —dije. Luis hizo un gesto de aprobación—. Llámame cuando tengas idea de un precio definitivo.

—Voy a comenzar a ocuparme de este asunto esta misma tarde —Tony miró a Luis y golpeó su pecho lampiño—. No tenga miedo, Tony Fuentes está aquí.

Aún me encontraba bajo la impresión de saber que Tony se creía un superhéroe, cuando se inclinó frente a su gabinete y presionó un botón en uno de los paneles. Una estantería llena de libros surgió de la pared, revelando una pequeña caja en hierro forjado con una cerradura de combinación. En un segundo, Tony abrió la caja de seguridad y puso el diamante adentro.

Tony cerró y se volteó hacia nosotros.

—Notarán la confianza que les tengo —dijo—. Les he dejado ver mi mayor secreto: mi caja bebé.

Nos pasó sus regordetes brazos por los hombros y rodeándonos con su grueso cuerpo nos fue llevando hacia la puerta de entrada.

Lolita aún se encontraba en el salón, luciendo ahora un collar de diamantes. Se despidió mientras se cerraba la puerta detrás de nosotros. Escuchamos el sonido de varias cerraduras.

—Me tranquiliza mucho que tenga todas estas medidas de seguridad —dijo Luis en el momento en que entrábamos al ascensor.

Lanzando una última mirada al apartamento de Tony, pude notar que la muchacha nos observaba a través de las cortinas.

—Quizás Tony no tenga el mejor estilo de vida —dije, abriendo mi Mercedes—, pero es un hombre de negocios honesto.

Luis levantó sus ojos y musitó algo en el momento en que yo prendí el auto. Pude notar que sentía que había perdido el control de la situación y, ¿quién podía criticarlo? Esta nueva vida era totalmente diferente de todo lo que él había conocido anteriormente en Cuba. Su humor negro persistió durante todo el camino de regreso.

—Luis, no olvide que aún no ha prometido vender el diamante —le recordé—. Y si decide venderlo, piense que su madre quería que lo tuviera. Sé que se trata del último lazo con su familia, pero ellos querían que usted tuviera algo que le sirviera de colchón.

Luis se reclinó en el asiento, cerró sus ojos y dejó que el sol acariciara su rostro. Le lancé una mirada y dejé que mis ojos recorrieran su nariz y su digna frente. "Sigue con los ojos en la carretera", me recordé a mí misma.

—Estaba pensando en todo lo que ha hecho para ayudarme —dijo Luis—. Y me pregunto cómo podré recompensarla por ello.

Con esto, Luis se volteó y fijó los ojos en mi mirada. Me produjo una cascada de cosquillas que descendió por toda la columna vertebral. Sólo cabía esperar que no se hubiera dado cuenta de que por un instante todo mi cuerpo tembló.

—Ay, Dios.

7

Después de que Luis saliera, permanecí sentada frente a mi escritorio durante un rato. Devolví la Beretta a la caja fuerte, acariciándola con superstición a manera de despedida. Solamente la había utilizado una vez en todos los años de trabajo como investigadora privada. Las armas letales no eran mis pertenencias favoritas, pero ésta me había salvado la vida.

Me aseguré de que el cuadro con la palma real colgado encima del sofá estuviera derecho —sabía que me volvería loca cada vez que me sentara a mi escritorio si no estaba perfecto—, y luego me recosté con una libreta de apuntes en el canto. Hice mis notas en un santiamén: toda la historia, desde el comportamiento de Luis durante nuestra primera entrevista hasta el viaje al apartamento de Tony, reposaba allí, tan simple y fría sobre la página; nada en ella me indicaba una razón por la cual hacerme cargo de este caso.

Siempre he contado con un fuerte instinto de conservación, y entonces me di cuenta de que era tiempo de empezar a hacer uso de él.

Quizás había sido dejadez o descuido, pero aún no me había comprometido oficialmente a tomar el caso. Ciertamente, desde un punto de vista práctico, ya llevaba varios días trabajando en él.

Todavía podía seguir explorando el caso sin el riesgo de cavar un agujero del cual no podría salir después.

Me preguntaba si, de alguna manera, no era una cuestión de vanidad la que me estaba empujando a convertirme en un David ante el Goliat que representaban los De la Torre. Recordaba haberlos visto una sola vez cuando era aún una niña, en una función de caridad que mi madre había ayudado a organizar. El salón estaba atestado, pero cuando entraron los De la Torre, la multitud se apartó como las masas abriéndole camino a la realeza. El retrato que Luis había hecho de su verdadera manera de ser era casi increíble; pero yo había aprendido hacía mucho tiempo a no confiar en las apariencias.

De todo lo que Luis me había contado, quizás solamente los De la Torre mismos podían confirmar o refutar su historia. Sobra decir que no había la menor posibilidad de pedirles ayuda a ellos, lo cual me dejaba con un sólo participante más: Pepe Salazar. Abrí mi libreta de direcciones y marqué el primero de cuatro números anotados para la que era tal vez la única persona que me podía ayudar sin cita previa. Necesitaba encontrar a la dulce Suzanne.

Nunca era fácil localizarla; era como si esos cuatro números que tenía apenas rozaran la superficie del laberinto de contestadores y de servicios de correo de voz que tenía. Le dejé, sin embargo, un mensaje, y me devolvió la llamada antes de una hora. Acordamos encontrarnos a las seis, en una de las mesas exteriores de Monty Trainers, en Coconut Grove. El lugar era parte de una rutina que teníamos: con frecuencia íbamos juntas allí después de nuestra clase de aeróbicos en el estudio Superdance. Nos reuníamos en ese local aun cuando no podíamos dejar de notar que éramos las únicas mujeres del lugar que no nos meneábamos semidesnudas para beneficio de un público eminentemente masculino. Sospechábamos, además, que éramos las únicas cuyos cuerpos todavía tenían todas sus partes originales. Cuando llegué al restaurante vi a Suzanne haciéndome señas desde una mesa apartada, y sentí la mirada de todos los hombres del lugar mientras atravesaba el patio. Era halagador pensar que me miraban por mis propios méritos, pero era en parte porque me estaba reuniendo con Suzanne. Ella era alta, como una estatua, con un rostro de Boticelli y cabello muy rubio. En Miami no tenía ningún problema en absoluto para atraer la atención.

Suzanne había crecido en Minneapolis, y me imaginaba que siempre había estado rodeada de gente alta y de ojos azules, hasta que una familia cubana se había mudado a la cuadra a finales de los años sesenta. Eran refugiados del régimen castrista que habían ido a Minnesota como parte de un programa de reubicación de la Iglesia católica. Los dos padres, cuatro niños, dos abuelas, un primo y un cachorro habían cambiado el trópico por el helado norte. Suzanne había sido asignada para ayudar al menor de los hijos de la familia en un programa de orientación en la escuela primaria, y pronto se convirtió en una buena amiga de la vivaz familia Pérez. Era la primera vez que había experimentado calidez y una actitud abierta en un entorno familiar, en contraste con sus preocupados pero reprimidos padres nórdicos.

En la universidad, Suzanne recibió un título en español, y tuvo su primera aventura romántica con un latino, un profesor que la convenció de que estaba atrapado en un matrimonio sin sexo que misteriosamente había producido siete hijos. Y la esposa ni siquiera era católica. Dos años después, Suzanne tenía un título de una pequeña comunidad universitaria y pocas oportunidades. Fue entonces cuando sintió que Miami la llamaba.

Sus padres se habían horrorizado; consideraban que Miami se encontraba a pocos pasos de distancia de Gomorra. Su amoroso profesor le había facilitado algunos contactos de trabajo, pero Suzanne no estaba hecha para la vida de empleada. Cuando cruzaba la puerta de su tercer trabajo en el mismo número de semanas, el dueño de la empresa le comentó que estaba desperdiciando su atractivo. Le ofreció montarle un apartamento, y en menos de seis meses era de una de las prostitutas a domicilio más solicitadas de Miami.

Tenía treinta y un años, pero parecía recién salida de la adolescencia. Huía del sol, pues no era bueno para el negocio que su piel se oscureciera, con lo que perdería el nicho de mercado, así que conservaba la piel perfecta como una porcelana y el cabello ondulado y platinado. Siempre había querido mandarse hacer un tatuaje, y fue así como en un momento de locura se hizo pintar para siempre una bandera cubana en el glúteo derecho. A la mañana siguiente se había sentido aturdida ante la imprudencia de su acto, pero pronto descubrió un efecto colateral de las incontables horas pasadas en el StairMaster: podía contraer sus músculos y hacer ondear la bandera. Practicó hasta que pudo hacerla ondear en dos sentidos diferentes. Era característico de Suzanne el sacar ventaja de un error. A sus clientes cubanos les encantaba; para los demás, especialmente para los colombianos, lo cubría con maquillaje de teatro. Hacía mucho tiempo que había aprendido que no había mucho afecto entre los cubanos y los demás hispanos.

—Te ves bien —le dije mientras nos dábamos un abrazo.

—Tu también, querida —dijo Suzanne—. Siéntate y vamos al grano.

Suzanne y yo éramos buenas amigas, aunque no nos reuníamos con la frecuencia que nos gustaría. Además de compartir chismes y trivialidades, también nos reuníamos para intercambiar información: en nuestras profesiones, los datos representan dinero. Pedí un refresco con vino y le hice a Suzanne un recuento drásticamente resumido de la historia de Luis, sin mencionar más que un nombre.

—¡Pepe Salazar! —exclamó Suzanne. Se compuso y se inclinó hacia mí, hablándome al oído, de manera que pudiera oírla por encima de la banda que tocaba música de Bob Marley al otro lado del patio.

—Claro que lo conozco, Lupe —dijo Suzanne—. Es un desgraciado. Le gusta la violencia, la violencia de verdad. Tuve que cubrirme las marcas durante una semana. Si no pagara tan bien, el doble de mi tarifa usual, no me metería con él para nada.

Hice una mueca. Hablaba como si se tratara de un dedo lastimado o una uña quebrada. A veces me entraban dudas sobre Suzanne. Me parecía que le iba lo suficientemente bien como para rechazar a un cliente, incluso a uno que pagara el doble.

—No necesito saber de sus preferencias sexuales —dije—. ¿Qué más sabes de él? ¿Cómo se gana la vida, por ejemplo?

—A golpes, me parece —Suzanne tomó un sorbo de su ponche—. Pero estoy bastante segura de que es independiente; no es de la mafia, ni nada. Hasta donde sé, no se mete con drogas. Solamente es un brazo fuerte.

Daba escalofríos pensar que este asesino a sueldo había estado tras de Luis, cuando el pobre apenas acababa de llegar a Miami y se encontraba bajo los efectos de un choque cultural extremo. Pero antes de comenzar a sentir lástima por Luis, me acordé de la entrevista en nuestra oficina. Aunque no había entrado en detalles, estaba claro que había manejado a Salazar con destreza. Por lo que estaba escuchando, Pepe era uno de los tipos verdaderamente aterradores que merodeaban por Miami. Y no me tranquilizaba para nada pensar que Suzanne gozaba de su compañía.

—¿Qué te pasa, querida? —Suzanne me estudió por un momento. Y luego encendió un cigarrillo delgado. Cualquiera de los hombres presentes debía sentirse afortunado de poder respirar el humo que ella había aspirado—. Estás trabajando en un caso relacionado con Pepe, ¿cierto? Por favor, Lupe, ten cuidado. Ese tipo es un peligro ambulante.

Quería saber más, pero no quería involucrar a Suzanne.

—¿Crees que puedes volver a encontrarte con él alguna vez? —pregunté con delicadeza.

—No sé. Oí decir que se fue de la ciudad —Suzanne dejó salir una perfecta corona de humo—. Después de la última vez, no me importa si no lo vuelvo a ver jamás. He decidido que no necesito soportar violencia para ganar dinero.

Cambié el tema; hablamos de temas frívolos durante un rato, sobre todo de ropa, películas y restaurantes. Pagué la cuenta, pues era mi turno. Cuando salía, me volví para mirar a Suzanne y la vi hacer una llamada por su celular. Era fuerte, era hermosa, pero no era tan invulnerable como ella se creía. Nadie lo era. Ojalá que mantuviera su resolución con respecto a Salazar, y me prometí recordarla en mis oraciones, lo quisiera ella o no.

8

Esa tarde, Lourdes, Fátima, las mellizas y yo estábamos recostadas en los divanes del estadero de la casa de Cocoplum viendo a Martina Hingis lista para hacer el servicio con el cual rompería el empate del segundo set en su partido del Abierto de Francia contra alguna joven principiante suiza. Papi entró a la habitación con una expresión lúgubre y se paró en frente del televisor.

—¿Oyeron la noticia? —nos preguntó tapando la mayor parte de la pantalla.

Las cinco nos movimos en todas las direcciones tratando de ver el encuentro de tenis. Papi se quedó parado sin moverse, esperando una reacción.

—¿Qué noticia? —pregunté por fin.

—Mi amigo Héctor Ramos murió esta mañana —Papi se frotó los ojos—. ¿Están seguras de que no salió en las noticias?

No fui capaz de decirle que era muy improbable que ESPN interrumpiera su cubrimiento del Abierto de Francia femenino para anunciar la muerte de un exiliado cubano septuagenario. El rostro de Papi delataba el impacto; recordé que Héctor había sido una persona muy importante para él.

Lourdes suspiró y alcanzó el control remoto. Martina tendría que esperar: no tenía sentido tratar de ver el partido con Papi tan perturbado como estaba. De todas formas, sabíamos que pasarían el encuentro otra vez a la media noche.

—Nos contaste muchas veces cuánto le debíamos a Héctor —le dijo Lourdes a Papi con voz gentil—. Él fue el hombre que los ayudó a ti, a Mami y a Fátima a escapar de Cuba, ¿verdad?

Papi aspiró aire por la nariz.

—Si no hubiera sido por Héctor, a estas horas estaríamos todos viviendo bajo el comunismo de Fidel.

Cuando yo era niña, Papi había mencionado con frecuencia la valentía de Héctor en la lucha contra Castro, desde las acciones contrarrevolucionarias, hasta su liderazgo postexilio de la desastrosa invasión a bahía de Cochinos y su ofrecimiento de volar como voluntario —a los setenta años— como observador para Hermanos al Rescate, los pilotos que arriesgan su vida buscando balseros en los estrechos de Florida, el mismo grupo que había rescatado a Luis. Héctor había pasado casi toda su vida adulta luchando contra Castro.

—Papi, por favor, siéntate —Lourdes dio palmaditas en el lugar vacío junto a ella—. Cuéntanos lo que pasó.

Papi se movió con pasos lentos y vacilantes, y luego hizo descender con esfuerzo su cuerpo hasta el asiento. Intercambié una mirada de alarma con mis hermanas; Papi estaba tan impactado por la pena, que se estaba moviendo como un zombi.

Aída apareció en la puerta con una bandeja en la que había botellas de Coca- Cola, un balde de hielo, vasos y un plato pequeño con tajadas de limón. Sabía lo de Héctor y se veía preocupada por Papi: en nuestra casa sólo se servía Coca-Cola como tratamiento para enfermedades. Como suele ser el caso con la mayoría de los cubanos, Mami siempre había creído que la bebida tenía propiedades medicinales: se conoce como "penicilina cubana".

Aída puso la bandeja sobre la mesa de centro y le sirvió un vaso a Papi. Después de alcanzárselo se quedó mirándolo sin moverse, hasta que él tomó varios sorbos saludables.

—Me llamó Paula —dijo Papi con tristeza—. Parece que fue un ataque al corazón. Simplemente se cayó de cabeza mientras leía el periódico. ¡Pum! Así, nada más.

—Por lo menos fue rápido, Papi, y no sufrió —Lourdes siempre sabe qué decir en momentos de crisis. Yo no recordaba que fuera tan comprensiva hacia los sentimientos de los demás cuando éramos niñas; de hecho, había sido bastante ruin hacia su hermanita menor; es decir, yo. Quizás fuera una característica que había adquirido cuando hizo sus votos.

—¡Semejante patriota! —suspiró Papi entre sorbos de Coca-Cola—. Es una pérdida para la comunidad de los exiliados. Lo vamos a extrañar.

Satisfecha de que su paciente ya no estaba al borde de un colapso, Aída regresó a la cocina. Las mellizas saltaron del sofá y comenzaron a servirse Coca- Cola, y, captando una mirada golpeada de Fátima, les ofrecieron a sus tías antes de beberse las suyas. Lourdes y yo no queríamos. Papi se perdió toda esta intriga, sumergido en los pensamientos acerca de su viejo amigo.

—¿Qué han dispuesto para el entierro, Papi? —pregunté—. ¿Qué te dijo Paula?

—¿Ah? —Papi intentó centrar su atención en lo que yo acababa de decir—. Ah, los arreglos. Sí. Paula dijo que comenzarán el velorio esta noche a las ocho en la Funeraria Caballero, en la Avenida Douglas. La misa es mañana en Saint Raymond's y luego el entierro en Woodlawn.

Paula, la esposa de Héctor, estaba reproduciendo al pie de la letra los funerales de la mayoría de los cubanos exiliados de clase alta, incluyendo los de Miami. Sin vacilación alguna, me pareció detestable. Era incuestionable que acompañaríamos a Papi. Fátima, Lourdes y yo nos miramos. Quedaba cancelada la repetición del Abierto de Francia a la media noche. Teníamos que acordarnos de grabarlo. No me importaba mucho, porque sabía que la familia tenía una deuda con Héctor. También sabía que Papi necesitaba nuestro apoyo; a su edad, era difícil ver cómo moría un amigo tras otro.

—Papi, la Funeraria Caballero va estar como un manicomio —dijo Lourdes nerviosa. Tenía un enorme talento para señalar lo obvio—. Va a ser imposible encontrar un lugar donde estacionar. ¿A qué hora quieres ir? ¿Temprano, o tarde?

—No importa. Por supuesto que el lugar va a estar lleno —respondió Papi—. El hombre era un héroe.

—Comeremos aquí y luego nos iremos —dijo Lourdes con autoridad—. Voy a avisarle a Aída de nuestros planes.

Sin más, salió de la habitación. Imaginando la escena del homenaje, tuve de repente una idea.

—Papi, entiendo la clase de héroe que era Héctor; quiero decir, es… —corregí rápidamente—. ¿Qué clase de gente irá para presentar sus respetos?

—Toda clase de gente, Lupe, de lo más bajo a lo más alto. Todo el mundo lo conocía—. Papi bebió el último sorbo de su Coca-Cola—. Niñas,[1] mejor me doy una ducha y me pongo un vestido oscuro para esta noche.

Nos miró como pasando revista: Fátima, en un vestido sin forma, como para estar en casa, y yo, en pantalones cortos y camiseta.

—Sugiero que ustedes hagan lo mismo.

Encogiéndose de hombros, Fátima se levantó del sofá.

—¿Qué te vas a poner, Lupe?

—Veamos —esperé hasta que Papi saliera de la habitación, pero no podía contener más las ganas de decir algo insolente—. El vestido rojo entubado y apretado, medias de malla negras y unas zapatillas que digan "cómeme". Ya sabes, ropa de luto común y corriente.

Fátima frunció el ceño con disgusto. En realidad no podía culparla. A veces me paso de la raya, pero molestarla es sencillamente muy divertido. Siempre pensé que Fátima debió haber sido la monja, en vez de Lourdes. No habría sido necesariamente una mejor monja, pero con seguridad habría correspondido mejor al estereotipo.

---

[1] En español en el original (n. de la t.).

La cena esa noche fue rápida, con poca conversación. Aída había puesto gran empeño en preparar bisté de *palomilla* y *arroz con fríjoles negros*,[2] pero Papi escasamente comió, cosa rara en él. Yo sabía que Aída había preparado esa comida tan tradicional en honor de Héctor, y le rendí honores al finado Héctor comiendo dos porciones.

Mientras comía, pensaba en la probabilidad de que Miguel y Teresa de la Torre pudieran estar en el servicio. Por lo que había oído, estaría presente un amplio espectro de la población de exilados. Esperaba tener la oportunidad de verlos de cerca, y también me sentía ansiosa. Me imaginaba que sería un escenario ideal, atestado, lo cual me permitiría observarlos sin ser notada.

Después de que terminó la cena y le dimos las gracias a Aída, nos apretamos todos en el Mercedes de Papi, que Osvaldo ya había sacado del garaje. Por alguna razón, pensé que parecíamos como si estuviéramos a punto de partir a un viaje por mar, con Papi en su vestido negro, Lourdes en su hábito de media noche, Fátima en su blusa índigo —una aspirante a monja— y yo en el Armani oscuro de dos piezas que usaba en las ocasiones solemnes.

Por el camino, Papi nos contó cómo había conocido a Héctor. Nos había contado la historia antes, pero obviamente quería hablar acerca de su amigo.

—Fue en La Habana, en 1959 —recordó Papi, conduciendo lentamente—. Héctor era profesor de décimo grado en una escuela pobre, y vino a buscarme para pedirme fondos para su organización. Era un grupo que ayudaba a hombres jóvenes, estudiantes de su escuela, que estaban en peligro de ser reclutados por las Fuerzas Armadas cubanas. Héctor utilizaba el dinero que recogía para sobornar a funcionarios de los consulados extranjeros, y utilizaba visas extranjeras para comprar documentos que permitían a los muchachos salir de Cuba. Héctor debió obtener mi nombre de una lista de donantes de su escuela. La madre de ustedes había ayudo a sostener la escuela durante años.

---

[2] En español en el original (n. de la t.).

Mis hermanas y yo escuchamos en respetuoso silencio. Papi conservaba sus ojos en la carretera, y hablaba con voz tranquila.

—Héctor me causó muy buena impresión —siguió Papi— y le di varios miles de pesos. Poco me imaginé que, en cuestión de seis meses, yo mismo necesitaría sus servicios. Uno de mis empleados en la empresa de construcción tenía un hijo que trabajaba en el Ministerio de Vivienda. Este joven descubrió que el gobierno de Castro tenía sus ojos puestos en nuestra casa de Miramar, y que estaba programada para ser confiscada.

—¿Qué hiciste, Papi? —pregunté, aun cuando sabía la respuesta. Me miró por el espejo, tratando de decidir si debía tomar en serio la pregunta. Nos sabíamos la historia al dedillo; tanto, que podíamos ayudarlo cuando olvidaba algún detalle. Pero sabía que a Papi le fascinaba hablar sobre su escape de Cuba y que, aun cuando la historia a veces lo ponía triste, también lo reconfortaba.

—Hasta entonces su mami y yo habíamos esperado sobrevivir pasando inadvertidos —dijo—. Pensamos que sería cuestión de tiempo para que los americanos entraran y se deshicieran de Fidel. Pero en ese momento, cuando nos enteramos de que íbamos a perder nuestra casa, comprendimos que teníamos que actuar.

—¿Y qué pensaron hacer para sacar dinero? —preguntó Fátima, sentada en el asiento de adelante, junto a Papi.

—Nunca se nos ocurrió —respondió Papi, dejando el asunto a un lado—. Éramos jóvenes y fuertes. Sabíamos que podíamos empezar de nuevo en Miami. Además, si nos atrapaban sacando divisas, nos habrían encarcelado. Así que contacté a Héctor y le di algo de dinero que había guardado para emergencias. Nos consiguió pasaje a los Estados Unidos, saliendo por Praga, bajo el pretexto de que éramos checos que regresábamos a casa. Después de tres días llegamos a Miami.

—¡Qué odisea! —dije yo—, ¿pasando por Praga?

—Correcto—. En el espejo vi a Papi esbozar una leve sonrisa, algo triste—. Creo que eso las convierte a ustedes, niñas, en checas honorarias.

Al acercarnos a la Funeraria Caballero, en la Avenida Douglas, se hizo evidente que no éramos la única familia que planeaba rendirle homenaje a Héctor: la fila de autos era de tres cuadras. Todos a nuestro alrededor estacionaban donde les pareciera, ocupando espacios en las calles laterales.

Estábamos discutiendo la desalentadora situación, cuando Lourdes recordó que cuatro hermanas de su orden vivían en una pequeña casa aproximadamente a una cuadra de distancia. Metió su mano debajo del hábito y sacó su teléfono celular, junto con una libreta de teléfonos negra de cuero. Encendió la lucecita del techo del auto, buscó un número y marcó. Un par de minutos después estábamos a la entrada de un garaje, justo detrás de Caballero, en un espacio perfecto suministrado por la Virgen a través las Hermanas del Santo Rosario. Como muchos otros exiliados cubanos, la familia Caballero tenía el mismo tipo de negocio que habían tenido en Cuba: los cubanos que habían confiado sus seres queridos a los Caballero en Cuba ahora hacían lo mismo aquí en Miami. La mayoría de los entierros de cubanos eran rutinarios, aunque algunas personas —como Mami— se negaban a ser enterrados fuera de su patria, y preferían más bien ser cremados y que se mantuvieran guardadas las cenizas hasta el día en que pudieran reposar en paz en Cuba. Otros con el mismo deseo, pero que no estaban interesados en ser cremados, optaban por ser enterrados temporalmente en Miami, disponiendo que fueran desenterrados cuando Castro cayera. Caballero se encargaba de cumplir con lo que cada cual dispusiera, tal como quisiera.

Papi, Fátima, Lourdes y yo nos abrimos camino empujando hasta la entrada por medio de los círculos de fumadores en el exterior. Papi había tenido razón: el lugar estaba repleto de dolientes de todos los caminos de la vida. Me dio un vuelco el corazón cuando vi la cantidad de personas que había. No imaginaba cómo podría observar a Miguel y Teresa de la Torre, ni siquiera si llegaría a enterarme de que se encontraban allí.

Adentro deambulaban cientos de personas. Intenté deshacerme de los recuerdos molestos del funeral de Mami, y sentí que Lourdes a mi lado hacía lo mismo. Papi nos dirigió hacia la sala donde Paula estaba recibiendo a los dolientes. Se sentía una diversidad de aromas suspendidos en el aire: perfume, laca para el pelo, colonia de *agua de violeta*,[3] y *gomina*,[4] el aceite que los hombres cubanos usan para alisar su pelo hasta que queda brillante e inmovilizado. Me sentí como Proust con sus magdalenas, los olores me transportaron siete años hacia el pasado, a la época en que Mami había muerto.

Justo antes de unirnos a la fila para saludar a Paula, Lourdes nos señaló el libro abierto sobre la mesa justo a la entrada del salón. Alguna vez había pensado que firmar un libro de invitados en un funeral era una costumbre bastante estúpida, pero cuando Mami murió habíamos estado demasiado cansados y afectados para saber exactamente quiénes habían venido a presentar sus respetos hasta que miramos el libro. Esperé a que Papi y mis hermanas firmaran y luego añadí mi nombre a la lista. Me fijé en que nadie me estuviera mirando, y pasé las páginas buscando los nombres de Miguel y Teresa de la Torre. ¡Bingo!. Habían firmado en la página anterior a la nuestra, lo cual quería decir que probablemente aún se encontraban allí.

Volví a juntarme con Papi, Fátima y Lourdes, y esperamos en la fila mientras se deslizaba lentamente hacia las hileras de asientos colocados a ambos lados del ataúd abierto, donde la familia recibía a los amigos y familiares. Varias docenas de coronas y canastas de flores rodeaban el cajón. Muchos tenían los colores de la bandera cubana, y un arreglo de claveles tenía una forma que parecía la de la isla. Yo buscaba con mis ojos la corona que Lourdes había pedido a nombre de la familia cuando vi a un hombre que tomaba a Papi por el brazo y luego le daba palmadas cariñosas en la espalda.

La luz no era buena, y había mucha gente, pero reconocí que el rostro que se inclinaba hacia Papi era el de Miguel de la Torre. Contuve el aliento. Mi imaginación de la escena era que yo lo vería

---

[3] En español en el original (n. de la t.).

[4] En español en el original (n. de la t.).

a él primero, y que tendría oportunidad de observarlo a mi antojo. Pero en lugar de eso, Papi estaba dando la vuelta y presentando orgullosamente a sus tres hijas. Cortésmente acepté la presentación, evitando el contacto visual. Una mujer apareció al lado de Miguel: Teresa. Otra ronda completa de presentaciones. La gente que pasaba nos recogía cada vez más cerca a los del pequeño grupo. Un empujón me golpeó suavemente contra Teresa y me disculpé, girando la cara en otra dirección.

Gracias a Dios, el paso de la multitud impidió el desarrollo de cualquier conversación de peso entre nosotros. En un momento, me fue posible dar medio paso hacia atrás y observar. Miguel llevaba un traje oscuro bellamente cortado con una camisa blanca y una corbata rojo Borgoña; básicamente estaba vestido igual que Papi. Teresa llevaba un sastre elegante de color gris perla con una blusa de seda color crema. Su rostro era suave. No había suficiente luz para distinguir si se había sometido a cirugías, pero me pareció que su piel estaba demasiado lisa y sin arrugas para su edad. El cabello negro, cortado a la altura del mentón, estaba echado para atrás y sostenido por una balaca de terciopelo; era el mismo estilo que la había visto en las fotografías de las páginas de sociedad. Le sentaba bien y claramente se sentía cómoda.

Los De la Torre tenían una presencia imponente. Habían estado delante de nosotros en la fila para saludar a Paula, pero con gracia habían dejado pasar a otros para poderse quedar con Papi. Solamente podía escuchar fragmentos de la conversación, pero hablaban de Héctor. Varios contemporáneos de Papi y Miguel se acercaron a ellos y les hablaron al oído, casi como en conspiración. No pude oír lo que decían, pero parecía tener algo que ver con Héctor y con Cuba.

Bueno, nada que no supiéramos ya. Cuba era prácticamente de lo único que Papi hablaba. A medida que la fila avanzaba, me pude dar cuenta de por qué los De la Torre eran tan queridos en Miami. Sus dotes sociales y sus modales eran impecables. Saludaban a todo el que se acercaba a ellos con el mismo afecto y gracia, aun a los que estaban claramente por debajo de su nivel.

Llegamos al frente. Tan pronto como Paula detectó a nuestro grupo, se puso de pie, besándonos a todos y secando sus ojos con un pañuelo empapado. Sentía una pena tan grande que daba dolor verla. A Papi se le aguaron los ojos.

—Prométenos que nos llamarás si necesitas cualquier cosa —le decía Papi, de pie, junto a Miguel. Cada uno la sostenía de una mano.

La gente nos apretaba desde atrás, así que todos la volvimos a besar y seguimos adelante. Todos los seis, mi familia, más los De la Torre, salimos juntos. Fue un alivio volver a respirar aire fresco, aunque era otra noche caliente y húmeda de Miami. Dentro del edificio me había sentido como si me fuera a sofocar.

Discretamente dejé que el grupo se me adelantara un poco, tratando de no atraer el escrutinio de Miguel y Teresa. Funcionó: Miguel y Papi conversaban en voz baja, mientras Teresa caminaba lentamente detrás de su marido. Nos separamos en el estacionamiento. Busqué el Jaguar del que me había hablado Luis, pero no lo pude encontrar. Miguel, su rostro tenso de emoción, agitó la mano en lugar de besarnos a cada una en despedida. Aliviada, me situé detrás de Lourdes. No pareció notarlo.

Nadie habló camino a casa, excepto por una oportunidad en la que Papi dijo, más para sí mismo: "¿Qué va a ser de nosotros cuando hayamos perdido a todos nuestros héroes?".

Ninguna de sus hijas pudo responderle.

9

Al día siguiente por la tarde, Luis y yo logramos entrar a la oficina de Tommy sin la habitual espera de treinta minutos a la que sus clientes estaban sujetos habitualmente. Yo amaba a Tommy, pero su falta de respeto por la puntualidad era algo de lo cual yo podía prescindir. Y viniendo de una cubana, esa era realmente una crítica fuerte.

Luis llevaba un traje negro con camisa blanca y una corbata negra y blanca con diseños geométricos indefinidos. Parecía un aprendiz de funeraria. Me di cuenta de que llevaba los mismos zapatos negros gastados que tenía el día en que lo conocí. Sólo que hoy no había un diamante escondido en el tacón hueco —el diamante estaba en la caja fuerte de Tony Fuentes, en Key Biscayne—. Yo también iba vestida de ejecutiva, con un vestido rojo oscuro con un ancho y ajustado cinturón café. Llevaba el pelo suelto pero retirado de la cara con un par de peinetas antiguas de carey que había heredado de mi madre.

La noche anterior había pensado las cosas seriamente. Después de reunirme con la dulce Suzanne y de haber visto a los De la Torre en persona, decidí que ya había pospuesto demasiado la decisión acerca de si aceptaba el caso de Luis o no. Era hora de pescar o soltar la carnada. La historia de Luis no presentaba inconsistencias y yo

confiaba en él instintivamente, a pesar de todas sus excentricidades.
Me dije a mí misma que podía dejar el caso si las cosas se tornaban
raras. Además, Leonardo había tratado de convencerme esa mañana
de contratar a una nueva empleada doméstica. Yo estaba dispuesta
a hacer lo que fuera con tal de impedir un nuevo descenso a la triste
vida personal de otra persona; claro que el caso de Luis podía terminar así también, pero sería indudablemente mucho más interesante
en todo sentido.

Miré a Luis por el rabillo de ojo mientras caminábamos por el
laberinto de corredores; nuestra guía era Sonia, la despampanante
secretaria de Tommy. Se especulaba dentro de la comunidad de
abogados de Miami que Tommy había estado durmiendo con ella
durante años, pero estaban equivocados. Sonia era una cristiana
evangélica cubana que vivía con su unidísima familia extendida en
Hialeah. Esto, sin embargo, no le impedía tener cara de ángel y el
tipo de cuerpo con el que fantasean los adolescentes. Luis iba pegado
a ella, como un turista a su guía de turismo que blandía en alto la
banderita.

La firma de Tommy ocupaba los últimos dos pisos del edificio de
oficinas más alto del centro de Miami. Siempre zumbaba de actividad. Sólo había cuatro socios en la firma, pero mantenían ocupados
a más de cincuenta empleados día y noche, con una carga de casos
impresionante. Los estudiantes de derecho se matarían por obtener
un puesto allí como practicantes durante el verano. El aspecto que
más me gustaba del lugar era la gruesísima alfombra verde, el color
del dinero del cual tenían que despedirse los clientes tan pronto
como atravesaban la puerta.

El espaldar de la silla de Tommy estaba volteado hacia nosotros
cuando Luis y yo entramos a la oficina. Yo había estado allí un sin-
número de veces, pero siempre me impresionaba la vista: el salón
daba hacia el sureste, y las ventanas eran todas de vidrio, así que
parecía que estuviéramos flotando a una altura de 42 pisos sobre
la bahía Biscayne. No lograba entender cómo hacía Tommy para
concentrarse en su trabajo.

Luis se detuvo en la puerta boquiabierto. Tommy se dio vuelta en la silla con una gran sonrisa para mí. Como de costumbre, parecía un modelo. Además del traje rayado y de la reluciente camisa blanca, llevaba puestos dos regalos míos: una corbata Ferragamo vino tinto con un diseño de monos y unas mancornas de oro de Cartier.

Tommy atravesó la sala en tres zancadas y me besó en la mejilla.

—Qué placer verte, Lupe —dijo y le extendió la mano a Luis.

—Y usted debe ser el señor Delgado. Por favor, siéntense. ¿Puedo ofrecerles algo de tomar?

—Toma un café, Luis —le dije—. Aquí lo preparan delicioso.

Eso no era mentira. Después de una hora en la oficina de Tommy, podría llegar a casa volando sin ayuda, debido a la cantidad de cafeína que había ingerido.

Tommy le pidió a Sonia café para tres y amablemente señaló las sillas frente a su escritorio a la vez que deslizaba su silla para sentarse con nosotros. Todo era tan correcto y cortés que yo esperaba ver aparecer en cualquier momento a la reina de Inglaterra con canapés de pepino cohombro.

—Luis, Lupe me ha hablado de tu peculiar situación —dijo Tommy en tono relajado y conversacional—. Ella cree que sería mejor que contrataras a un abogado para representarte en este asunto.

Sonia tocó suavemente a la puerta y entró con una bandeja de plata donde traía las tazas de café hirviendo. Casi me desmayo ante el aroma. Dado que era la dama, les pasé el café a los señores, al diablo con la liberación femenina.

—Ella y yo hemos discutido esto —dijo Luis—. Y por eso estamos aquí. Ella lo aprecia muchísimo.

Tommy rebosaba de alegría.

—Es mutuo. Lupe es la mejor en su campo.

Tommy inclinó la cabeza hacia mí y por algún motivo sentí la necesidad de alejarme de él.

—Luis, ¿por qué no le cuentas tu historia a Tommy? —dije—. Le ayudaría oírla directamente y tendrá preguntas que hacerte cuando termines.

Luis contó su historia con aplomo y seguridad. Pude ver que la opulencia de la oficina de Tommy no lo había perturbado, lo que yo había interpretado como asombro había sido sólo interés. El hombre realmente reflejaba su origen y su educación, a pesar de haber sido criado en una sociedad comunista, supuestamente igualitaria.

Me di cuenta de que Tommy se concentraba intensamente porque alzaba un poco las cejas cuando la historia se hacía difícil de creer. Cuando Luis terminó, Tommy abrió una caja de madera y sacó un cigarro Montecristo Número Uno. El embargo poco había afectado a Tommy.

—¿Qué piensas hacer con cualquier información que obtenga acerca de la familia De la Torre? —preguntó Tommy.

Acercó un fósforo al extremo del cigarro y me llegó una oleada de humo. Amo los cigarros con la misma pasión con la que odio los cigarrillos. Cuando era niña, todos los hombres de mi familia fumaban cigarros: Papi, mis tíos, mis abuelos. Ni siquiera el trauma de abandonar Cuba a comienzos de los años sesenta y de llegar al exilio había interrumpido esa costumbre ancestral. En los círculos cubanos, hay un debate permanente acerca de si los cigarros producidos actualmente en Cuba son tan buenos como los de la época anterior a Castro, dado que los mejores "torcedores" —los hombres y mujeres que enrollan el tabaco— habían dejado la isla y trabajaban en otras fábricas de cigarros en el exterior. Pero la mejor hoja de tabaco se cultiva allí. Así, la cuestión es si es más importante la persona o la hoja.

—Para mí, es una cuestión de honor recuperar el dinero de mi familia —dijo Luis—. Mi padre y Miguel de la Torre hicieron un trato, y cuando yo aparecí para cobrar, mandó matarme.

No había respondido directamente a la pregunta de Tommy. Por su expresión, vi que Tommy se había dado cuenta de lo mismo.

—Le dije a Luis que era probable que yo no pudiera obtener mucha información —agregué—. Los registros públicos de De la Torre son una cosa, pero sus activos personales son más problemáticos. Puedo averiguar lo referente a finca raíz, carros, barcos, aviones:

todo lo que esté registrado y disponible. Sin embargo, un obstáculo
es que podrían proteger sus activos en corporaciones. Si ese es el
caso, la discreción se vuelve esencial.

—Quiero que proceda, de todas maneras —dijo Luis.

Tommy frunció el ceño.

—Si entablamos una demanda, y no estoy afirmando que deba-
mos hacerlo, entonces podríamos obtener la información a través
de la proposición de prueba legal.

—No, yo no quiero una demanda —dijo Luis. Se dio una palmada en el muslo con repentina agitación—. Quiero que crean que
estoy muerto. Una demanda me pondría en evidencia.

—Pues va a ser difícil para Lupe iniciar una investigación en
reserva total —dijo Tommy—. Le atará bastante las manos.

—Es inevitable —dijo Luis alzando los hombros—. Pero yo
tengo fe en Lupe.

Tommy aspiró el Montecristo y entrecerró los ojos.

—Entonces, ¿quiere que lo represente?

—Claro que sí. Me cae bien —dijo Luis—. Usted parece ser el
tipo de persona que entiende el concepto *honor*.

Levanté mi taza y tomé un sorbo tratando de no reír. Había oído
que llamaran a Tommy muchas cosas, pero "honorable" nunca había
sido una de ellas.

—Gracias —dijo Tommy sonrojándose—. Ahora, ya que me ha
contratado oficialmente, cualquier información que Lupe obtenga
será confidencial. Estará protegida como producto del trabajo de
un abogado.

—Ya mandamos avaluar el diamante para una posible venta
—le dije a Tommy—. Estoy esperando una llamada en los próximos
días para saber el precio. Luis piensa usar ese dinero para pagar los
honorarios investigativos y legales.

Tommy asintió seriamente. Ambos sabíamos que esta investigación
sería costosa y que los De la Torre tenían recursos casi inagotables.

—Gastaré lo que sea necesario para que se haga justicia y mi
familia recupere su honor —dijo Luis—. No me detendré hasta no

haber alcanzado mi meta. Yo sé que ustedes serán justos con sus honorarios.

Tommy, la quintaesencia del anglosajón protestante blanco, parecía incómodo con el despliegue de Luis, y eso sin mencionar el hecho de que aceptara los costos del caso sin escuchar los detalles.

—Entonces está todo arreglado —dijo—. Veo que esto es de gran importancia para usted. Haremos todo lo que sea posible.

Cuando Tommy le extendió la mano, Luis se levantó de la silla tan velozmente que parecía tener resortes en las rodillas. Tommy me dio un casto beso en la mejilla. Podía oler su cuello, su aroma natural combinado con el humo del cigarro.

Tommy formó la palabra *cena* con sus labios cuando Luis se volteó. Yo asentí en silencio. Al salir, no pude evitar ver que Tommy miraba a Luis con una expresión extraña que yo interpreté como una mezcla de arrepentimiento y temor. Sentí que Tommy pensaba que no había debido tomar el caso, pero que ya era muy tarde para arrepentirse. Podría estar equivocada, pero en los años que llevaba trabajando con él había aprendido a adivinar lo que pasaba por su mente. Y comprendí que estaba menos que convencido respecto a su nuevo cliente.

Salí del estacionamiento con rumbo a mi oficina, donde Luis se había reunido conmigo esa mañana. Luis se recostó en el puesto del pasajero, con los ojos ocultos tras unas gafas de plástico baratas estilo aviador, con lentes reflectores.

—¿Dónde las compraste? —le pregunté señalando las gafas.

—Un vendedor ambulante en South Beach —respondió Luis—. ¿Te gustan?

Nada de sorpresas.

—He visto más bonitas —dije al detenerme ante un semáforo en rojo. Generalmente soy más diplomática con mis clientes, pero sus gafas eran realmente espantosas—. Mientras llegamos, Luis, quiero que me cuentes más acerca de tu vida en Cuba.

—Mi vida en Cuba —repitió—. ¿Te ayudará con el caso?

—Sí, y también me ayudará a entenderte un poco mejor.

El tráfico prosiguió y mantuve los ojos fijos en la calle. Mi visión periférica me permitía ver que Luis me observaba.

—Yo era hijo de enemigos de la revolución —comenzó—. Fui considerado un paria casi desde que nací. Cuando mi madre aún vivía, trató de protegerme lo máximo posible, al mismo tiempo que imbuía en mí un sentido de mis orígenes, del pasado de nuestra familia. Nos manteníamos aislados, tranquilos. Evitábamos los problemas porque sabíamos que el régimen nos encarcelaría si manifestábamos desacuerdo. Nuestra situación era frágil; podría haber cambiado en cualquier momento.

—Entiendo —dije, e indiqué el giro hacia la izquierda.

—Como yo no era miembro del Partido Comunista, ni siquiera fui considerado para la universidad —dijo Luis con voz plana y fría—. Las buenas carreras estaban reservadas a los partidarios de la revolución, otro incentivo de Castro para asegurarse de que la población permaneciera fiel a él. También nos negaron las tarjetas de racionamiento, entonces tuvimos que recurrir al mercado negro para conseguir comida y provisiones.

—¿Cómo lograron sobrevivir? —pregunté.

—El trueque. La economía subterránea de Cuba es muy fuerte. Yo cambiaba mis servicios como mecánico de autos. Mi madre empezó a coser, todas las mojas en Cuba le enseñaban a las niñas a coser, como parte de su educación. La ropa se volvió escasa bajo el gobierno Castro, así que las habilidades de mamá fueron de gran utilidad.

El tráfico de la tarde se había puesto pesado. Miré a Luis, pero su mirada estaba puesta en el parabrisas. Hablaba lenta y claramente, como asegurándose de que yo entendiera.

—Vivíamos en dos habitaciones en una casa vieja convertida en apartamentos —dijo.

—¿En qué parte de La Habana?

—En el sector de El Vedado —respondió Luis—. La casa estaba llena de gente, pero era soportable. Algunos de los vecinos mantenían animales en sus apartamentos. La familia que compartía el tercer piso con nosotros tenía cerdos para la venta, así que el lugar se volvió una porqueriza repugnante durante dos años. Lo peor fue cuando la cerdita tuvo cría y tuvieron ahí a los cerditos hasta que pudieron matarlos o venderlos. Mamá y yo éramos gente de ciudad, pero aprendimos hasta el más mínimo detalle acerca de los cerdos. No era exactamente el tipo de información que nos emocionaba adquirir.

Miré a Luis. Debajo de las horrendas gafas su boca se hallaba torcida en una pequeñísima sonrisa.

—Nuestra otra vecina era una jinetera.

—Una equitadora —le corregí—. Una…

—Una prostituta, en jerga cubana —dijo Luis—. Se acostaba con los turistas, más que todo. Pero su principal ocupación era casarse.

Indagué en mi memoria.

—El gobierno de Castro les dio algo a las parejas casadas, ¿no? —pregunté—. ¿Algún tipo de regalo?

—Los recién casados recibían tres cajas de cerveza, una torta y una botella de ron —dijo Luis riéndose—. Se suponía que era para la fiesta de bodas, pero por lo general acababan vendiéndose en el mercado negro. De todos modos, me hice amigo de la jinetera, sólo amigo, debo aclarar, pero a mi madre no le gustó.

—Apuesto a que no —le dije.

—Pues era una mujer muy correcta —respondió Luis—. Pero según mis últimas cuentas, mi amiga se había casado y divorciado casi tres docenas de veces, casi siempre utilizando documentos falsos. Pero la razón por la cual te cuento de esta mujer es que mi mamá le cosía. A cambio, nos daba una que otra cerveza y un pedazo de torta. Es un recuerdo especial que tengo: mi mamá y yo sentados juntos a la luz de unas velas, comiendo torta y hablando de los sucesos del día. Era como una ceremonia para nosotros.

Mientras conducía, me imaginaba a María del Carmen y a Luis con su celebración de mendigos.

—Tu madre parecía ser una mujer muy fuerte —le dije a Luis.

—Vivíamos en circunstancias penosas —anunció Luis, con su voz dura de nuevo—. Pero ella mantenía una atmósfera de cultura y urbanidad en nuestra casa. Me enseñó a hablar inglés y francés, para cuando pudiera escapar. Siempre me dijo que ella nunca dejaría la isla, pero que yo sí lo haría algún día. Me hizo prometer que me iría apenas tuviera la oportunidad, así tuviera que dejarla a ella.

Salí de la autopista hacia el Grove, escuchando en silencio. Me compadecía de Luis, pero no podía evitar pensar en mí misma, su vida era el tipo de vida que me podría haber tocado vivir de no ser por Héctor Ramos.

Luis sonrió, esta vez con buen humor.

—No todo era malo —dijo—. Eso debes entenderlo. Mi madre y yo reíamos juntos, ella me contaba historias. Pero al final…

Luis buscaba las palabras para completar la frase. Giré a la izquierda; estábamos a una cuadra de mi oficina.

—Entiendo —le dije.

Me agarró la mano que tenía sobre el volante; tuve que tirar fuerte para mantener el auto bajo control.

—Por la noche, justo antes de que yo apagara la luz para dormirme —dijo inclinándose hacia mí—, mi madre me hacía prometer que encontraría a Miguel y Teresa de la Torre. Decía que lo único que la mantenía viva era poder estar conmigo hasta que fuera mayor, hasta que fuera lo suficientemente grande como para encontrarlos y hacer que le dieran a mi familia lo que habían prometido.

Logré que Luis retirara la mano justo a tiempo para entrar al estacionamiento de mi oficina. Yo había pensado por un momento que íbamos a estrellarnos. Se volvió a acomodar tranquilamente en su puesto, como dándose cuenta de haber perdido el control momentáneamente.

Después de despedirnos y de que Luis se hubiera ido en un carro prestado del distribuidor, me quedé parada afuera. Me imaginé La Habana de noche, caliente, con las calles parcialmente iluminadas por el régimen falto de recursos. Me imaginé a Luis y María del Carmen hablando de las glorias del pasado y de la retribución futura. Sabría ella que los De la Torre, sus viejos amigos, ¿no respetarían su acuerdo? ¿Podría haber intuido lo que le pasaría a su hijo cuando luchara contra ellos?

Si lo había logrado, me sentía celosa. Yo ni siquiera podía prever lo que iba a suceder durante el resto del día y mucho menos cuál sería el resultado del enfrentamiento entre Luis Delgado y Teresa y Miguel de la Torre.

10

—¿Néstor? Es Lupe —cambié el auricular de mano para poder tomar del galón la mezcla de mango, guayaba y maracuyá que Leonardo me había preparado. Cuando llegué a la oficina tarde esa mañana, me dijo que le parecía que necesitaba un estímulo. Me había trasnochado con Tommy.

—Mierda, Lupe —gruñó Néstor—. Me acababa de dormir después de una vigilancia de tres días. ¿Qué quieres?

Debían haber sido tres días infernales. Néstor Gómez era mi investigador contratista preferido, y normalmente era dulce, a pesar de su crónica falta de sueño.

—Te tengo un trabajo —le dije—; claro, si no estás demasiado cansado.

—¿Trabajo? —se le notaba la avidez en la voz—. ¿Qué tipo de trabajo?

—Verificar antecedentes, vigilancia. Lo de siempre.

—Sí, claro, maravilloso, gracias —dijo Néstor—. ¿Cuándo empiezo?

—Ahora mismo.

Colgué y empecé a anotarle la información. Néstor nunca rechazaba un trabajo, metódica y gradualmente estaba trayendo a sus hermanos de República Dominicana a Miami. Lo último que supe era que ya había traído a nueve de ellos y le faltaban tres. Yo esperaba secretamente que continuara con los primos. Era un investigador excelente: inteligente, trabajador, recursivo y confiable.

Oprimí el quinto botón de mi marcación rápida y oí timbrar el teléfono. Contestaron justo antes de que se activara el contestador.

—¿Marisol? —pregunté—. ¿Estás ocupada?

—Hola, Lupe —dijo Marisol, que parecía cansada—. Estoy redactando un caso de hace un mes. Estoy tan atrasada que es angustioso.

Marisol Vélez era otra de las mejores; sus especialidades eran la fotografía y el video. Nacida en Valencia, Venezuela, se había casado con un diplomático venezolano cuando era aún adolescente. Después de tres años de matrimonio, el marido había sido trasladado a Miami como agregado comercial del consulado. Un año más tarde lo regresaron a Venezuela, y se devolvió sin Marisol. No había habido competencia entre Valencia y Miami.

Ella había tomado cursos de fotografía cuando estaba casada, lo cual le permitió ganarse la vida como fotógrafa independiente. Yo la había conocido en la oficina de un avaluador de seguros cuando tomaba fotos en un caso de incendio culposo que yo estaba investigando, lo cual no era raro, dado que era frecuente contratar gente con habilidades especiales. La alenté para que sacara una licencia de investigadora, y así lo hizo; siempre me agradeció el consejo. Era inteligente y tenía sentido común. Su inteligencia y su apariencia: alta, rubia teñida (en Miami la belleza rara vez es natural), ojiazul, con largas piernas y un cuerpo sensual, la dispararon a la cima de nuestra profesión.

—Tengo un caso en el que quiero que trabajes —le dije—. ¿Cuál es tu horario para las próximas dos semanas?

—Debo unos informes, y luego un trabajo doméstico que me tomará un par de días —dijo—. Después de eso, soy toda tuya. Un par de semanas me parece bien. Necesito el dinero: tengo los ojos puestos en un convertible BMW azul celeste.

Nada sorprendente. Marisol usaba un Buick de un azul indefinido para su trabajo, pero era una extravagante apasionada de los autos. Los cambiaba tan rápido como cambiaba a los novios; es decir, muy frecuentemente.

—Llámame apenas estés libre —le dije—. Acabo de llamar a Néstor, él también trabajará en el caso.

—¡Qué bueno, me encanta ese tipo! —dijo alegremente Marisol—. Si lograra dormir un poco, hasta sería bien parecido.

—Nunca lo había pensado, pero probablemente tengas razón.

—De golpe le regalo un pote de maquillaje encubridor de ojeras —agregó—. Y si algún día me hago una liposucción, él podría aprovechar mis gordos para rellenar las arrugas de la frente.

—Eres una loca —le dije—. Llámame si puedes comenzar antes.

El teléfono sonó cinco segundos después de haberlo colgado.

—Lupe, soy yo. ¿Me reconoces? —era Tony Fuentes, completamente paranoico, como de costumbre. Por el silbido de la línea, supe que estaba llamando de algún teléfono público.

Tomó mi silencio como una afirmación.

—Oye —me dijo—. Tengo noticias sobre el objeto que me mandaste investigar.

—¿Buenas noticias?

—Tengo un comprador y un precio favorable —respondió—. Creo que estarás complacida.

Podía entender la cautela de Tony; estaba aterrorizado de llegar a violar los términos de su libertad condicional y de recibir otras mil horas de servicio comunitario. Yo sospechaba que Tony habría preferido horas en prisión a una vida por fuera con servicio a la comunidad —la idea de ayudarles a otros sin perspectivas de ganancia era algo ajeno a él—. Pasó un tiempo en prisión por cargos menores, y decía que no era tan terrible, le había tocado ceñirse a su dieta y había perdido ocho libras.

—Necesitaré mayores detalles —le dije—. ¿Dónde puedo localizarte en un par de horas?

—No me llames, yo te localizo. Es mejor así —colgó abruptamente.

Las llamadas de Tony rara vez duraban más de unos pocos minutos. Estaba convencido de que las llamadas cortas eran imposibles de rastrear, lo cual era totalmente falso. Cualquier cosa se puede rastrear con el equipo apropiado, a pesar de lo que digan en la televisión.

Busqué el número del trabajo de Luis en Miami Mercedes y pedí que me comunicaran con el departamento de servicio. Oí que lo llamaban por el intercomunicador.

—Luis, es Lupe —le dije en cuanto contestó—. Siento molestarte en el trabajo, pero acabo de saber de Tony Fuentes. Dijo que tenía un comprador y que se trata de un buen precio.

—Lupe, no te disculpes por interrumpirme —dijo Luis. Su voz suave era tan cortés como siempre; en el trasfondo se oía el estruendo de las máquinas—. Siempre es un placer hablar contigo.

—Bien —dije manteniendo mi voz neutral.

—Gracias de nuevo por tu ayuda —agregó—. Dile a Tony Fuentes que venda el diamante.

Tragué fuertemente.

—¿No quieres saber cuánto puede obtener por él?

—No es necesario. Tú me lo presentaste, así que se puede confiar en él. Necesito el dinero para gastos y honorarios, y cuanto más pronto comencemos, mejor.

Sentí que Luis inhalaba un cigarrillo. Por lo visto había vuelto a los Marlboro y estaba haciendo caso omiso de los avisos de "No fumar" visiblemente desplegados en el departamento de servicio del distribuidor.

—Le diré a Tony que prosiga con la venta y que cobre su comisión —le dije—. Me pondré en contacto cuando te tenga el dinero.

—Excelente —dijo Luis—. En ese momento hablaremos de tus honorarios. Deseo darles anticipos adecuados a ti y al señor McDonald.

Le conté a Luis de los dos investigadores adicionales que había contratado y autorizó que se contrataran los que fueran necesarios. Nos despedimos y colgamos.

Tomé otro sorbo del jugo de Leonardo con una mueca. Debía haberme visto muy mal por la mañana porque lo había hecho tan espeso que tenía la consistencia de una malteada de cemento. Y no sólo eso, sino que tenía un sabor tan fuerte que parecía poder caminar solo.

Una hora más tarde estaba anotando la información para Néstor y Marisol cuando Tony Fuentes volvió a llamar. Le dije que vendiera la piedra —en lenguaje cifrado, claro está, para beneficio suyo— y que yo iría a Key Biscayne a recoger el dinero.

Estaba exhausta, así que tomé el teléfono y marqué el número de Néstor para decirle que quería irme a casa temprano. No le molestó el cambió de planes. En realidad, parecía aliviado de que se hubiera pospuesto nuestra reunión. Yo tenía la esperanza de que usara el tiempo extra para dormir un poco.

Antes de irme, me quedé sentada sola en la oficina escuchando los sonidos que se habían vuelto tan familiares para mí: los loros afuera, la brisa que soplaba por entre los anjeos y el sonido del metal que golpeaba el suelo en la sala de pesas de Leonardo.

Estaba totalmente involucrada: había ayudado a arreglar la venta del diamante de Luis, el último vestigio de su herencia, a menos que yo pudiera ayudarle a recuperar el honor de su familia.

Honor. Le di vueltas a la palabra en mi mente. Creía en él, "y Luis también", pensé. Por eso había aceptado tomar el caso: no por la cara apuesta de Luis ni por sus modales cultos que me hacían regresar a mi infancia perdida. Pero ¿tendría la palabra el mismo significado para ambos?

En Miami, el honor era un concepto virtualmente desechado, dejado de lado como una belleza envejecida que ya no merecía atención alguna. Era un concepto anticuado, pasado de moda en una ciudad sin pasado verdadero.

El honor en Miami lo discutían casi exclusivamente las personas mayores que recordaban de dónde venían. Mis contemporáneos —cubanos de segunda generación— rara vez lo mencionaban. Estaban demasiado ocupados con el presente y el futuro como para contemplar el pasado. El pasado era algo que les había ocurrido a otras personas, a personas de cabello gris que todavía pagaban en efectivo en vez de hacerlo a crédito, e iban a misa.

A mis hermanas y a mí nos habían criado de modo diferente. Mami y Papi siempre nos hablaban del pasado, de las historias de nuestras familias y de Cuba. Lourdes, Fátima y yo habíamos oído hablar mucho de traición y maldad, y de sus contrarios, el honor y la confianza.

Un ejemplo clave de engaño era la propensión de Fidel Castro a mentirle a la gente que confiaba y creía en él. Las prisiones cubanas están llenas de individuos que cometieron ese error.

Un ejemplo de traición había sido la acción del gobierno de Estados Unidos en la invasión a bahía de Cochinos, en 1961. Estados Unidos le había prometido protección aérea a la fuerza de exiliados cubanos en caso de que fueran a lanzar una invasión a Cuba para derrocar a Castro. Los exiliados invadieron, pero el gobierno de Estados Unidos no les proporcionó la protección fundamental. Los exiliados murieron. Papi siempre nos decía que la bahía de Cochinos había sido bautizada apropiadamente porque los exiliados habían sido sacrificados como cerdos.

No obstante, la fuerza invasora de exiliados estaba compuesta por hombres de honor. Buscaban liberar su isla de la dictadura de Castro. Estaban dispuestos a sacrificar sus vidas por Cuba. Mis hermanas y yo habíamos sido completamente adoctrinadas con el concepto de honor. Se nos enseñó que el logro más grande de un individuo era llegar a ser considerado una persona de honor.

Honor. Ahora yo tenía la oportunidad de hacer algo correcto, de ganar una pelea para los de abajo. Repetí la palabra hasta que llegué a creer lo que estaba diciendo.

11

Me sentí una nueva y mejorada Lupe cuando desperté a la mañana siguiente. No hay nada como los poderes rejuvenecedores de catorce horas de sueño. Ya me encontraba esperando en la cocina cuando Aída entró; se sorprendió al ver que alguien estaba allí y se puso la mano en el corazón, como si éste quisiera salirse. Tan pronto puso a hacer el café, se sentó a mi lado y dijo que necesitaba confiarme algo.

—Claro que sí —le dije—, ¿de qué se trata?

—Estoy preocupada por tu padre —dijo con voz apagada—. Tú no pasas mucho tiempo en casa, por lo tanto no podrías notarlo; sin embargo, se ha vuelto obsesivo con la idea de regresar a Cuba. Ha estado frecuentando hombres extraños con quienes sostiene conversaciones sin sentido.

—¿Qué clase de conversaciones sin sentido? —le pregunté—. Y ¿cuáles hombres?

Aída hizo un gesto misterioso con la mano que no pude descifrar.

—Osvaldo y yo estamos preocupados —dijo ella—. No queremos contarle a Fátima. Tú sabes cómo se pone.

Aída se puso de pie y comenzó a trastear algunos peroles de un lado a otro. No entiendo cómo alguien puede dormir con ese ruido y, sin embargo, después de algunas décadas, nos volvimos inmunes a ese bullicio.

—Tienes razón en no preocupar —le dije pensando retrospectivamente en nuestra reciente conversación a la orilla de la piscina. Todavía estamos tratando de superar el episodio del verano pasado, cuando ella llamó al 911 porque su hija Magdalena tuvo un acceso de estornudos al salir de la piscina.

Tímidamente me acerque a Aída.

—Tu dijiste que Papi y algunos hombres estaban hablando. ¿Qué clase de asuntos trataban?

—Ellos se van al bote y estudian cartas de navegación de las aguas alrededor de Cuba —dijo Aída, atisbando la puerta de entrada para estar segura de que nos hallábamos solas—. Y tu papi le ordena que prenda los motores del *Hatteras* todos los días y hasta le pide que almacene gasolina adicional en el cobertizo. Osvaldo se opone, naturalmente. La ley prohíbe hacer eso.

—Papi ha estado hablando acerca del regreso a Cuba desde que yo me conozco —le dije—. No te preocupes.

Quise parecer tranquilizadora y, por lo tanto, no iba a comentarle sobre los recientes viajes de las cenizas de mamá. Principalmente mi interés se centraba en tomarme un café con leche antes de salir a la oficina. Sabía que iba a tener un día muy ocupado.

—Tengo un mal presentimiento con todo esto —dijo Aída—, y lo mismo tiene Osvaldo.

Ella continuó rezongando para sí misma mientras atacaba el mostrador con un trapo. Hice una anotación mental para hablar con Lourdes, como siempre que requería una opinión realista y sensata. Últimamente oía demasiado acerca de la preocupación de Papi sobre Cuba. Como todo exiliado cubano lo sabe, para nosotros es imposible pensar racionalmente sobre Castro y su eventual defunción; sin embargo, aun bajo esos parámetros, parecía que Papi estaba exagerando.

Mientras engullía el desayuno, le di un vistazo al *Miami Herald*. Encontré una historia acerca de Miguel y Teresa de la Torre y sobre cómo patrocinaron una función de caridad para niños con sida. Recorté el artículo y la foto adjunta, y los metí en mi cartera.

—Tu papi se va a poner bravo cuando vea que rasgaste el periódico —me advirtió Aída—. Aunque el *Herald* odia a los cubanos, a él le gusta leer toda la prensa, no solamente una parte.

Me retiré con una disculpa. Aída estaba convencida de que los puntos de vista liberales de los editores de nuestra prensa local obedecían a su posición de agentes secretos procomunistas de Castro. Aun frente a esta escandalosa realidad, ella permanecía leal a los deseos de Papi.

Osvaldo estaba apenas terminando de limpiar el Mercedes cuando salí a la luz de la mañana.

—Tienes que dejar de estacionar debajo de ese árbol donde trabajas —refunfuñó con su voz ronca—. Está destruyendo la pintura del auto; mírala.

Me llevó más cerca, de tal manera que pudiera examinar alguna imperfección microscópica en el capó. Para tener setenta años, era meticuloso y quisquilloso en todos los aspectos de su vida. Sus reclamos acerca de mi auto se habían convertido en una rutina para ambos. Me incliné tan cerca del capó que empañé el acabado con mi aliento; Osvaldo intervino con una bayetilla para limpiarlo.

—Siento mucho, Osvaldo, te prometo que tendré más cuidado, y gracias por limpiar el auto, quedó precioso. En realidad, así era; el azul oscuro resplandecía bajo el sol.

Ya había abierto la puerta y me había sentado cuando el viejito se inclinó para aproximarse a mí a través de la ventana abierta.

—Tu padre, Lupe —susurró—. Aída y yo estamos preocupados. No nos gusta la gente con la que se ha estado viendo.

—Lo sé, ya Aída me lo comentó —le dije—. Veré lo que puedo hacer.

Ahora sí caí en la cuenta de que tenía que investigar al respecto; Osvaldo no es una persona alarmista.

—Tú eres una detective, Lupe —dijo él—. Averigua tras de qué anda. Tu mamá nos pidió a Aída y a mí que lo cuidáramos. Eso le prometimos a tu santa madre —Osvaldo se hizo la señal de la cruz y se enderezó.

—Haré lo que pueda —le dije.

Yo odiaba cuando Osvaldo y Aída nos manipulaban, mezclando la memoria de mi madre en la conversación. Siempre sabían cuáles fichas mover. Sin embargo, mantendría mis ojos abiertos. Mi padre siempre quería tener el honor de ser el primer exiliado en regresar al Puerto de La Habana después de la expulsión de Castro, pero tenía mis dudas de que él estuviera lo suficientemente loco como para iniciar la revolución por su cuenta desde Cocoplum.

Aún era temprano y el tráfico en la autopista principal estaba suave. Llegué a la oficina en quince minutos, estacioné el Mercedes tan lejos como pude del árbol franchipán que estaba estropeando mi auto y entré.

Leonardo aún no había llegado. Como Néstor estaba por llegar, terminé de escribir su hoja de evidencias sobre el caso de Luis. Dividí todo el trabajo en tres áreas de responsabilidad: la de Néstor, la de Marisol y la mía. También hice llamadas a tres investigadores auxiliares, para disponer una vigilancia de veinticuatro horas en la casa de los De la Torre, en Coral Gables. Esto sería costoso, pero sabía que contaba con la autorización de Luis.

Finalmente, apareció Leonardo. Frunció el ceño cuando vio la taza humeante de café con leche sobre mi escritorio y salió de la oficina sin musitar palabra; minutos más tarde regresó con una malteada de frutas frescas. Le di las gracias, pero pensé que definitivamente estaba llevando su obsesión demasiado lejos. Después de todo, él era cubano, y ninguna cantidad de nueces y frutas iba a cambiar eso. Si dudaba de su ancestro, todo lo que tenía que hacer era examinar su trasero en un espejo grande. No podemos evadir nuestro origen, no importa cuánto nos esforcemos en ello.

Leonardo, definitivamente, estaba librando una batalla inalcanzable. Las hortalizas frescas nunca cruzaron voluntariamente los labios de un cubano. La dieta tradicional de un cubano se basa en carnes y harinas y piensa que está comiendo orgánicamente si la montaña de papas fritas que tiene frente a él se fritó en aceite de oliva en vez de manteca pura. En un restaurante cubano promedio, usualmente no existe en el menú una lista de vegetales como plato adicional, con excepción del ocasional aguacate de cosecha. En cambio, existe una galaxia de opciones de harinas: arroz, papa, ñame, yuca, malanga y plátano, todo remojado en mojo, una salsa cubana increíblemente deliciosa que consiste en aceite caliente y ajo. Con razón existen en Miami una gran cantidad de cardiólogos y especialistas en liposucciones.

Media hora después, Néstor asomó la cabeza por la puerta. Se veía bastante humano esa mañana, lo que significaba que había tomado una o dos horas de sueño.

—Hola, querida —me dio un afectuoso beso en la mejilla. Definitivamente tuvo que haber dormido un poco; nunca había sido tan cálido conmigo.

—Buenos días, Néstor. ¿Para ti también? —gruñí. Néstor sostenía en la mano una de las jugosas malteadas de Leonardo.

—Vitaminas —me respondió encogiéndose de hombros. Se estiró en el sofá, su posición favorita. Una vez me confesó que sentarse derecho le recordaba sus interminables vigilancias—. Bueno, ¿cuál es el caso?

Le relaté todos los pormenores del caso, y noté el brillo de interés en sus ojos cuando le dije que Marisol estaba trabajando con nosotros.

—He dividido el trabajo —continué—. Tú serás el responsable de seguir el rastro del origen del dinero que han amasado, desde su arribo en 1959 hasta el presente. Sé que va a ser difícil, pero confío en ti. Recuerda que la discreción es vital. La vida de nuestro cliente puede depender de ello.

—Y tal vez la de nosotros —Néstor volteó sus piernas sobre el costado del sofá y se puso de pie. Era un verdadero profesional; bastaban unas pocas palabras mías y él se ponía en marcha. Me mandó un beso mientras aún sorbía su bebida.

Esto delimitó el trabajo de Marisol, cuyos talentos eran adecuados para seguir a Miguel de la Torre. Yo quería saber todo lo que él hacía, adónde iba, con quién se encontraba. Ella me podría suministrar fotografías y videos de todas las personas que entraran en contacto con él. Me asigné la tarea más difícil de todas: tratar de evaluar el valor neto actual de la fortuna de los De la Torre.

Tan pronto como Néstor se fue, el teléfono comenzó a sonar. Los tres investigadores auxiliares llamaron uno tras otro, todos pidiendo una tarea. Y todos tuvieron la misma reacción cuando les comuniqué que su trabajo consistía en vigilar en Coral Gables: todos maldijeron coloridamente.

Pretender vigilar a alguien en Coral Gables era lo peor. Había pocos sitios para esconder un auto en las calles serpenteantes, grandes casas y amplias avenidas del sector. El huracán Andrew había arrancado la mayoría de los viejos robles, con sus maravillosas ramas gruesas y hojas que bloqueaban tramos de vista. Y aún habiendo dado aviso preventivo a la Policía para anunciar su presencia, los investigadores frecuentemente encuentran que son el foco de atención de los vecinos o de algunos policías excesivamente ansiosos. Los investigadores frecuentemente se limitaban a una "vigilancia rodante", manejando alrededor un poco a la deriva y examinando al objetivo cuando lograban hacerlo. Aun esa táctica puede llamar la atención de residentes acaudalados, vigilantes y paranoicos.

Les expliqué a los auxiliares que, por ahora, solamente necesitaba los números de placas, las fotografías de visitantes y las idas y venidas de los residentes. Asigné turnos: Joe Ryan, con su resplandeciente cabello rojo y pecas, tomó el turno de la mañana; Lucy Mahoney, una pequeña maestra desempleada de educación especial quiso el turno de la noche porque su marido podía cuidar a los niños al regresar a casa del trabajo; Mike Moore, un portador de notificaciones o citaciones judiciales, era indiferente a las horas de trabajo y, por lo tanto, tomó el turno de la tarde. A todos les deseé mucha suerte; después de todo, era en Coral Gables.

Cuando todo estuvo definido, me sorprendió ver que ya era casi mediodía. Sabía que Tony Fuentes llamaría pronto con noticias acerca de la venta del diamante, o al menos esperaba que lo hiciera. El medidor estaba en marcha, y yo estaba contratando suficiente personal como para manejar un puesto de hamburguesas.

El teléfono sonó. Esperaba que fuera Tony, pero, a cambio, escuché el alegre saludo de la dulce Suzanne. Sabía que era importante; ella nunca se levantaba antes del mediodía.

—¿Qué está sucediendo? —pregunté.

—¿Recuerdas hace dos días cuando me preguntaste acerca de esa bolsa de basura llamada Pepe Salazar? —su tono ligero se opacó—. Bueno, tuve una cita anoche con él. ¿Quieres que te cuente qué pasó?

—¿Estás bromeando? —claro que no lo estaba.

—Escucha, me estoy muriendo de hambre, ¿quieres que almorcemos juntas?

Acordamos encontrarnos en un sitio cubano en la avenida 27. Salí corriendo de la oficina antes de que otra llamada me amarrara al escritorio.

Islas Canarias era una cafetería pequeña, como muchas otras, en las que se sirven cantidades excesivas de comida deliciosa a precios mínimos. No aceptaban tarjetas de crédito, lo que raramente constituía un problema, porque una comida en este sitio nunca costaba más de unas cuantas monedas. La especialidad eran papas a la española, una porción deleitable de papas fritas doradas "infladas o en forma de globo" llenas de grasa y calorías.

Lo primero que noté fue el moretón en el cuello de Suzanne; trató de disimularlo con una buena cantidad de maquillaje aplicado hábilmente, aunque de todas maneras lo noté. Dejé que hiciera sus comentarios acerca del clima hasta que estuvo dispuesta a entrar en materia.

—Bueno, anoche Pepe Salazar me dejó un mensaje en el contestador diciendo que estaba de regreso en la ciudad y que deseaba verme —dijo ella—. Normalmente le habría dicho que no, pero tenía curiosidad debido a nuestra conversación.

Meneé la cabeza. A pesar de lo que aparentaba, me di cuenta que todavía era una muchacha del medio oeste fuera de su ambiente con bandidos como Salazar. Yo le había ayudado a ella alguna vez en un caso muy difícil que involucraba a un antiguo novio que no solamente le robaba dinero, sino que además la acechaba, y le dije en esa ocasión que lo hacía de manera completamente desinteresada. El hecho de que se hubiera colocado en una situación peligrosa por cuenta mía fue suficiente para desesperarme; sin embargo, también sabía que esto se ajustaba perfectamente a su manera de ser.

Suzanne me lanzó una mirada fulminante; sabía perfectamente lo que yo estaba pensando, y no quería oír una reprimenda.

—Estaba alojado en el Hyatt del centro —me dijo—. Llegué allí un poco temprano, por coincidencia.

—¿Coincidencia?

Ella parpadeó tan rápido, que casi no me di cuenta.

—Pepe no estaba solo. Enseguida pude darme cuenta de que había logrado poner sus manos sobre dinero extra, porque tomó en arriendo toda una *suite* en vez de una habitación sencilla. Tan pronto como abrió la puerta me empujó hacia el cuarto para quitarme del camino. Sin embargo, pude ver con quién estaba: Ramón Hidalgo. Notable tinterillo.

—¿Ramón Hidalgo? —me estaba convirtiendo en una verdadera cotorra, pero no pude evitarlo. Suzanne era increíble.

Se apretó la nariz y sonrió.

—Pensé que algo estaba sucediendo que podría ayudarte, así que abrí la puerta un tris para escuchar —dijo ella—. De todas maneras, Pepe es tan agresivo que estaba prácticamente gritando todo el tiempo, y el abogado también le gritaba como respuesta.

—Suzanne, tienes que cuidarte —me sobresalté con el solo

pensamiento de que ella se pusiera a escuchar disimuladamente conversaciones entre un asesino y un notorio abogado del bajo mundo—. Podrías salir herida, o peor aún…

Encogió los hombros, sin importarle mi comentario.

—¿Quieres saber lo que oí?

—Tú sabes que sí.

—Hidalgo pagó la fianza para sacar a Pepe de la cárcel del condado la noche anterior. Pepe fue arrestado por vender coca.

—Eso no es tan improbable —acoté.

—Nunca pensé que estuviera metido en drogas, pero me equivoqué —dijo Suzanne—. Pepe caminó derecho al aguijón. Cinco sujetos fueron apresados y Pepe fue el único que pudo pagar la fianza. Tengo la impresión de que esta no es la primera vez que Hidalgo lo ha representado.

Esto tenía sentido. La lista de clientes de Hidalgo incluía una gama de gente del bajo mundo, pero, sin lugar a dudas, los traficantes de drogas ilícitas eran su especialidad. En la ciudad, todo el mundo lo sabía.

—Luego las cosas se tornaron realmente interesantes —dijo Suzanne—. Hidalgo comentó que Pepe la iba a pasar mal en la cárcel por todos sus antecedentes. Pero Pepe le reviró de inmediato. Dijo que tenía información realmente caliente con qué negociar.

La comida llegó y la camarera se quedó mirando fijamente a Suzanne mientras descargaba la bandeja. No muchas rubias naturales venían al Islas Canarias.

—¿Qué clase de información? —pregunté.

—Una mujer llamada Teresa contrató a Pepe para que eliminara a un balsero cubano hace unos meses. Hidalgo se disgustó verdaderamente, gritándole a Pepe que no malgastara su tiempo con historias estúpidas. Pero Pepe lo calló y enseguida dejó sonar una cinta grabada.

Tropecé mi rodilla con la mesa; casi se riega mi bebida.

—La cinta estaba realmente confusa, pero Pepe subió el volumen al máximo —dijo Suzanne—. Todo estaba ahí, la voz de Teresa ordenando el golpe, absolutamente todo. Luego había otra parte donde Pepe le informaba que el trabajo estaba hecho y el tipo había muerto.

El ruido del restaurante se fue. Las mesas y las comidas a mi alrededor desaparecieron. Sólo quedé con las ramificaciones de lo que acababa de oír.

Suzanne me estudiaba.

—Come tu almuerzo —me dijo, señalando mi plato sin comenzar. Traté de probar un bocado—. Tú ya sabías algo de esto, ¿verdad? ¿Tiene que ver con el caso en el que estás trabajando?

—Sí, tiene que ver —bajé el tenedor—. Yo sabía acerca del crimen. Sin embargo, no sabía que Pepe había hecho una grabación. Estoy tratando de entender qué significa todo esto.

Suzanne puso al lado un tenedor lleno de papas. No podía entender cómo lograba mantener su figura. Mientras ella comía, de nuevo noté el moretón en su cara.

—Dios, Suzanne, siento mucho el daño que tuviste que sufrir mientras averiguabas todo esto —dije tímidamente—. Si hubiera sabido que te ibas a encontrar con Pepe Salazar, no te habría dejado ir. Por eso no me lo dijiste antes, ¿cierto?

—Tal vez. No me hagas tantas preguntas.

Un estallido de risas brotó de la mesa vecina a la nuestra, donde se sentaban cinco tipos vestidos con saco y corbata. Algunos de ellos nos miraban intermitentemente, como examinando si les estábamos poniendo atención. Miré hacia otro lado.

—De todos modos, Hidalgo le dijo a Pepe que guardara la cinta en un sitio seguro —explicó Suzanne—. Agregó que la cinta lo implicaba en un asesinato, pero Pepe respondió que en realidad él nunca había matado al tipo. Dijo que había mentido para que le pagaran. ¿Esto suena correcto?

—Es cierto —le dije.

—Bueno, Hidalgo dijo que sería mejor entregar al tipo sano y salvo, si no quería que lo pusieran tras las rejas por sicario. Luego, hablaron acerca del caso de la coca y de cómo podrían usar la grabación. Hidalgo dijo que todavía no habían asignado el fiscal, pero que cuando lo asignaran, podrían planear la estrategia.

—¿Alguna vez pensaste en volverte reportera, Suzanne?

—No se gana dinero en eso. De todos modos, el punto es que si asignan un fiscal verdaderamente ambicioso al caso de droga de Pepe, alguien que verdaderamente quiera dejar huella, entonces podrían lograr hacer un trato. ¿Esa Teresa es alguien importante?

—No lo sé.

Suzanne levantó su vaso al paso de una camarera para que se lo llenara de nuevo.

—Hidalgo le recomendó a Pepe que se mantuviera alejado de problemas, luego susurró algo y ambos se rieron. Probablemente tuvo que ver conmigo.

La idea me produjo escalofrío, pero no dije nada. Suzanne se dio cuenta de mi actitud y me miró fríamente en señal de respuesta.

Creo que Suzanne pensó que yo desaprobaba algunos aspectos de su vida, más de lo que yo realmente hacía. Ella asumió que la pequeña buena cubana dentro de mí estaba condenando su moral. Pero, por encima de toda consideración, yo estaba preocupada por su seguridad. Ella me preocupaba profundamente y no quería que le pasara nada malo. En alguna oportunidad me dijo que estaba interesada en modelar o iniciar su propia agencia y de veras deseé que lo hubiera hecho. Yo sabía, sin embargo, que ella simplemente ganaba muchísimo dinero en esa vida como para dejarla y encargarse del trabajo mundano de manejar un negocio.

—Hombres —musitó rencorosamente Suzanne—... Son tan arrogantes. Nunca se les ocurrió pensar que yo podría entender español.

—Después de lo que oíste, no te dejes notar que sí lo entiendes —le advertí.

—Sí, mamá.

Suzanne terminó su almuerzo mientras yo empujaba el mío alrededor del plato. Me pareció muy raro que Teresa de la Torre en persona ordenara el trabajo. Esto puede significar que Miguel no sabía nada de esto, porque ningún cubano que se respete permitiría que su esposa negociara con un individuo tan repugnante como Pepe. Sin embargo, recordé no sacar conclusiones precipitadas acerca de su sentido de propiedad y de honor; después de todo, yo sabía cómo se había portado con Luis, y por tanto las normas tradicionales sobre el honor no necesariamente se aplicaban a él.

La camarera trajo la cuenta. Ordené un café cubano doble y me lo bebí de un solo trago. Gran error. Además de sentirme tensa y preocupada, ahora también me sentía completamente exaltada.

Suzanne me vio temblar y sudar.

—Aún hay en mí suficiente sangre del medio oeste para permanecer alejada de esa cosa —dijo ella.

Estuve de acuerdo en que había cierta sabiduría en ello. Cuando nos pusimos de pie para irnos, le di a Suzanne un gran abrazo. La sentí liviana y delgada en mis brazos y no pude evitar un sentimiento protector.

—Hice un buen trabajo, ¿o no? —preguntó poniéndose las manos en las caderas. A los muchachos de la mesa vecina se les fueron los ojos.

—Por supuesto que lo hiciste y te lo agradezco —le dije—. Pero procura no involucrarte en este tipo de posiciones.

—Yo podría, probablemente, ser una muy buena investigadora, ¿cierto? —interrumpió lanzando hacia atrás su cabellera de platino con la satisfacción de una niña—. Vete sin mí, voy a pedir un postre. Te veré en la clase de aeróbicos... Después de este almuerzo, voy a necesitar un doble reductor de trasero.

En el camino de regreso a mi oficina, mi mente corría más rápido que el auto, que me venía diciendo algo, pues estaba violando casi todas las normas del código de tránsito.

Estaba tratando de descifrar cómo podría usar la información que Suzanne me acababa de dar, cuando súbitamente se me ocurrió pensar que las cintas podían no ser siquiera reales. Pepe pudo haber contratado una mujer para que leyera las líneas que supuestamente dijo Teresa. Suzanne había dicho que las voces no eran muy claras.

Pepe era con seguridad lo suficientemente ruin y con lúcidas habilidades de supervivencia como para saber el valor de una grabación
que contenía la voz de una mujer de sociedad en el momento en que
ordenaba un asesinato. También estaba en capacidad de darse cuenta
de que Teresa tenía acceso a los mejores abogados de la ciudad. Si la
cinta era una falsificación, ésta era, entonces, únicamente una póliza
de seguro temporal.

"Trabaja únicamente los hechos", me dije. No hay lugar para
porcentajes de especulación. El mismo caso me llevaría a las respuestas.

Tenía que asumir que Luis me había dicho la verdad acerca de
Pepe Salazar y todo cuanto había sucedido esa noche a lo largo del
río Miami. Estaba preocupada por demandas y daños a mi negocio.
Pero ahora Pepe estaba de regreso en Miami. Y era la clase de hombre
que le quitaría la vida a una persona con la misma facilidad con que
se amarra los zapatos.

12

Tony Fuentes llamó tan pronto llegué de almorzar; dijo que había vendido el diamante y que podía recoger el dinero en cualquier momento. Inmediatamente subí al Mercedes y tomé rumbo norte, hacia Key Biscayne. Puesto que iba sola, había revisado la Beretta para asegurarme de que estuviera cargada y funcionando. Había decidido no llevar a Luis, sospeché que la transacción lo pondría nervioso y yo no necesitaba más ansiedad de la que ya sentía. Al salir de la oficina, le pedí a Leonardo que llamara a Luis y le dijera que me buscara cuando cerraran el taller.

El apartamento de Tony había cambiado poco desde hacía unos días, excepto que había una chica diferente rondando por ahí. Era más joven que la otra y mucho más desorientada —si es que eso era posible— y alardeaba una impresionante pulsera de esmeraldas y diamantes.

Tony la hizo de lado después de abrir la puerta para regalarme el efecto completo de su atuendo del día. Parecía listo para salir hacia las praderas de Kenya apenas concluyéramos nuestro negocio. Cumpliendo fielmente el edicto materno según el cual camisa y pantalones debían combinar, Tony había escogido un traje de safari de dos piezas. Era apretadísimo, claro está, con una correa ajustada a la cintura, y medias caqui que se asomaban de las botas de campaña.

Su interpretación acerca del aspecto del gran cazador blanco incluía gafas de aviador que colgaban de un cordón y un pañuelo anaranjado alrededor del cuello. Lo miré de arriba abajo, esperando encontrar la cantimplora, la brújula y el casco protector.

Tony, claro, se comportaba como si no hubiera nada fuera de lo común. Me condujo a su oscura oficina y, una vez cerrada la puerta, se dirigió a la caja de seguridad empotrada en la pared.

—Aquí está —dijo entregándome un gran sobre de manila—. Nos fue bien. No fabulosamente, pero bien. Me tomé la libertad de cobrar mi comisión por la transacción.

Se sentó tras el escritorio y con un esfuerzo considerable y muchos gruñidos, subió los pies a la pulida superficie.

—Cuando me mostraste la piedra por primera vez, le calculé un precio de 90 mil dólares —dijo con gravedad—. Pero debes tener en cuenta que ese era el precio de mayorista. Y como querías venderlo rápidamente…

—Tony, por favor, ¿cuánto te dieron? —permanecí de pie, palpando el fajo de billetes por entre el sobre. No tenía la sensación de que me estuviera preparando para malas noticias; más bien, se estaba deleitando con cada matiz y detalle del negocio.

—Lo más que pude lograr fueron ochenta mil. Menos mi comisión del 15 por ciento, o sea 12 mil, deja 68 mil dólares —meneó la cabeza con pesar haciendo zangolotear su papada—. Si las circunstancias hubieran sido más favorables, nos habría ido mejor.

—Tony, nos fue bien y sé que hiciste lo mejor que pudiste —su expresión se alegró—. Por eso acudí a ti.

Yo había esperado que el diamante produjera más efectivo, pero era lo suficientemente realista como para aceptar lo que Tony decía que había podido lograr. Y dado que la comisión de Tony estaba directamente relacionada con el precio de venta, sabía que ése era realmente el precio más alto que había podido obtener.

—Siempre es un placer ayudar a un paisano cubano —dijo.

Abrí el sobre y saqué los fajos de dinero. Había siete atados, cada uno de diez mil dólares, en billetes de cien dólares. Mientras

Tony miraba con leve curiosidad, saqué el cinturón monedero de la cartera y cuidadosamente arreglé el dinero en su interior. Lo espacié por parejo para que no fuera demasiado obvio que lo llevaba una vez me lo pusiera en la cintura.

Cuando me lo acomodé, me veía un poco gruesa de cintura, así que lo reorganicé. Pero todavía parecía que estuviera o en la etapa inicial de un embarazo o peligrosamente estreñida. Sabía que el cinturón sería caliente e incómodo en el auto, pero sólo tenía que llegar a mi oficina para deshacerme de él. Era la mejor precaución que podía tomar —en Miami me podrían atracar solamente por el auto que conducía—. Por Luis debía hacer el esfuerzo de proteger su dinero.

Tony me acompañó al auto, ajeno a mi ansiedad mientras parloteaba acerca de un hallazgo en una mina surafricana. Me dije a mí misma que estaría sola y expuesta con el dinero únicamente por un breve tiempo. Seguro que podría manejarlo. Sólo estaba paranoica.

Media hora después, estacioné en mi espacio en Solano Investigaciones. Estábamos en una parte segura del Grove, pero sabía que las probabilidades de ser robada no desaparecerían hasta que estuviera adentro y el dinero en la caja fuerte. El Jeep negro de Leonardo estaba en su espacio habitual, así que pité con la esperanza de que saliera y me escoltara hasta la edificación. Pité tanto como me atreví. Tampoco quería llamar la atención. Nada. Tomé el teléfono celular, lista para llamar a la oficina.

De pronto me sentí muy tonta. No había nadie por ahí. Desactivé el seguro de la Beretta y me bajé del auto. Encendí la alarma del auto y comencé a caminar. Había avanzado unas diez yardas con paso apresurado cuando sentí que alguien caminaba rápidamente detrás de mí. Antes de que tuviera tiempo de voltearme, unas manos me tomaron firmemente por los hombros.

Esto es lo que pensé: alguien me iba a robar el dinero de Luis y yo terminaría pagándoselo. Tony le había pasado el dato a alguien, pues él era el único que sabía que yo lo tenía. Yo no tendría tiempo de sacar la Beretta y, aunque lo hiciera, realmente no estaba de ánimo para matar a nadie. Decidí voltearme y alzar los brazos en defensa propia. No estaba dispuesta a morir por el dinero, pero lucharía por él. Recé para que mi atacante no llevara un arma, o para que, si la llevaba, no supiera usarla.

—Lupe, ¡Lupe!, ¡soy yo! Lo siento, ¿te asusté?

Pasé por unas cinco fases de verdadero *shock* antes de enfurecerme completamente.

—¡Luis! —le grité—. ¿Estás loco? ¿Por qué demonios te me acercas así? ¡Podría haberte disparado!

Luis alzó las manos.

—¡No dispares! ¡No dispares! —se echó a reír.

Noté que se había cambiado la ropa de trabajo y que llevaba su sucio traje marrón.

—No estoy bromeando, Luis, habrías podido resultar herido —me di cuenta de que estaba respirando demasiado rápido—. ¿En qué estabas pensando al esconderte así?

—¿En serio llevas un arma? —preguntó, aparentemente asombrado—. Una dama no debería llevar un arma. Es peligroso. Podrías hacerte daño.

—No comiences.

Me di vuelta y comencé a caminar hacia la oficina. No podía creer que hubiera hecho un comentario tan sexista y chovinista. Él sabía cómo me ganaba la vida y ciertamente no era como vendedora asistente en Bloomingdale. El arma no era decorativa, era una necesidad. Me alcanzó rápidamente.

—No te enfades —dijo tristemente—. Leonardo me dijo que llegarías pronto, y por eso esperé afuera. Cuando te vi estacionando, decidí esconderme y darte una sorpresa.

—Y me sorprendiste, eso es un hecho —dije—. Me sorprendiste al portarte como un imbécil total.

A pesar de mi enfado, una parte de mi se preguntaba si las acciones de Luis habían sido calculadas para ver cómo reaccionaba yo ante el peligro. Y no me hacía gracia. Luis me sostuvo la puerta y entramos juntos. Leonardo nos miraba desde su escritorio con una mezcla de curiosidad y desaprobación.

—Tienes razón, soy un imbécil —dijo Luis. Gesticuló exageradamente por toda la desaliñada recepción—. Como estoy muy contento de tener tan buenos amigos y profesionales habilidosos ayudándome, tal vez me emocioné demasiado.

No pude evitar reírme al sentir que mis niveles de adrenalina comenzaban a bajar.

—Voy a seguir enojada durante un rato —dije—. Aunque es perfectamente evidente que no puedes evitar actuar como un loco.

La expresión de Leonardo era de total desagrado; tosió levemente y volvió la mirada sobre el teclado de su computador. Yo no sabía qué le pasaba. Quizá su rutina de ejercicio no había sido exitosa o se le había cortado la malteada de proteína. Yo sabía que Luis no le caía bien, pero esa no era razón para ser desagradable.

Hice seguir a Luis a la oficina, cerré la puerta y le indiqué que se sentara en una silla vacía frente a mi escritorio.

—Bueno, Luis, ya estamos progresando —le dije, poniéndome seria—. A partir de esta tarde tendremos a los De la Torre bajo vigilancia continua. En unos días comenzaremos a seguir a Miguel.

—Excelente —se retiró un mechón de pelo rebelde de la frente. Traté de no mirarlo a los ojos. Sin darme cuenta, me había puesto más informal con Luis desde el incidente en el estacionamiento. Estaba tratando de no pensar en Luis como persona, o, más específicamente, como hombre. No eran ni el momento ni el lugar.

—Dime —comenzó—, respecto a esta vigilancia, no estoy seguro de entender. ¿Dónde trabajarán los investigadores? ¿Cómo observarán a Miguel y a Teresa?

—Lo siento. Pensé que ya te lo había explicado. Para ponerlo de manera sencilla, ellos observan la casa y lo que sucede allí desde afuera. No sé dónde se ubicarán los investigadores. Es asunto de cada uno hallar el mejor sitio y evaluar la situación según sea necesario.

—Claro —dijo Luis—. Espero que no pienses que pregunto

porque cuestione la forma en que haces tu trabajo —agregó preocupado—. He estado pensando en la investigación durante tanto tiempo que me siento mejor si sé todos los detalles.

Me puse de pie y me saqué la blusa de entre la falda. Luis abría los ojos en señal de sorpresa.

—Acabo de regresar de donde Tony Fuentes —dije—. Recogí tu dinero de la venta del diamante.

Luis se palmoteó la frente.

—Lo siento tanto. Por eso estabas tan nerviosa. ¿Por qué no me llamaste? No deberías andar sola con todo ese dinero.

—Realmente no hay problema —dije desabrochándome el cinturón. Me di cuenta de que no había preguntado cuánto había obtenido Tony por el diamante. La reacción de Luis me ponía perpleja: en algunos sentidos era maniático de los detalles, pero en otros parecía totalmente indiferente—. A decir verdad, me encanta verte en tan buen ánimo. Muchos de mis clientes dejan que sus casos les dominen la vida.

—Tal vez estaba tan contento porque sabía que iba a pasar tiempo contigo —Luis sonrió.

Hice caso omiso de las implicaciones de lo que acababa de decir y me froté los ojos con el dorso de la mano.

—Luis… —comencé, y lancé el cinturón sobre el escritorio—, ¿quieres el dinero ahora?

Levantó la mano.

—No, quiero que tú me lo guardes aquí, donde estará seguro. Puedes tomar dinero de ahí para el caso a medida que lo necesites y yo recojo el resto cuando terminemos. Donde yo vivo, podrían matarme por tener tanto dinero.

Luis se rió y sus ojos se cerraron un poco. Me dio la sensación de que se avergonzaba al mencionar que vivía en uno de los sectores más rudos de la ciudad. Era como si el aristócrata que llevaba dentro aún no pudiera aceptar su realidad cotidiana. O tal vez no quería recalcar las diferencias que nos separaban. Había un abismo entre Cocoplum y el río Miami, y no sólo en términos de geografía.

—Creo que debo mencionar tu otra opción —le dije, respirando hondo—. Podrías tomar el dinero e irte a otro lado. Hay suficiente aquí para vivir donde quieras si eres ahorrativo.

—Absolutamente no —dijo Luis rápidamente—. Ese dinero comprará justicia para mí y para mi familia.

Me pregunté a mí misma que quería decir con "justicia" y pensé acerca de su pasado.

—Sólo me pareció el momento de recordarte que tienes alternativas. No tienes que emprender el camino largo y difícil que estamos a punto de tomar.

—Gracias por tu consideración —dijo Luis.

El silencio pesaba en la oficina. Por alguna razón inexplicable, me sentía complacida y desilusionada a la vez. Quizás había esperado que Luis tomara el dinero y se fuera para siempre. Pero dado lo que yo sabía de él, entendí que no podía hacerlo.

—Te haré un recibo —dije. Hice un registro del dinero en una hoja membreteada de la oficina y la sostuve durante un momento—. Anotaré los retiros para gastos a medida que los haga, con tu autorización, claro está.

—Apruebo todo lo que haces —dijo Luis con una sonrisa forzada—, en cuanto al manejo del caso.

Sin prestar atención a su comentario, dije:

—Debes saber que Tony no obtuvo tanto como pensaba por el diamante.

Le entregué el recibo. Su expresión se endureció, pero al ver que yo lo observaba, se relajó de nuevo. Se frotó los labios distraídamente mientras miraba la hoja de papel.

—Es menos del precio que nos había calculado —dijo Luis, cerrando un poco los ojos.

—Tony hizo lo que pudo, dadas las circunstancias —le dije. Me sentí un poco culpable de haber pensado que Tony me había traicionado cuando Luis me agarró en el estacionamiento.

—Claro que sí —dijo Luis—. Parecía un buen tipo.

—Sé que estás siendo cortés. Tony no siempre causa la mejor

impresión —Luis parecía divertirse—. ¿Sabes, Luis? Estaba pensando que podrías tomar una pequeña cantidad de dinero y comprarte una que otra cosa. Tal vez un traje nuevo. O zapatos sin rotos en los tacones.

Inhibido, Luis presionó el quiebre desgastado de sus pantalones.

—No es que estés mal vestido —le mentí—. Es que creo que puedes darte el lujo de comprarte algo.

—¡Tal vez podrías ayudarme a escoger algunas cosas! —dijo tímidamente—. Debo admitir que no conozco ninguna tienda en Miami donde vendan trajes de calidad.

No quería alentar a Luis a que gastara mucho dinero, porque si el caso no resultaba, el resto del dinero tendría que durarle. Pero, sobre todo, no quería ir de compras con un cliente. Parecía como si a cada instante Luis estuviera tratando de involucrarme en una relación personal. Algunos clientes lo habían intentado en el pasado, pero yo había logrado mantener las cosas en el plano profesional. Me pregunté si esta vez lo estaría logrando tan bien. Así que cambié el tema.

—Hay algo más que debes saber —dije abriendo mi maletín—: Pepe Salazar regresó a la ciudad.

—¿Regresó? —Luis abrió los ojos e inconscientemente apretó los puños—. Podría tratar de matarme de nuevo, si yo no lo encuentro antes.

—Lo supe de una fuente confiable —dije sin darle importancia a su despliegue de machismo, aunque a mí ya se me había ocurrido lo mismo—. Por lo que sé, piensa quedarse.

—¡Mierda! —Luis escarbó en su bolsillo—. ¿Puedo fumar?

—Claro —le dije. ¡Qué caray!

El humo de las visitas anteriores ya se había desvanecido casi totalmente. Le subí al aire acondicionado. Luis encendió un Marlboro y exhaló una gran nube de humo.

—No sé qué aconsejarte, Luis —le dije—. Sé que Salazar está en líos con la Policía y que podría tratar de usar su conexión con Teresa para salir de problemas. No tengo idea de lo que ocurrirá; es posible que seas citado como testigo si se complica el caso de Salazar. Mientras tanto, ten más cuidado que de costumbre. Te recomendaría que alquilaras otra habitación, para que sea más difícil encontrarte.

—Sé que Salazar le dijo a Teresa que te había matado —le dije a Luis, quien esquivó mi mirada—. Creo que es hora de que me digas todo lo que ocurrió esa noche junto al río.

—Fue como te dije. Él me atacó, pero no tuvo éxito —Luis echó la cabeza hacia atrás, hablando con los ojos cerrados.

—Ya sé todo eso —dije—. ¿Qué más pasó?

—Le dije que se fuera de la ciudad y que lo mataría si me enteraba de que había vuelto a Miami —Luis volvió a fumar y me miró con sus ojos entreabiertos.

—¿Es eso lo que piensas hacer, Luis? —le pregunté—. Porque debo advertirte ahora mismo…

—Claro que no hablaba en serio, Lupe, Tuve que actuar como un animal porque estaba siendo amenazado por uno.

—Ya he oído ese tipo de raciocinio —le dije—. Si me entero, y lo haré, de eso puedes estar seguro, de que estás metido en cualquier tipo de violencia o de venganza estúpida, entonces te quedas solo.

Luis sonrió y movió la cabeza, como si mi reacción fuera exagerada.

—He sido honesto respecto a lo que pasó. Le ordené que le mintiera a Teresa y que se fuera de la ciudad. Le dije que lo mataría por... cuál es la palabra... ¿intimidación?

—Intimidación —miré mi libreta de apuntes—. ¿Y cómo es que pudiste deshacerte de un asesino a sueldo como Salazar?

—La Habana es un lugar violento, especialmente donde mi madre y yo tuvimos que vivir —hizo una pausa observando mi reacción—. Así que aprendí a boxear.

—¿Y eso venció a un arma?

—Salazar intentó degollarme —Luis apagó el cigarrillo en mi

decorativo cenicero jamaiquino, una atrocidad de rayas amarillas, rojas y doradas que Lourdes me había cedido cuando el jardinero jamaiquino del convento se lo regaló de cumpleaños.

—A mí también se me ocurrió que Salazar podría volver a terminar su trabajo —le dije. Luis quedaba así oficialmente advertido respecto a Salazar.

—Sí. Es un profesional y le pagaron por un trabajo que no terminó. Eso es malo para la reputación de una persona. También podría sentir la necesidad de encontrarme por puro orgullo personal.

Capté el carácter frío y analítico del pensamiento de Luis; era tan indiferente que podría haber estado hablando de cómo tajar el pan. Esto me mostraba claramente el aspecto de su personalidad que le había permitido sobrevivir, tanto en Cuba como en Miami.

—Si eso sucede —agregó—, tendré que defenderme. Espero que lo entiendas.

—Pero no lo busques —le dije.

—Está bien. No lo haré —Luis jugaba con el botón de su saco. No sabía si me estaba diciendo la verdad.

—Sé que Teresa contrató a Salazar, pero no sé si estaba actuando sola —dije—. No tenemos razón alguna para pensar que Teresa o Miguel sepan que estás vivo. Por el momento debemos quedarnos quietos y ver qué pasa.

—Con tal que no involucremos a la Policía —dijo Luis—. Ellos complicarían demasiado mi caso.

Claro que tenía razón, aunque yo no había pensado en eso. Me di cuenta de que no estaba pensando con claridad.

—Esperemos que Salazar no involucre a Teresa —pensé en voz alta—. Porque... porque entonces nunca recibirías tu dinero.

—Exactamente

Luis se fue después de firmar un documento autorizándome a usar su dinero para la investigación. Lo acompañé a la puerta y al regresar encontré a Leonardo furioso en su puesto.

—Ya sé, el humo —dije, impidiendo que hablara—. Sólo hazme

el favor de asegurarte de que Néstor y Marisol estén llevando las planillas de honorarios. Ninguno de los dos sirve para el papeleo.

Leonardo abrió el escritorio y encontró una lata de Pine Away.

—Espero que sepas lo que estás haciendo —dijo al empezar a disparar el purificador—. Creo que ese tipo es indeseable, si quieres saber mi opinión.

—No quiero —le dije. Entré a mi oficina y cerré la puerta. Era la primera vez que cortaba así de tajantemente a Leonardo en los siete años que llevábamos trabajando juntos.

13

Le di la vuelta al estacionamiento del Metro Justice Building por tercera vez en busca de un espacio relativamente cercano a la calle. El lugar era desagradable y cada peatón parecía un criminal recién liberado o alguien en libertad bajo palabra. Uno arriesgaba su vida si visitaba el sector por la noche.

Detestaba tener que venir a esa parte de la calle 12 noroeste, pero para un investigador significaba hacer todas las compras en un solo lugar. Agrupados en un círculo de tres cuadras estaban el edificio de estadística demográfica, la cárcel del condado, el edificio de los tribunales (unido a la cárcel por un paso peatonal elevado) y tres hospitales —el Jackson Memorial, el Veteran's Administration Hospital y el Cedars Medical Center—. Era una mezcla caótica de criminales, abogados y enfermos.

El tiempo había cambiado para mal. Aunque era temprano en la tarde, el cielo estaba tan oscuro que tuve que encender las luces del auto. Ominosas nubes negras amenazaban con explotar en cualquier momento, y yo no tenía nada para protegerme de la lluvia. No me agradaba la idea de llevar a cabo mi investigación en un edificio helado y con la ropa mojada. Finalmente desistí y resolví estacionar en un espacio tan lejano que podría haber estado en el condado vecino.

Atravesé el parqueadero corriendo, sorteando la acera que parecía una pista para una carrera de obstáculos, carritos de perros calientes, los acusados en conferencia con sus abogados en plena calle, familias que sollozaban, policías que tomaban café y fumaban a escondidas. Logré resguardarme en el momento en que empezaron a caer los primeros goterones de lluvia.

Tomé el ascensor hasta el séptimo piso —la escalera automática llegaba sólo hasta el sexto— y giré a la izquierda hacia la División de Delitos. Podría haber mirado el expediente de Salazar usando una búsqueda de información en el computador y desde la comodidad de mi oficina, pero de todas maneras me habría tocado venir a Metro Justice para solicitar los documentos oficiales de la corte. Durante años, los investigadores habían tenido que buscar en archivos alfabéticos que parecían directorios telefónicos de Nueva York pero que contenían los nombres de personas a quien uno nunca desearía llamar. Hoy, un investigador puede sentarse ante una terminal individual y digitar sus solicitudes, igual que en una biblioteca pública.

No tenía mucha información sobre Salazar: ni la fecha de nacimiento ni el número de seguridad social. Estaba condenada a mirar todos los listados correspondientes a las personas llamadas José Salazar, ya que Pepe es el apodo de José. De dos docenas de José Salazar, dos docenas se ajustaban al perfil: un hombre hispano entre treinta y cuarenta años de edad.

Abrí los archivos para ver cuál era mi hombre. Uno de ellos tenía seis cargos por embriaguez y desorden público, declarados sin lugar. Otro tenía varios cargos por robo menor y había estado preso dos veces. El tercero estaba preso todavía por una serie de robos armados a hogares. Encantador. Pero el cuarto tenía el récord más impresionante. Silbé en señal de aprecio. La vida criminal documentada de este Pepe Salazar comenzaba cuando tenía dieciocho años, pero con seguridad había iniciado antes: bajo la ley de la Florida los archivos de delincuencia juvenil son eliminados cuando el individuo llega a la mayoría de edad. Pepe no había perdido su tiempo desde entonces, pues inauguró su carrera como criminal documentado apenas tres meses después de cumplir los dieciocho años. Había comenzado a menor escala como vigía en una serie de robos a tiendas de abarrotes y luego había participado en tres robos a hogares. Pasó breves períodos en la cárcel por esos robos y pasó a las drogas: posesión y luego tráfico. Fue sentenciado a dos años por el primer cargo, pero en realidad sólo cumplió tres meses. Le dieron cuatro años por el segundo y pasó sólo uno en la cárcel.

Durante los siete años siguientes nadie cogió a Pepe haciendo nada. Pero comenzó de nuevo: dos condenas por ayuda y encubrimiento en la comisión de un crimen. En otras palabras, por proxeneta. Y se había librado de ésa sólo con probatoria.

Ramón Hidalgo debió aparecer en escena por esa época. A pesar de sus antecedentes, Pepe comenzó a recibir sentencias leves. A los treinta y seis años, ya estaba recibiendo tratos convenientes en las cortes, con regularidad. La última observación en el archivo era de dos años atrás, por extorsión. El caso había sido absuelto.

El cargo más reciente —por venderle droga a un oficial encubierto, el delito acerca del cual Suzanne había escuchado a Pepe discutiendo con Ramón Hidalgo— no figuraba allí. Anoté los números de los casos ingresados más recientemente. Y claro, allí estaba la redada por las drogas de Pepe. Anoté ese número y me dirigí a la oficina de la secretaria para solicitar los expedientes.

La secretaria era una gruesa y aburrida señora afro-americana. Tomó el recibo con una palabra de saludo, señaló una silla vacía con el dedo y me dijo que esperara.

Estaba a punto de decirle que, como contribuyente fiscal, yo ayudaba a pagar su sueldo, pero me detuve y me senté. La experiencia me había enseñado que el sarcasmo y el antagonismo nunca lograban que las cosas sucedieran más rápido en la burocracia distrital. Ella tenía el control de los expedientes, y yo los necesitaba.

El salón de archivos parecía haber sido decorado específicamente para deprimir a la gente. Demasiado pequeño, muy poco aire fresco y en absoluta necesidad de pintura nueva. En un extremo había una hilera de ventanillas en las cuales la gente como yo entregaba sus solicitudes a empleados con exceso de trabajo y probablemente mal pagados. Había también una larga y desvencijada mesa de madera arrimada contra la pared, donde el público podía sentarse a examinar los expedientes. Los mismos empleados que manejaban las solicitudes se encargaban de las copias, lo cual tomaba muchísimo tiempo. Sospeché que todo el sistema estaba diseñado para desalentar las solicitudes; y en efecto así me había sucedido en el pasado.

Comprendiendo lo deprimente que debía ser trabajar en ese lugar, le sonreí a la secretaria y le agradecí amablemente cuando regresó con los expedientes de Salazar. Me sorprendió con una cálida y dulce sonrisa.

Me instalé en un incómodo asiento de plástico y comencé a leer. Mi sospecha había sido acertada. Ramón Hidalgo había sido el abogado registrado para los cargos más recientes de Salazar. Pepe tenía el mismo domicilio en todos sus formularios de detención, lo cual era realmente poco usual. Anoté el nombre de su oficial de probatoria, pensando que me podría ser útil.

Tenía que reconocer los méritos de Hidalgo. Era un ser despreciable y un oportunista, pero había hecho un trabajo impecable y conseguido tratos excelentes para su cliente. Esperaba que Pepe le estuviera mandando una caja de trago cada Navidad, o al menos una caja de cigarros Montecristo de contrabando. El último expediente, el de la redada de drogas, contenía sólo el formato A un registro del arresto donde constaban el lugar y la hora de la detención, la causa del arresto, los testigos, si los había, y el oficial encargado. De nuevo, figuraba la misma dirección de Pepe, y una vez más Hidalgo era el abogado registrado.

Cuando terminé de hojear el gruesísimo expediente, solicité mis copias, con lo cual terminó la benevolencia de la empleada hacia mí. Me preparé para una larga espera y, efectivamente, era casi la hora de cerrar cuando me llamaron. En vez de regresar a la oficina, decidí irme a casa, a Cocoplum.

Una vez abajo y fuera del ascensor, comencé a pescar mis llaves en el bolso. Al pasar por los detectores de metales en el puesto de seguridad, miré hacia arriba y pude ver una cara conocida: el fiscal estatal asistente, Charlie Miliken. También él salía del edificio y pude observarlo unos minutos sin que se diera cuenta. Me maravillaba la facilidad con la que se abría camino por entre la muchedumbre que se agolpaba a la entrada, y recordé que él había jugado fútbol en el colegio y en la universidad. Se desplazaba y esquivaba como un viejo defensa, saludando a unos y hábilmente evitando a otros.

Charlie Miliken era un hombre bien parecido, sin duda alguna. Poseía todos los atributos físicos que me atraían en los hombres: alto, rubio y ojiazul. Era el anglo perfecto en una ciudad de hombres bajitos y morenos, y resultaba fácil divisarlo en una multitud. Me sorprendió sentir una oleada de arrepentimiento al verlo sortear la muchedumbre. Si me hubiera casado con él cuando me lo propuso, estaríamos a punto de celebrar nuestro quinto aniversario... Asumiendo que siguiéramos casados.

—¡Lupe!

Charlie me había visto. Sabía que a la postre lo haría. Su antena funcionaba divinamente cuando se trataba de mí. Se abrió paso por entre la gente, empujando a varios para alcanzarme.

—¿Qué demonios haces aquí? —preguntó Charlie. Ajeno a las miradas de los que nos rodeaban, Charlie me abrazó y me besó ligeramente en los labios.

—Buscando unos expedientes —olía a lo mismo de siempre: un toque de cigarrillo mezclado con los restos del Jack Daniels de la noche anterior.

Me tomó del brazo y me escoltó hasta la calle.

—Pues ven a hacerme visita —dijo—. Ya casi termino el trabajo. Podemos ponernos al día.

Sospeché que Charlie tenía otros motivos para invitarme a su oficina además del de ponernos al día, pero lo acompañé de todos modos. No lo había visto desde hacía unos meses y estar con él siempre me alegraba.

Cuando pasó la lluvia, atravesamos la calle donde antes quedaba su oficina, en el edificio Graham, hasta el Metro Justice Building, donde la habían trasladado. Nos bajamos del ascensor en el tercer piso. Una recepcionista ubicada tras una división a prueba de balas nos hizo pasar.

Seguí a Charlie a lo largo de un sinuoso corredor, volteando en ángulo recto cada doce pies, pasando por incontables oficinas, hasta que llegamos a la de Charlie. Todos en la oficina del fiscal estatal parecían extenuados: los fiscales que regresaban de la corte, los empleados que pasaban con los expedientes apretados contra el pecho, las secretarias que sorteaban las llamadas frente a escritorios atiborrados de papeles.

El tiempo parecía detenerse allí; había una uniformidad perpetua en las estériles áreas de recepción, los corredores insulsos, los empleados sobrecargados de trabajo, mal pagados y poco apreciados. La única certeza que hacía seguir a los abogados era el saber que la oficina del fiscal estatal era un campo de entrenamiento para el trabajo en juicios. Los abogados recién graduados pagaban allí su deuda, trabajando horas absurdas con sueldos insultantes, hasta que pudieran establecer su práctica privada. Cuando lo hicieran, serían bienes muy apetecidos, ya que todo el mundo sabía que ser fiscal en el condado de Dade era el mejor entrenamiento posible para litigar. El ciclo se repetía infinitamente. Los fiscales sabían que en algunos años se enfrentarían a sus sucesores en los mismos tribunales, pero por una suma de dinero considerablemente mayor.

Charlie era la excepción. A los treinta y un años era un veterano en la oficina. Habría podido llegar ya a jefe de división si hubiera jugado mejor el juego, pero detestaba la politiquería de oficina. Era incapaz de adular a quienes no respetaba, y en consecuencia, pagó el precio. Era un idealista que gozaba encerrando a los malhechores en la cárcel, así fueran los mismos una y otra vez, dado lo que eran ahora las sentencias. Su falta de ambición para hacer algo diferente había sido un punto álgido en nuestra relación.

Charlie abrió la puerta de la oficina, a la cual nunca le ponía seguro. Supongo que pensaba que el lugar era un caos tal que alguien lo suficientemente valiente como para querer robarse algo de allí, se lo merecía. Soy testigo de ello; cada vez que entraba, rezaba para que mi sistema inmune fuera lo suficientemente fuerte para enfrentar todos los microbios y gérmenes que rondaban en el aire.

Cerró la puerta, retiró una pila que se balanceaba peligrosamente en un asiento, y con gesto majestuoso me indicó que me sentara. Me acomodé en el asiento de madera, contenta de llevar falda y camiseta oscuras. Así al menos no se notaría el mugre.

—¿Qué expedientes buscabas? —preguntó Charlie mientras abría el archivador. Sacó una botella de Jack Daniels y dos vasos de plástico del cajón inferior.

—Los de un ser despreciable —dije—. Lo de siempre.

—¿Encontraste lo que buscabas? —sirvió lo que parecían al menos tres pulgadas de *bourbon* en cada vaso—. ¿Alguien que yo conozca?

Después de darme mi vaso, Charlie se paró detrás de mí y empezó a masajear mis hombros llenos de nudos.

—Puede ser —respondí.

Era obvio que Charlie conocía a Pepe Salazar; había sido el fiscal en uno de sus cargos por allanamiento de morada algunos años atrás. Yo sabía que Charlie nunca olvidaba a aquellos que encerraba, aunque fuera por un delito menor.

Seguí tomándome el trago mientras Charlie trabajaba con mis músculos del cuello. Estuve tentada de confiar en él y preguntarle acerca de Salazar, pero decidí esperar. Podría dejar a Charlie en reserva para cuando necesitara información concreta. Él siempre me ayudaba, a pesar de todas sus protestas.

Miré por la ventana y vi que había pasado la tormenta, y había dejado el cielo lleno de delicadas tonalidades rosa y violeta. Apuré el último sorbo de *bourbon* y me paré. El masaje de Charlie comenzaba a sentirse demasiado bien.

—¿Te vas? —preguntó Charlie. Era claro que él tenía otros planes.

—Lo siento, tengo que trabajar. Gracias por el trago. Me empiné para besarlo, aspirando el agradable aroma de su cuello.

—Vuelve cuando quieras, Lupe —dijo Charlie, empezando a escarbar entre la desordenada pila de expedientes sobre su escritorio—. Mi puerta siempre está abierta para ti, eso lo sabes.

Me dio un gran alivio constatar que el Mercedes aún estaba donde lo había dejado, y en el mismo estado en que lo había visto por última vez. En realidad fue agradable caminar por el parqueadero porque la tormenta había refrescado el aire y se había llevado un poco del calor.

El tráfico estaba tan ligero que llegué a casa en media hora. Había tiempo suficiente para una nadadita en la piscina antes de los aperitivos y de la comida en la terraza con Papi, Fátima y las niñas. Lourdes estaba en el convento, lo cual me aliviaba. Había sido un día confuso para mí, y ella se habría dado cuenta inmediatamente.

Me acosté temprano y me estremecía al ver la absurda hora a la que había puesto el despertador, las cinco de la mañana. Haría turno de basurero antes del amanecer, y para ir a la cama con una actitud poco optimista no hay nada como saber que tienes que levantarte antes del alba.

14

—¡Mierda! ¡Nada aquí tampoco!

Levanté las manos en señal de frustración, al mismo tiempo que lanzaba un fragmento no identificable de desecho culinario color mostaza contra el zócalo de la pared. Estaba sentada en el suelo, con pocos ánimos para contemplar el grado de desorden que estaba haciendo.

Para una pareja que tomaba casi todas sus comidas por fuera, los De la Torre producían inmensas cantidades de basura. Según las bitácoras de los investigadores, Miguel y Teresa sólo tomaban el desayuno en casa. La única persona que comía allí regularmente era la empleada doméstica, que era menudita, pero aparentemente tenía un metabolismo de miedo.

Me quité los guantes de plástico y miré a mi alrededor. Me había tomado dos horas examinar la acumulación de tres días de basura de los De la Torre: dos horas de desechos de café, tostadas entrapadas, correo publicitario y verduras en descomposición. Sólo el plástico con el que había cubierto el piso había salvado mi oficina de la ruina total. El lugar olía inmundo y yo estaba extenuada. No era la primera vez que jugaba al arqueólogo, excavando entre las ruinas, pero la experiencia continuada no hacía el trabajo más agradable.

Me había despertado antes de que amaneciera para hacer el traslado de la basura. Las leyes de privacidad con respecto a la basura variaban de sector a sector, y el primer paso era determinar si la recolección de basuras de la jurisdicción la hacía el condado o si estaba contratada con una compañía privada. En este último caso no habría problema, dado que pocos empleados sanitarios del sector privado se negarían a recibir un crujiente billete de cincuenta dólares por colocar la basura de alguien en el baúl de tu auto en vez de hacerlo en el camión recolector.

En cuanto al otro caso, es ilegal sobornar a un empleado del condado, lo cual no significa necesariamente que el individuo no reciba el soborno, sino que la investigadora podría quedarse sin licencia si la pillaban. La ubicación de la basura en el exterior de la casa era crucial. Según las leyes de la Florida, es ilegal ingresar a propiedad privada para llevarse la basura. Pero si los botes o bolsas de basura han sido colocados en un área de servidumbre, entonces la basura es propiedad pública, y todas las latas de atún y colillas de cigarrillos están disponibles para quienquiera.

Miguel y Teresa vivían en Coral Gables, la zona costosa del condado de Dade, con canales, mansiones y calles sinuosas. La ciudad es la encargada de recolectar allí la basura, así que el soborno quedaba descartado. Lucy, mi investigadora subalterna, me había informado que los días de recolección de la basura de los De la Torre eran los martes y los viernes, alrededor de las siete y media de la mañana. Apenas supe esto, empezó a formarse un plan en mi mente.

La basura de los De la Torre estaba empacada en cuatro enormes bolsas de plástico verde ubicadas al lado de la casa, en propiedad pública. Yo había llegado una hora antes de que el ruidoso camión apareciera para la recolección establecida. Habría sido muy fácil cargar las bolsas en mi auto e irme. Pero no podía arriesgarme a que alguien se diera cuenta de la desaparición de la basura, o a que uno de los empleados sanitarios llamara a la puerta pensando que a la doméstica se le había olvidado sacar la basura, y créanme que en Coral Gables eso era posible. Así que después de subir las cuatro bolsas de basura de los De la Torre a mi auto, las reemplacé con otras llenas de periódicos arrugados.

Desafortunadamente, al llegar a mi oficina con mi tesoro, descubrí que los De la Torre no habían desechado nada de importancia. Esto quería decir que tendría que repetir todo el proceso, quizás varias veces. Eso no me molestaba tanto como había pensado; estaba contenta de estar inmersa en la investigación y trabajar hacia una meta.

A esas alturas del caso, como al comienzo de muchas investigaciones, yo ni siquiera estaba segura de lo que buscaba. Esperaba hallar algún patrón de comportamiento, adquirir la sensación de algo fuera de lo normal. Había organizado la basura que iba por categorías: facturas de tarjeta de crédito, correo desechado, recibos de teléfono. Este último ítem era importante, porque me permitiría rastrear cualquier llamada internacional hecha desde esa residencia. Era posible que Miguel o Teresa estuvieran involucrados en negocios internacionales, ya sea financieros o de otro tipo. Los recibos telefónicos eran mi mejor oportunidad de hallar información que de otra manera me sería totalmente inaccesible.

Empecé a recoger mis cosas, lista para regresar a casa, a tomar una ducha caliente y tirar mis malolientes jeans y mi camiseta en la lavadora. Antes de que pudiera terminar, alguien tocó suavemente a la puerta. Néstor entró, con expresión divertida.

Me alegraba verlo más relajado que de costumbre. Tal vez había doblado su asignación normal de dos horas de sueño cada noche. Aunque estaba entrando en los treinta, últimamente parecía estar en los cuarenta más que en los cincuenta, una notoria mejoría.

—Lupe, Lupe, ¿tu mamá nunca te enseñó que no se juega con la basura? —dijo. Bordeó el plástico para llegar a su sitio favorito, el sofá, mientras jugaba con las gafas de sol que llevaba en la mano—. Lucy me comentó que saldrías en turno de basura. ¿Te divertiste?

—Gracias por la consideración, Néstor —le dije—. Realmente hace que todo haya valido la pena. Ayúdame a enrollar este plástico. Tendré que rociarlo con la manguera allá afuera.

—Lupe, la basuróloga. Ay, lo siento, la ingeniera ambiental —se corrigió—. Nunca olvidaré lo que me enseñaste con respecto al robo de basura doméstica. Fue bastante educativo.

—Me encanta que te haya gustado. Ahora agarra ese extremo.

—¡Soy demasiado importante para eso! —dijo. Se estiró en el sofá, divirtiéndose—. Un hombre de mi posición no debe ensuciarse las manos.

Estaba a punto de echarlo de mi oficina, pero me detuve. Néstor sólo era así de insolente cuando estaba en forma, lo cual significaba que tenía información para compartir conmigo. Y detestaba que lo apuraran. Se retorció hasta medio sentarse y con indiferencia dobló un borde del plástico hacia el centro.

—¿Encontraste algo? —preguntó.

Moví la cabeza.

—Nada aún. ¿Por qué será que siempre pienso que voy a resolver el caso en la primera recolección de basura? ¿Por qué me torturo a mí misma?

Se rió.

—Diría que es la esperanza triunfando sobre la experiencia —dijo—. Todos somos culpables de ello. No nos gusta escarbar entre la basura de los demás, y por ello esperamos salir de eso rápidamente.

Se volvió a recostar en el sofá y se limpió las manos con el pañuelo. Mirando la pila de basura con desagrado, añadió:

—Este caso es muy extraño, al fin y al cabo todos nos estamos preguntando adónde nos llevará.

—Estoy totalmente de acuerdo —contesté, quizás con demasiada vehemencia.

Néstor meneó la cabeza mirándome como si tratara de adivinar mis pensamientos. Ambos nos tornamos incómodamente silenciosos, absortos en la basura como si fuera un mapa de nuestro futuro. Era imposible no percibirla, el olor era abrumador. Luego, Néstor se interesó en sus gafas de sol, las acercó a la luz y comenzó a frotarlas con un paño de gamuza que sacó del bolsillo de la camisa. Adoraba esas gafas; me había dicho miles de veces que eran mejores que cualquier cosa que hubiera podido comprar en República Dominicana.

—A propósito, tengo buenas noticias para nuestro caso —dijo lacónicamente—. Las obtuve en una cena de la iglesia a la que fui anoche.

Si Néstor captó mi expresión de absoluta sorpresa ante el hecho de que utilizara sus convicciones religiosas para obtener información, escogió no delatarse. Aunque siempre lo molestaba fingiendo asombro ante su religiosidad, yo sabía que para Néstor su congregación era su familia alterna. Cada vez que tenía tiempo libre —o sea, rara vez— estaba allí.

—Uno de los miembros se llama Verónica Peláez. Y da la casualidad de que trabaja en la oficina de correspondencia del *First Miami* —Néstor frotó las gafas—. Ha trabajado allí cinco años y el año pasado la encargaron de todo el departamento.

—Qué bueno —dije. Ambos sabíamos que esta era una fuente de información interna potencialmente enorme.

—Le hice algunas preguntas acerca de su trabajo. Supe que está en una posición en la que puede ver qué correspondencia viene dirigida a Miguel de la Torre. Pero hay un problema... —Néstor se enderezó en el sofá, lo cual era una señal de algo importante—. Verónica apreció mucho el que yo le pusiera atención. Francamente, creo que ningún hombre le había preguntado tanto acerca de ella. Y claro, no podía decirle que quería la información para un caso. Cuando fui al baño le comentó a mi hermana Bernadette que creía que yo estaba interesado en ella, pero que yo era demasiado tímido para demostrarlo.

Me cubrí la boca, tratando de no reír demasiado.

—¿Es bonita?

—Lupe, ¿cómo puedes preguntarme eso? —dijo Néstor—. Este es un asunto estrictamente de negocios.

—Sólo me da curiosidad —me encogí de hombros—. Alguna gente no puede evitar ser irresistible para el sexo opuesto, sabes. Es una carga que tendrás que soportar.

Si hubiera sido posible, Néstor se habría sonrojado. Pero era demasiado moreno.

—Odio esta parte del trabajo, Lupe —se lamentó—. Odio tener que usar a la gente amable para sacarle información. Verónica debe saber que yo no puedo pensar en nada serio con una mujer hasta que mi familia esté toda aquí. Pero no parece importarle.

—Estoy segura de que puedes cultivar una amistad inocente con ella, sin serles infiel a tus hermanos y hermanas —le sugerí.

—Lo sé, lo sé —dijo Néstor—. Y lo haré.

—Pero ten cuidado —agregué—. Los hombres que trabajan duro son extremadamente atractivos para algunas mujeres.

Néstor salió de mi oficina mascullando algo acerca de lo impredecibles que somos las mujeres. Cuando había salido, capté que nunca me había ayudado con el plástico. Yo no estaba en ánimo para hacerlo, así que lo rocié con Alpine Forever y lo dejé arrumado en un rincón por el momento. Había considerado deshacerme de él y comprar otro para la próxima vez, pero no quería acostumbrarme a malgastar los fondos de la compañía.

Me quedé un rato en mi escritorio. Quería irme, pero era demasiado gallina para enfrentar la mirada acusadora de Leonardo. Así que, en vez de salir, abrí una carpeta que Leonardo me había dejado sobre el escritorio. Contenía una acumulación de una semana de recortes de prensa sobre los De la Torre.

Los hojeé ociosamente. Leonardo había sido meticuloso y había recortado artículos de periódicos en inglés y en español. Saqué una lupa y miré más de cerca. Los retratos eran de algunos años atrás, pero la pareja no parecía haber cambiado mucho. Se veían igual a como los había visto en el entierro de Héctor. Las fotos y los artículos que las acompañaban provenían todos de las páginas sociales, y dado el mero volumen del fólder, parecía que los De la Torre no pasaban una sola velada en casa. Ese era un hecho que ya había confirmado a través de la bitácora de vigilancia de una de mis investigadoras.

Había foto tras foto de ellos en traje de etiqueta en banquetes y bailes de caridad. Aun en blanco y negro demostraban prestigio y poder social, y compartían la misma expresión benévola que les había visto donde Caballero. Miré más de cerca una foto de Miguel sacando a Teresa a la pista de baile, agraciado y confiado, saludando al fotógrafo con la mano libre. Esta gente había sido amiga cercana de los padres de Luis. Eran aristócratas desde siempre, primero en Cuba y ahora en Estados Unidos. Aunque había una sonrisa en sus labios, los ojos de Teresa miraban fijamente hacia delante, como si estuviera evaluando a un contendor. Cuando empecé a imaginar la mirada gélida del asesino en su rostro, supe que era hora de irme a casa.

Devolví los recortes a la carpeta y empecé a cerrar las ventanas. Timbró el teléfono y pensé en no contestarlo.

—¡Qué caray! —dije en voz alta y levanté el auricular—. ¿Aló?

—¿Te gustaría emperifollarte? —era Tommy—. ¿Quieres ir a un baile? Sabes, ¿como la Cenicienta y la calabaza mágica?

—¿Hablas en serio? —le dije un poco seca—. Detesto esas cosas —olía mal y estaba sudada. Se necesitarían unas doce lavadas para remover el olor a basura de mi cabello. Lo último que quería considerar era asistir a un baile de gala.

—Espero que no sea esta noche. Ya me comprometí a algo con Leonardo. Y tú sabes cuánto odio…

—Éste es diferente —susurró Tommy—. Creo que te interesará mucho.

—Está bien, me rindo —le dije—. ¿De qué baile hablas? ¿Se trata de un baile para recolectar fondos para los abogados defensores que ganan menos de un millón al año después de impuestos?

—Me pondré por encima de tu sarcasmo —dijo Tommy despectivamente—. Pero esto atraerá tu sentido de lo absurdo. El baile en cuestión es el Primer Baile Anual de la Amistad Cubano-Americana, y tendrá lugar en el Hotel Intercontinental.

—¿Y qué? —le respondí—. Me encanta que cubanos y americanos quieran llevarse bien. Mierda, después de cuarenta años, ya era hora.

Ya no me soportaba a mí misma. Escarbé en el bolso buscando perfume y me rocié todo el cuerpo. Ahora olía a basura más costosa:

desechos de café y huesos de pollo mezclados con Chanel No. 5 y purificador de ambiente Alpine Forever.

—Si tan solo te callaras y me dejaras terminar —Tommy hizo una pausa—, te enterarías de que estamos ubicados en una mesa con los grandes pilares de la comunidad, incluyendo, Lupe, a Miguel y Teresa De la Torre.

—Huy… —esta era realmente una oportunidad inesperada. Me pregunté si recordarían haberme visto en el velorio.

—Sabía que después de eso captaría tu atención. No todos los días uno comparte el pan con los malos, ¿verdad? —Tommy no podía ocultar el placer en su voz—. Tendrás una mejor oportunidad de acercárteles que la que tuviste donde Caballero.

—¿Por qué estamos invitados? —pregunté.

—Uno de mis socios, Marcel, compró una mesa para doce y me invitó —explicó Tommy—. Su esposa es amiga de Teresa de la Torre. Ambas participan en algunas juntas de caridad, y en el espíritu del baile, convenció a Miguel de invitar a amigos cubanos. Y dio la casualidad de que yo tengo una muy cercana.

Esto no me sorprendía; era un caso típico de contacto social. Toda la gente que contaba en Miami participaba en las juntas y comités de los demás. Era algo casi incestuoso.

—¿Cuándo es el baile? —pregunté. Pensé en el triste y descuidado estado de mi ropa. Una revisión mental rápida de mi clóset reveló que no tenía nada apropiado para ponerme.

Oí el crujido del papel.

—El sábado siete de junio —dijo Tommy—. Dentro de menos de una semana. ¿Quedamos en eso?

—Claro. No me lo perdería por nada del mundo. No hay ningún problema legal con que vayamos, ¿verdad? Después de todo, nuestro cliente nos paga para que descubramos cosas acerca de esta gente.

—Lupe, no hay conflicto de intereses, ni hay ley alguna que prohíba reunirse con la gente que uno está investigando —Tommy se rió—. Si tuviéramos que mantenernos alejados de la gente que investigamos, demonios, no tendríamos vida social alguna.

—¿Y tú no tienes problemas morales o éticos con esta situación? —sabía que mi pregunta sonaba ingenua, pero era importante ser cuidadosos.

—En absoluto —dijo Tommy seriamente—. Simplemente obtenemos una ventaja. Podemos estudiar a nuestros objetivos de cerca, en su ámbito social de preferencia, donde habrán bajado la guardia. Lupe, querida, parece que te estás ablandando.

—Tú sabes que no. Sólo estaba tratando de saber si nos podría salir el tiro por la culata.

Me distraje pensando. Parte de mí quería ver de cerca a la pareja e interactuar con ellos. Pero también tenía mis reservas. ¿Qué tal que me gustaran? ¿Qué tal que no? ¿Qué tal que perdiera la poca objetividad que me quedaba?

—De acuerdo, Tommy —le dije—. Desempolva las mancornas.

La vida no es justa. Un hombre puede conservar el mismo esmoquin que llevó para el grado del colegio —asumiendo que aún pueda abotonárselo— y estar listo para una ocasión de gala en cualquier momento. Para las mujeres, vestirse de gala era como planear una guerra, desde hallar la ropa interior apropiada hasta seleccionar los zapatos con el tacón perfecto. Tendría que empezar de cero a prepararme para el baile, como la Cenicienta, sólo que yo no tenía un hada madrina disponible en el momento. Parecía como si mi vida se estuviera convirtiendo en una búsqueda del tesoro: primero entre una montaña de basura, y ahora en busca de un atuendo decente.

15

Apenas llegué a la casa, me quedé debajo de la ducha mínimo veinte minutos. Subí al máximo la presión del agua caliente y me restregué hasta casi pelarme la piel. Usé como media botella de shampoo, a la vez que maldecía la profesión que había escogido. Al final, había logrado quitarme los últimos rastros de la basura de los De la Torre.

Mi clóset estaba en peor estado de lo que yo recordaba. Envuelta sólo en una gruesa toalla blanca y con el pelo en un turbante, revisé la ropa colgada. En primer lugar estaba buscando un vestido para la comida de esta noche con Leonardo, pero también necesitaba algo para el Baile de la Amistad Cubano-Americana.

Era demasiado para mí. Me recosté en la cama pensando cerrar los ojos durante unos minutos. No supe más hasta que sentí que Aída trataba de despertarme.

—Es Leonardo al teléfono —dijo excusándose—. Le dije que estabas dormida, pero insistió en que te llamara.

Yo sabía que Aída detestaba despertar a la gente. El sueño era sagrado para ella, cosa que yo entendía perfectamente. Yo pensaba lo mismo.

Me costó un gran esfuerzo sacar un brazo de las cobijas para tomar el teléfono y mascullar un saludo.

—No se te olvidó, ¿o sí? —como era típico, Leonardo hizo caso omiso de las formalidades.

—Claro que no. Estoy casi lista —le mentí. Abrí los ojos para mirar el reloj de la mesa de noche y casi salgo de la cama de un brinco. Las siete de la noche. Había dormido cinco horas.

—Vamos, Lupe. No estás lista —dijo Leonardo—. ¡Aída me dijo que habías dormido toda la tarde! Deja de mentirme y vístete. ¿Quieres que te recoja?

Yo sabía que su ofrecimiento tenía el único propósito de garantizar que yo llegara a tiempo a la comida. A veces mi primo parecía una anciana, una anciana bastante caprichosa.

—Ya me estoy levantando —le dije—. Ya me bañé, sólo tengo que vestirme. Nos vemos en... no sé, veinte minutos máximo. Conduciré a toda velocidad.

—Eso no significa nada. Tú siempre conduces a toda velocidad —podía imaginarme a Leonardo: en ese momento debía de estar mirando el reloj nerviosamente—. Son las siete y diez. Espero ver llegar tu auto a las siete y media.

—Vamos, dame una oportunidad —me lamenté—. Sólo llegaré media hora tarde. Ellos esperan que así sea, somos cubanos, ¿no?

Colgué pensando que sólo a los americanos se les ocurriría invitar a una cena a la absurda hora de las siete de la noche. Para los cubanos, eso era un almuerzo tardío.

Leonardo me había convencido de ir a esa cena hacía unos días; la ofrecía una pareja de amigos suyos, Elliot Barnes y Clive Houseman. Sabía que me divertiría una vez que llegara, pero estaba preocupada con el caso Delgado. Aunque, obviamente, ya era muy tarde para excusarme.

Elliot y Clive vivían en el *penthouse* del edificio de Leonardo en Grove. Los había conocido seis años atrás cuando Leonardo había abandonado la comodidad de la casa paterna por su primer apartamento. Elliot y Clive se habían presentado y ayudado a subir cajas y muebles. Le enseñaron a Leonardo lo que debía saber acerca del edificio, incluyendo divertidos chismes acerca de los otros inquilinos. Eran comerciantes de antigüedades y, como era de esperarse, su apartamento era exquisito. Era un dúplex, con altos cielorrasos, molduras talladas y cantidades de ventanas y luz natural. Siempre me parecía una casa en un árbol, pues estaba al nivel de las copas de los árboles que rodeaban el edificio.

Me complacía ser una de sus pocas amigas no homosexuales; aunque Elliot y Clive eran muy sociables, tendían a permanecer dentro de la comunidad gay. También agradecía mucho cuánto habían ayudado a Leonardo al convertirlo en su protegido y cuidar siempre de él.

Cuando pasaron las invitaciones, Elliot y Clive habían dicho que era una cena informal. Pero yo sabía lo que eso quería decir: informal para ellos significaba que no era de corbata negra. Ni shorts ni jeans me servirían. También sabía que a algunos de sus amigos les gustaba vestirse con ropa femenina, lo cual hacían con mucha elegancia. La idea de la fiesta comenzó a despertar mi sentido natural de competencia.

Volví a revisar el clóset, como si los trajes hubieran engendrado retoños chic mientras yo dormía. Mi estómago comenzaba a rugir. No quería salir, pero la comida sería abundante y deliciosa. La música sería perfecta para la ocasión, y la compañía sería original, si no escandalosa.

Había perdido casi cinco minutos soñando frente al clóset. Seleccioné un vestido rojo corto, ceñido y ligeramente escandaloso. Iba a decidirme por un par de sandalias negras de tacón alto cuando divisé unas zapatillas rojas con tacón aguja debajo de los zapatos viejos. Acercándolos al vestido, vi que no eran exactamente del mismo rojo, pero servirían. Las había comprado años atrás en Dadeland Mall; estaba trabajando clandestinamente en busca de un ladrón profesional, y eso me permitía comprar con descuento. Se me había ido la mano y había comprado demasiado. Casi todas las cosas estaban aún en sus empaques originales, sin que mano alguna las hubiera tocado.

Me maquillé rápidamente y me bañé en perfume para deshacerme de cualquier rastro de basura que quedara. Sólo siete minutos después ingresé al parqueadero del edificio de Leonardo. Mientras cerraba el Mercedes, lo vi parado afuera, verificando el reloj a cada segundo. Escuché los campanazos de una iglesia de Coconut Grove que anunciaban la media hora en el momento en que besé a mi primo en la mejilla con una dulce sonrisa. Realmente soy insoportable a veces.

Ya se había congregado un pequeño de grupo de gente en el apartamento; la mayoría de los invitados me eran conocidos de fiestas anteriores. Clive nos vio cuando entrábamos y antes de que pudiéramos cerrar la puerta ya nos había entregado unas grandes copas con margaritas.

—¡Guadalupe! —gritó lo suficientemente fuerte como para que todos oyeran—. ¡Estás divina! ¡El rojo es tu color! ¡Júrame en este instante que siempre te lo pondrás!

Pude constatar que Clive ya había probado varios de sus propios margaritas. Le apretó el hombro a Leonardo.

—Chico, debo agregar que tu atuendo es de buen gusto, apenas con el toque apropiado de flash —Leonardo contempló su relativamente aburridor traje de lino color crema, que había alegrado con una camisa de seda verde lima.

—Gracias, Clive —dijo—. Tu traje también está maravilloso.

En efecto, Clive se veía muy elegante en su traje de seda soberbiamente cortado a la medida.

—Déjame ver —dijo Clive poniéndose serio—. Creo que conocen a todo el mundo. Ah, excepto a Sergio.

Señaló a un hombre que estaba sentado solo en un sofá con cara triste.

—Sean amables con él —agregó Clive en voz baja—. Su amante acaba de morir. Vamos, te lo presentaré. Leonardo, no te importa hacer un turno de barman, ¿verdad?

—Claro que no —Leonardo se quitó el saco y comenzó a remangarse—. ¿Qué tan borrachos quieres a tus invitados?

—Un hombre como me gustan —dijo Clive—. Haz esos margaritas bien fuertes.

—¿Y no me preocupo por todas las células cerebrales que nunca se regenerarán? —preguntó Leonardo alegremente—. Bueno, le agregaré un poco más de lima a cada trago, por aquello de la vitamina C. Tiene que haber algo terapéutico para contrarrestar el alcohol.

Clive se puso la mano en el corazón melodramáticamente.

—Si eso te hace dormir mejor esta noche, Leonardo...

—Tu primo es un encanto —dijo Clive.

Me condujo del brazo a través del salón. Cuando llegamos al sofá, le dijo a Sergio con voz alegre:

—Sergio, te presento a Guadalupe Solano. Estoy seguro de que puedes llamarla Lupe. Este es Sergio Santiago, un paisano tuyo. Y ahora iré a ver si alguien necesita algo.

—Hola —dije, sentándome en el sofá de cuero. Podía ver por qué Sergio estaba solo; parecía un hombre que no quería ser molestado—. Encantada de conocerte. ¿Por qué conoces a Clive?

—Vamos al mismo gimnasio —dijo Sergio—. Me habló acerca de ti y de tu primo antes de que ustedes llegaran. Les tiene mucho cariño.

Sergio hablaba suavemente, y tenía ojos profundos cuya ternura y vulnerabilidad me recordaban los de un cervatillo. Hablamos de cualquier cosa hasta que Clive anunció que la comida estaba servida.

El grupo entero, de diez personas, se desplazó hacia la fantasía estilo *art-déco* que servía de comedor. La decoración estaba dominada por un juego de figuritas de Erté y vidrio ahumado que cubría las paredes y le daba al salón una sensación de espacio ilimitado. No había instalaciones para luz eléctrica en el salón que estaba iluminado solamente por altos velones dispuestos a lo largo de las paredes. Las cortinas de terciopelo rojo con borlas doradas protegían el salón de la luz natural, creando un efecto de sala de burdel. Cuando la gente comía allí por primera vez, en la mesa de comedor de vidrio con borde dorado montada sobre columnas corintias a la altura del muslo, a menudo perdían las ganas de comer mientras se acostumbraban al ambiente surrealista.

Asumí que, como era la única mujer genética presente, me sentarían al lado de Clive, en el puesto de honor. Y efectivamente, cuando anunciaron la comida, me escoltaron al puesto a la derecha de Clive. A su izquierda estaba Sergio. La comida estaba espectacular: medallones de ternera en salsa de champiñones, papas gratinadas, y una mezcla de verduras cortadas en formas que yo sólo había visto en revistas. Todo acompañado de una experta selección de vinos y postres, montañas de sorbete helado con salsa de chocolate caliente y fresas.

Estaba gozando de mi placer, observando de cuando en cuando cómo le iba a Leonardo, que estaba en la otra punta de la mesa, cuando escuché las palabras *First Miami* seguidas del nombre de Miguel de la Torre. Salí bruscamente de mi ensoñación, tratando de no parecer demasiado interesada en lo que hablaban Clive y Sergio.

—Recuerdo perfectamente haberle dicho que yo era gay cuando me contrató —le dijo Sergio a Clive—. First Miami es una institución conservadora y yo no quería problemas más adelante. De la Torre pareció sorprenderse, no de que fuera gay, creo, sino de que fuera tan directo al respecto. Dijo que mientras no hiciera alarde de ello y no interfiriera con mi trabajo, no habría problema. Me dijo que estábamos en los años noventa, y que ya a nadie le preocupaba eso.

Clive asintió con simpatía y me honró con una leve sonrisa cuando se dio cuenta de que yo escuchaba.

—Y así fue, hasta que Mario se enfermó —continuó Sergio—. Yo había trabajado seis años para Miguel. Pensé que teníamos una relación bastante buena. No puedo creer que haya resultado tan sinvergüenza.

Clive parecía no saber qué contestar, así que intervine.

—Perdóname, Sergio —le dije—, ¿acabas de mencionar a Miguel de la Torre?

—Sí, exactamente. El sinvergüenza —Sergio estaba bastante

tomado y habló lo suficientemente alto como para que las demás conversaciones cesaran abruptamente—. He sido su asistente personal durante seis años. Nos llevábamos superbien, hasta ahora.

Los ojos de Sergio estaban enrojecidos. Apretó tan fuerte la copa de vino que yo temí que se fuera a romper por el tallo.

Clive me habló en un tono que yo sabía era para calmar a Sergio.

—El problema, Lupe, es que el amante de Sergio, Mario García, se enfermó. Cuando el sida avanzó, le salieron llagas y sentía mucho dolor. Decayó rápidamente, tú sabes cómo es eso. Los médicos dijeron que a Mario le quedaban sólo unos meses de vida y Sergio era la única persona que podía cuidarlo.

—¿Y la familia? —pregunté—. ¿No podían ayudar ellos?

—Vamos, Lupe, son cubanos. Tú sabes lo que eso significa —Sergio se rió con amargura.

—Cuando Mario les dijo que se iba a vivir con Sergio —añadió Clive—, le dijeron que ya no era su hijo.

—Claro que era hijo único —dijo Sergio—. Pero no es que el nombre se fuera a acabar, hay bastantes Garcías en el mundo.

—Cuando las cosas se agravaron, Mario quería morir en su casa —dijo Clive—. Yo me acuerdo. Era lo único que quería.

—Di gracias a Dios cuando el hospital me permitió llevármelo —dijo Sergio con voz hueca—. No podía curarlo, pero podía velar por que muriera en paz y con dignidad.

No había nada que yo pudiera decir. Había conocido otros, más y más, parecía que habían vivido la pesadilla del sida. El silencio compasivo parecía ser la única respuesta apropiada.

—Pues yo tenía un poco de licencia por enfermedad y por vacaciones acumuladas —dijo Sergio, mientras miraba el mantel—. Le iba a pedir al señor De la Torre seis semanas más para cuidar a Mario. Se estaba yendo muy rápidamente. Sabía que era mi única oportunidad.

—¿Y qué pasó? —pregunté.

Los ojos de Sergio se tornaron fríos.

—Miguel sabía de la existencia de Mario cuando me contrató. Yo no quería que se volviera problema después, así que no lo mantuve en secreto —Sergio miró a Clive como buscando confirmación y Clive asintió—. Pero cuando le pedí la licencia especial ni siquiera quiso discutirlo conmigo. Le expliqué todo pensando que entendería. Y el maldito manual de empleados del banco dice que éste puede autorizar licencias compasivas en circunstancias especiales, pero sólo con permiso del jefe. Y él me lo negó de plano.

—¿Qué pasó? —pregunté—. ¿Te retiraste?

—No podía —dijo Sergio—. Mario y yo vivíamos de mi sueldo para ese entonces. Su seguro había sido cancelado y teníamos miles de cuentas por pagar. Todas esas drogas son costosísimas. Pobre Mario... gracias a Dios está descansando en paz.

Callé por un momento, y luego dije sin pensar:

—Así que todavía trabajas con Miguel de la Torre... Yo habría pensado que renunciarías después de la muerte de tu amante.

Sergio hizo un gesto de odio.

—Pensé irme a otro banco, pero no quería empezar de nuevo en otra parte. Traté de que me trasladaran a otro departamento, pero él no me lo permitió. Dijo que había invertido mucho tiempo y energía en entrenarme. Yo sabía que él pensaba que me recuperaría, que la muerte de Mario me había vuelto irracional.

—El jefe de Sergio es el gran jefe del banco —explicó Clive, aunque yo ya lo sabía—. Así que no hay con quién quejarse.

—De todos modos necesito el trabajo —dijo Sergio tomando un gran sorbo de vino—. Mario me dejó muchas deudas. Pero les digo que algún día me vengaré por esto. Si no hubiera sido por De la Torre, Mario habría muerto entre mis brazos y no mientras yo estaba en la oficina. Habría muerto con dignidad y no lleno de preocupaciones, en los brazos de extraños. Habría tenido paz.

Abrí la boca para hacer otra pregunta cuando Clive explicó:

—Mario murió en el Jackson Memorial.

—Indigente. Un maldito caso de caridad —dijo Sergio—. Creo que De la Torre se siente culpable, porque me dio un aumento simbólico un mes después de la muerte de Mario. El desgraciado creía que así me iba a comprar.

Un silencio incómodo imperó en el comedor hasta que Elliot se levantó y le pidió a Clive que le ayudara a alistar el café. La conversación durante el resto de la velada fue mucho más ligera, e incluyó una descripción comiquísima de unas vacaciones en el Caribe de Pete y Julio, una pareja que había conocido en un asado unos meses antes.

Yo sabía instintivamente que me había topado con una mina de oro, pero era mejor esperar. No quería parecer insensible, y realmente lo sentía por el pobre hombre. Había sufrido más de lo que la gente debe sufrir. Después del café, Sergio se despidió y partió para su casa, solo y triste. Era realmente desgarrador.

La velada se convirtió en una ocasión para bailar y beber. Estaba bailando con Leonardo cuando un tipo llamado Bernardo trató de interrumpir; Leonardo y yo nos miramos sin saber con cuál de los dos quería bailar. Decidí que ese no era el momento de ver a mi primo abrazado a otro hombre, así que me lancé en brazos de Bernardo. Era definitivamente mi tipo de hombre, lástima que fuera gay.

Eran pasadas las doce cuando Leonardo me acompañó al estacionamiento. Me sentía agradablemente plena de comida y de vino, pero mi mente volvía sobre Sergio a cada momento. Lamentaba no poder sentir sólo compasión por él, pero, profesionalmente, tenía que ver cómo podía explotar la situación para beneficio de mi cliente. Este tipo de indiferencia era esencial para una investigadora exitosa, pero también era uno de los aspectos menos agradables del trabajo. No podía permitir que mis sentimientos fueran un obstáculo. Siempre era una suerte hallar a alguien que tuviera acceso interno al objetivo de una investigación. Ahora tenía a dos de ellos, contando a Verónica, la amiga de Néstor.

Mientras conducía hacia la casa, me pregunté si Lourdes habría rogado por la intervención divina en mi trabajo, porque estas coincidencias me parecían milagrosas. Siempre que era así de afortunada me preguntaba si la Virgen estaba compensando, por intermedio mío, el trabajo de Lourdes para la Iglesia. Quizás la Virgen pensaba que Luis se lo merecía y estaba trabajando extra en beneficio suyo. O tal vez era sólo un pensamiento optimista y yo me estaba imaginando que tenía su protección.

Era tarde cuando llegué a casa y estaba cansada, pero también estaba tensa y quería compartir mis buenas nuevas con Tommy. Sabía que estaría despierto cuando yo llamara: era un insomne incurable, el tipo de hombre cuya velada empieza con David Letterman. Caminé hacia mi alcoba, paré en la cocina y saqué media botella de Veuve Clicquot de la nevera. La descorché por las escaleras y haciendo caso omiso de las copas de champaña que Aída mantenía frías para estas situaciones, me la tomé directamente de la botella. Me detuve unos momentos a pagar tributo al genio de los franceses.

Ya en mi alcoba me quité el apretado vestido rojo y los zapatos de tacón aguja. Me recosté desnuda sobre la cama y marqué el teléfono de Tommy. Tal como lo esperaba, contestó al primer repique, alerto y bien despierto.

—¿Qué pasó, Lupe? —preguntó—. ¿No puedes dormir, o no puedes dejar de pensar en mí? —parecía realmente esperanzado.

—¿Recuerdas cuando te hablé de los vecinos de Leonardo: Elliot y Clive? ¿Los comerciantes de antigüedades? —silencio del otro lado. Tommy no era siempre el mejor escucha, especialmente si se trataba de temas ajenos al trabajo y al romance. Tomé otro sorbo de champaña—. Pues estuve en una comida en su casa esta noche.

—Lupe, asumo que esta historia tiene un propósito —Tommy parecía de mal humor; no era ésta su respuesta habitual cuando yo lo llamaba tarde en la noche. Debí haber interrumpido algo importante en la televisión.

—Sí, tiene un propósito —le dije con algo de enfado—. Allí conocí a un joven llamado Sergio Santiago.

—Te escucho.

—Es el asistente personal de Miguel de la Torre en el *First Miami*.

—Ya veo —dijo Tommy—. Y lo convenciste de que te ayudara con tu investigación de las actividades de su jefe, lo cual puede hacer que lo despidan, además de garantizar que nunca jamás en su vida vuelva a conseguir trabajo en un banco. Y eso, sin mencionar el hecho de que podrían acusarlo de revelar secretos bancarios.

—No le pedí nada —dije, un poco molesta con Tommy por desilusionarme—. Apenas lo conocí esta noche.

—Entonces no te entusiasmes tanto. Tú sabes que eso no conviene —Tommy debió haber captado mi cambio de ánimo porque su voz se suavizó—. Lupe, querida, me parece maravilloso que hayas encontrado a este tipo. Sólo mantenlo en tu mente como una fuente posible. Podría resultar más problemático que otra cosa.

—La cosa es que Sergio desprecia a Miguel —le conté a Tommy toda la historia, agregando que quizás podríamos utilizar ese resentimiento—. Parece que Sergio es su mano derecha. Probablemente sepa dónde están enterrados todos los huesos.

—¿Qué huesos? Estás asumiendo que hay huesos. Lupe, escúchame —Tommy suspiró—: una cosa es que el tipo se desahogue en una fiesta después de no sé cuántos vasos de vino, y otra es que arriesgue su carrera para ayudarte.

—Te digo que Sergio odia a Miguel de la Torre —dije—. Lo vi en sus ojos.

Yo no era tan ingenua como para pensar que la falta de consideración de Miguel hacia la situación de Sergio implicara necesariamente que Miguel fuera malo. Después de todo, Miguel era un cubano de mediana edad, heterosexual y casado —no exactamente el tipo de persona más liberal—, así que su actitud no era una total sorpresa. Y la ira y la frustración de Sergio al perder a su amante debido al sida podría haber hallado un escape conveniente en la figura de su jefe.

Quizás Tommy tenía razón y yo estaba saltando a conclusiones y hallando muestras del carácter dudoso de los De la Torre por todas partes. Obviamente, tener adentro a alguien con un resentimiento era algo positivo para el caso.

—Está bien, todavía hay varias incógnitas —acepté—. Es muy pronto dentro de la investigación. Es posible que Miguel y Teresa sean los ciudadanos ejemplares y prestantes que parecen ser. Mantendré mi escepticismo, pero te digo que tengo un presentimiento acerca de esto.

—Pues confío en tus instintos —concedió Tommy—. Por eso eres la mejor investigadora de la ciudad. Sólo recuerda: hablar es una cosa; actuar es otra.

Mientras lo tenía en la línea, lo puse al día sobre la venta del diamante de Luis, la oportunidad de Néstor con Verónica, la vigilancia de la casa de los De la Torre por los investigadores subalternos y mi traslado de basura. Prometí enviarle un informe escrito por la mañana.

Una mirada al reloj de la mesa de noche me indicó que eran las dos de la mañana. En pocas horas habría estado despierta veinticuatro horas completas, excluyendo mi larga siesta de por la tarde. Me despedí de Tommy y apagué la luz. Creo que ya me había dormido antes de que se oscureciera la habitación.

16

—Papi, ¿qué tan bien conoces a Miguel de la Torre?

Mi papá y yo tomábamos café con leche en la terraza mientras esperábamos el banquete que Aída estaba preparando en la cocina. Hacía rato que no desayunábamos los dos solos. "Demasiado rato", pensé.

—Lo conozco desde hace mucho tiempo —Papi me miró extrañamente—. Todo cubano de mi generación en Miami lo conoce bastante bien. ¿Por qué preguntas?

—Por nada especial. Su nombre surgió en una conversación el otro día —detestaba mentirle a mi papá, pero no podía involucrarlo en el caso—. Un cliente americano me preguntó si lo conocía. Le dije que acababa de conocerlo y que lo conocía de nombre. ¿Cuál es su historia? Ellos se vinieron con la primera oleada, ¿no?

Mi padre sabía exactamente a qué me refería yo. La "primera oleada" de cubanos en llegar a Miami lo hizo en los primeros años después de la revolución, entre 1959 y 1963. Eran considerados la aristocracia adinerada y educada de Cuba. Muchos habían previsto el futuro que les esperaba bajo Fidel Castro y habían logrado sacar su dinero. La mayoría tenía inversiones anteriores en Estados Unidos, así como conexiones que les permitieron vivir cómodamente en el exilio hasta que hubiera un cambio político en la isla. Ellos eran los afortunados. Habían perdido su patria y tenían que llevar un estilo de vida inferior al que estaban acostumbrados, pero sus nuevas vidas estaban generalmente exentas de dificultades.

—Así es —respondió Papi—. A Miguel y a su esposa, Teresa, les ha ido muy bien aquí. Tuvieron visión. No perdieron el tiempo lamentándose por haber tenido que dejar a Cuba. Pusieron su dinero a trabajar inmediatamente.

Me sorprendió un poco la vehemencia del tono de Papi. Era claro que admiraba a los De la Torre.

—Sospecho que les fue aun mejor aquí de lo que les habría podido ir en La Habana —agregó—. Pero esa es sólo mi opinión.

Papi volvió a llenar su taza con una mirada distante en los ojos. Se estremeció un poco al tomar un sorbo: el café era muy fuerte, como le gustaba. Miró a través de la bahía hacia Key Biscayne, sin duda pensando acerca de sus primeros años en Estados Unidos. Nuestra familia también pertenecía a la primera oleada. Mami y Papi habían llegado como una pareja joven con una bebita, mi hermana Fátima. Éramos de los más afortunados: mis padres y mis abuelos habían podido salir de Cuba con sólo seis meses de diferencia, lo mismo que los demás miembros de nuestra familia extendida, primos, tíos, tías. No quedaba en Cuba nadie de nuestra familia.

Antes de la llegada de los cubanos en los años sesenta, Miami era una somnolienta ciudad sureña. Los cubanos se adjudican el mérito de haberla revitalizado convirtiéndola en una ciudad cosmopolita. Sin embargo, hay escépticos que alegan que la invención del aire acondicionado puso a Miami en el mapa: antes de eso, era imposible vivir en Miami todo el año. Cualquiera que sea la razón, Miami se convirtió en una ciudad bulliciosa con diversos grupos étnicos que le daban una vitalidad sin precedentes.

Inevitablemente, los cubanos habían comenzado a afectar la estructura imperante en el condado de Dade, no sólo en la política, sino también en los negocios. Los americanos que habían tenido el control durante décadas súbitamente sintieron que el equilibrio del poder se desplazaba y no les gustó. Era un juego diferente, con nuevos jugadores que hacían sus reuniones en español, usaban guayabera, tomaban un café increíblemente fuerte y tenían bastante dinero. Pasó el tiempo y se llegó a una especie de tregua incómoda, basada en la aceptación de que los cubanos se quedaban. Era evidente que todos tenían que tratar de entenderse, si no haciéndose amigos, al menos coexistiendo pacíficamente.

—Sabes, Lupe, tu mamá conocía bastante bien a Teresa de la Torre —dijo Papi—. Participaban en varias juntas de beneficencia.

Me animé.

—¿En serio? ¿Y qué pensaba Mami de Teresa?

Papi suspiró.

—Tú sabes cómo era tu madre, nunca dijo nada malo de nadie. Era una santa.

Papi miró realmente hacia el cielo como si pudiera ver el rostro de su mujer allá arriba. Me pregunté por qué habría podido mi madre tener una mala opinión de Teresa, esa era la implicación de las palabras de Papi. Antes de que pudiera pedirle que me lo aclarara, nos interrumpió una voz.

—¿Santa? —dijo Lourdes caminando hacia nosotros—. ¿Alguien me llamó?

Lourdes estaba vestida en su típico estilo de misionera, con un atuendo verde oliva de Banana Republic, como si estuviera a punto de salir hacia el África profunda para convertir a los nativos al catolicismo.

—Entonces, ¿quién es la santa? —preguntó al sentarse—. Creo que ese es mi departamento.

—Papi estaba hablando de Mami —le contesté. Lourdes asintió. Habían pasado siete años desde la muerte de Mami, pero todavía añorábamos su presencia.

Osvaldo apareció, tambaleándose bajo el peso de una gran bandeja de plata. Empezamos a comer, primero los huevos revueltos con tocino, luego los mangos exquisitamente maduros. Mi parte preferida del desayuno consistía en mojar el mantequilludo pan cubano, tostado perfectamente hasta adquirir un tono dorado, en el café con leche y devorármelo. Éramos la pesadilla de un nutricionista.

Después del desayuno, Papi se echó para atrás en la silla y encendió lo que yo esperaba fuera su primer cigarro del día. Fumó un rato y luego se paró, listo para entrar.

—Deberían comer aquí más a menudo —dijo—. Las extrañamos.

—Gracias, Papi —dijimos Lourdes y yo.

—Bueno, me voy a la oficina —se estiró—. No se metan en líos hoy.

Lourdes y yo lo miramos irse.

—Sabes, cada vez que vengo me dice que regrese a casa —dijo Lourdes—. Es tentador, pero no se vería bien. Yo soy monja. Hice un voto de pobreza. ¿Cómo podría vivir en una casa de diez alcobas en Cocoplum?

Pensé por un momento.

—Pues podrías tomar el cuarto de atrás, sabes, el que mira hacia la calle sin vista a la bahía. La peor alcoba de toda la casa.

—No creo que funcione —dijo Lourdes con un suspiro mientras partía un pedazo de pan—, pero, imagínate, la cocina de Aída tres veces al día. Estaría en el Cielo antes de tiempo.

Seguí mirándola comer. No entendía cómo hacía para mantenerse tan delgada.

—A propósito —le dije—, Aída me dijo que Papi anda con unos tipos raros que están empeñados en regresar a Cuba. ¿Sabes algo de eso?

—Nada más de lo habitual —dijo Lourdes—. Papi siempre está planeando lo que va a hacer después de Fidel, ¿no? ¿Qué tiene esto de nuevo?

—Pues eso fue lo que yo dije.

Lourdes parecía preocupada.

—No le habrá dado por trasladar de nuevo a Mami, ¿no? Tú sabes que a ella no le gusta dormir en el *Hatteras*.

Me reí.

—No, que yo sepa. Pero tanto Aída como Osvaldo están preocupados. Creen que esta vez se trata de algo diferente y no les gustan esos hombres.

—A Aída no le cae bien nadie, tú sabes eso —dijo Lourdes, con total falta de interés—. ¿Y de qué estaban hablando tú y Papi cuando yo llegué?

Traté de pensar por un momento en cómo contestarle sin ser evasiva; pero al final decidí ser directa. Rara vez valía la pena tratar de ocultarle algo a Lourdes.

—Le pregunté qué tan bien conocía a Miguel de la Torre, lo vimos en el entierro de Héctor, ¿recuerdas?

—¿Ah sí? —preguntó Lourdes—. Mami conocía a Teresa de la Torre. Recuerdo que un día Mami llegó de una reunión de beneficencia y me habló de ella.

Traté de no aparecer demasiado interesada.

—¿Y qué dijo?

—Pues no era tanto sobre Teresa específicamente, sino en general sobre la sociedad cubana en el exilio —dijo Lourdes—. Tú sabes que a Mami no le gustaba mucho la sociedad cubana de Miami. Ella decía que estaba en todas esas juntas porque sentía compasión por la gente a la que ayudaban, no por figurar.

—¿A quién se refería? ¿A Teresa? —no pude evitar la alusión, aunque yo sabía que Lourdes nunca admitiría abiertamente que nuestra madre hubiera tenido fuertes sentimientos negativos hacia alguien. Yo, sin embargo, podía admitir que Mami era humana. Tenía fallas también, no muchas, pero algunas.

—Quizás —concedió Lourdes—. A Mami no le gustaba hablar mal de la gente, pero sí dijo alguna vez que Teresa se hacía nombrar en todas esas juntas más que todo porque eran un vehículo para sus aspiraciones sociales. Mami debió cuestionar mucho las motivaciones de Teresa para que haya dicho tanto como dijo.

—¿Qué más dijo sobre la sociedad cubana? A mí nunca me habló de eso.

Mi curiosidad se había despertado. Mis instintos me decían que para llegar al meollo de la relación entre los De la Torre y los Delgado tenía que entender el mundo en que se movían en Cuba. Y, además, quería saber más acerca de la vida de mi familia en Cuba.

—Mami tenía opiniones muy definidas acerca de la sociedad cubana, tanto en Cuba como en el exilio —dijo Lourdes. Se sirvió otra taza de café y se echó hacia atrás lista para educar a su hermana menor—. Y Mami podía ser una observadora muy crítica de los cubanos, o sea que debes tomar lo que te diga con cierto escepticismo.

—Suena bastante sustancioso —dije. Y lo era.

Mami le había dicho a Lourdes que el esnobismo cubano no tenía igual en ninguna parte, lo cual la molestaba, porque era bastante igualitaria. Le dijo a Lourdes que tener plata en Cuba no garantizaba la aceptación en la sociedad. Sólo cuando el dinero era de tercera o cuarta generación y obtenido legítimamente, se volvía realidad esa aceptación. Sólo entonces el dinero "nuevo" se volvía "viejo".

Aquellos que no eran nadie en Cuba encontraron una situación diferente en Estados Unidos. Aprendieron rápidamente que en este país quién eras y de dónde venías no era tan crucial como en Cuba. La gente aprendió que podía ser aceptada por sus propios méritos y que se aplaudía el éxito económico, no importaba cuán nuevo fuera el dinero ni cómo se hubiera obtenido. Era posible convertirse en pilar de la sociedad sin el beneficio de un "pedigrí" de un metro de largo.

Esta nueva libertad social también cobró sus víctimas. En Estados Unidos el divorcio no era estigmatizado como en Cuba. Allí, muchos matrimonios se mantenían unidos sólo por la fuerza de la presión social. Pero como el divorcio era tabú, muchos hombres hallaban satisfacción con amantes, mientras que sus esposas se dedicaban a los niños. Dado que las parejas de clase alta podían llevar vidas totalmente separadas, los matrimonios, que de otra manera habrían estado condenados al fracaso, perduraban. Claro que algunas mujeres también tenían sus romances, pero dadas las restricciones a las mujeres y el alto precio que pagarían si las descubrían, realmente eran excepciones. El clásico doble estándar era definitivamente muy fuerte en la alta sociedad cubana.

Al llegar a Estados Unidos, estas parejas, muchas de las cuales llevaban veinte o más años de matrimonio, se enfrentaban a la temible realidad de que por primera vez iban a tener que estar juntos todos los días. Al comienzo, estos matrimonios aguantaron por razones económicas. Después de todo, si a un marido le costaba trabajo mantener un hogar, no podía mantener dos. Las esposas también estaban atrapadas por su carencia de habilidades comerciales. Pero después de estar en Estados Unidos durante unos años y cuando habían mejorado sus situaciones económicas, subió la tasa de divorcios. Ya nada era como había sido en Cuba.

Las damas de la sociedad cubana también tenían memorias prodigiosas. Sabían exactamente la abuela de quién era hija de esclava, y el bisabuelo de quién era el producto de una relación ilícita entre el hijo del dueño del ingenio y la hija del administrador. No había secretos y casi nada se perdonaba o se olvidaba.

Era bien sabido que ciertos hombres tenían dos familias en Cuba: una esposa e hijos legítimos, y una amante con hijos ilegítimos. Algunos de esos hombres habían pagado para traer a ambas familias a través de los estrechos de la Florida, lo cual les había causado problemas económicos y sociales. La diferencia de estatus de la segunda familia se había reducido notoriamente en Estados Unidos, y los acuerdos informales empezaron a desaparecer. Aunque el divorcio era aceptado aquí, otras costumbres sociales no eran tan permisibles ni entendidas como lo eran en Cuba. Y mientras que en Cuba la gente sabía cuál era su lugar y su posición, los americanos no entendían esos conceptos. La vieja guardia se preguntaba si todavía quedaba alguna regla.

Yo estaba totalmente fascinada con todo lo que Lourdes me estaba contando. No sabía nada de eso. Y para completar, no recordaba que Lourdes hubiera hablado tanto y de un solo golpe.

—Entonces... ¿Comentarios? ¿Reacciones? —me preguntó.

—¿Así era como funcionaban las cosas? —pregunté.

—Eso fue lo que Mami me explicó —dijo Lourdes con sencillez—. Así lo veía ella.

Eran casi las diez, hora de irme a la oficina.

—Prefiero las cosas como son ahora —dije—. Parece que la mujer se podía convertir muy fácilmente en una ciudadana de segunda clase. Y yo sé que no habría podido mantener mis opiniones calladas.

—Totalmente de acuerdo —dijo Lourdes—. Tenemos nuestra dosis de hipócritas, pero al menos algunos pagan por serlo.

Le dije a Lourdes que tenía que irme y le di un beso en la mejilla. Caminé rápidamente, fingiendo no oír cuando me preguntó:

—Oye, ¿por qué querías saber acerca de Teresa de la Torre? ¿Lupe?

Pero yo ya me había ido.

17

Mientras conducía hacia Coconut Grove, me daba vueltas en la cabeza lo que Lourdes me había contado sobre la sociedad cubana de antes y después del exilio. Estaba intentando reconciliar esta información con los De la Torre y su prestigio social en Miami. Lo que sabía sobre ellos consistía en un par de visiones diametralmente opuestas: por un lado, la versión de Luis, así como la de Mami y Sergio, acerca de su maldad y avaricia; por el otro, la visión pública general de que eran prácticamente dioses. Miguel y Teresa de la Torre habían sido puras abstracciones hasta este momento, vagos bosquejos y no personas de carne y hueso. Lo que necesitaba ahora eran datos concretos.

Tan pronto como llegué a la oficina, llamé a Néstor.

—¿Qué hay con respecto a los asuntos financieros de los De la Torre? —le pregunté.

—Todavía no he logrado hacerlo —me contestó un poco avergonzado—. Apenas he comenzado a buscar los registros públicos, y estoy esperando a ver qué nos llega. Estaba pensando en ir hoy a la biblioteca para revisar lo que dicen los periódicos.

No le iba a poner problemas a Néstor por haber empezado tarde. Se había ganado mi respeto, y yo sabía que al final me cumpliría.

—Qué suerte que te encontré antes de que salieras —le dije—. Además de la información financiera, consígueme también lo que puedas sobre sus asuntos personales. Ya sabes, cosas que aparecen en los periódicos. Giras por la casa, noticias de farándula, especialmente lo que encuentres sobre Teresa.

—Dios mío, me voy a pasar días en ese lugar —se quejó Néstor—. Seguro que a esos dos les han dedicado miles de artículos.

—Bueno, entonces va a ser mejor que empieces ya —le dije—. Y lleva cuenta de las horas que te tengo que pagar.

Leonardo golpeó en la puerta y anunció con voz agitada:

—Joe Ryan al teléfono. Dice que tiene que hablar contigo inmediatamente.

Le dije a Néstor que tenía que irme, y apreté el botón de la otra línea.

—Lupe, estoy llamando desde el frente de la casa de nuestro objetivo —dijo Joe. Era un profesional y sabía que el nombre del objetivo no se dice por teléfono—. Vine para relevar a Mike, pero no está aquí. ¿Le dijiste que se fuera o qué?

—No, claro que no. Pero… Espera un momento —le dije un poco confundida—, ¿no se supone que tú tienes el turno de la tarde?

—Sí, normalmente sí. Pero hoy cambiamos horarios. El hijo de Lucy está enfermo, así que Mike y yo nos repartimos su turno. Él se hizo cargo desde la media noche hasta el mediodía, y yo del mediodía a la media noche.

Esto no era nada fuera de lo normal; los tres investigadores de menor rango habían trabajado juntos en otras ocasiones y siempre habían mostrado disposición para ayudarse.

Lo anormal era que Mike no estuviera en su posición. Todos sabíamos que era vital mantener la vigilancia sin interrupción. Sentí un vacío de ansiedad en el estómago.

—¿Ya intentaste llamarlo? —le pregunté.

—Claro —dijo Joe—. Lo llamé al *beeper*, al celular y a la casa. Nada. No responde.

Sentí como un zumbido en los oídos. Algo andaba mal.

—Encontrémonos en Cocoplum Circle —le dije—. Salgo ya mismo.

Agarré el bolso, salí disparada de la oficina y me detuve un momento ante el escritorio de Leonardo.

—No podemos localizar a Mike —le dije—. No está en su puesto de vigilancia.

—Eso es muy raro. Él… —empezó a decir Leonardo.

—Ya sé. Voy a mirar qué está pasando. Si llama, me contactas inmediatamente.

Corrí hacia el auto, lo encendí y me lancé a la calle sin mirar ni a izquierda ni a derecha. Sabía que lograría llegar en pocos minutos si me pasaba las luces en amarillo y una que otra en rojo.

Cuando ya casi estaba llegando, abrí el celular y llamé a la oficina. Leonardo contestó.

—Dime que Mike ha llamado —le dije.

—No, no ha llamado —dijo Leonardo. Sonaba más preocupado que yo.

Joe me estaba esperando en el lugar acordado. Detuve el auto y se subió al Mercedes con el semblante descompuesto.

—Seguí buscando un poco después de haber hablado contigo —me dijo—. Encontré su auto, pero a él no lo vi por ningún lado.

—¿Revisaste el auto? —le pregunté.

—Lo habría hecho, pero tenía que venir a encontrarme contigo.

La casa de los De la Torre quedaba a unas pocas cuadras de donde estábamos. Mis manos sudaban tanto que tuve que asir el volante del auto con fuerza para poder controlarlo.

—¿Dónde está el auto? —le pregunté.

—En el malecón, cerca de un puente. Por acá —Joe me indicó que virara a la derecha—. Es muy raro, porque Mike me dijo que casi nunca estaciona el auto. Generalmente hace ronda por la zona. Aunque no lo creas, hace dos días me dijo que se había subido a un árbol. Esta vigilancia es una desgracia. Deberías haber oído cómo se quejaba Lucy. Tiene dos hijos, pero sabe maldecir como un marinero.

Joe estaba casi delirando. Le pedí que se callara y, a medida que nos acercábamos a la casa de los De la Torre, comencé a reducir la velocidad. Era un lugar imponente de dos pisos con fachada color rosa salmón, postigos blancos a los lados de las enormes ventanas y una entrada circular enorme para los autos. Ya veía por qué los chicos odiaban tener que hacer este trabajo: prácticamente no había dónde esconderse para vigilar la casa.

No había señal alguna de que algo estuviera sucediendo. A estas alturas, el corazón me latía en los oídos. Miré a Joe de reojo y lo vi frotándose las mejillas nerviosamente. Conocíamos a Mike, y no era probable que hubiera abandonado su posición y dejado tirado el auto.

—Voy a estacionar —le dije—. Caminaremos desde aquí.

Reduje la velocidad y me detuve en un parche de pasto a unas cuantas casas de la de los De la Torre. Nos bajamos del auto, y Joe me condujo hacia el puente. Había que confiar en que tendríamos suerte, que nadie pasaría por allí y nos vería.

Durante el recorrido, pudimos comprobar que el auto de Mike no se veía desde la calle. Joe me lo había mostrado, al costado de uno de los puentes de piedra que cruzan las aguas de Coral Gables. Había tan sólo una casa entre el puente y la residencia de los De la Torre.

Miré hacia el malecón y el corazón casi se me escapaba del pecho. No había señales de vida allá abajo. Di un paso hacia adelante y casi perdí el equilibrio: esto me habría lanzado a las aguas del canal. Joe me vio meciéndome y me agarró del hombro. Podíamos ver el Honda gris de Mike estacionado cerca del borde del agua. Por lo visto, esta vez no había estado haciendo su ronda de vigilancia.

Ahí estábamos, los dos quietos, y sin el menor deseo de seguir investigando. Pero entonces el sonido distante de una cortadora de pasto nos devolvió a la realidad. Miré a los dos lados de la calle. Nadie. Coral Gables es un lugar tan aislado y tan rigurosamente vigilado, que inevitablemente nos iban a ver y pensarían que nuestro comportamiento era muy sospechoso.

Rápidamente caminamos por el malecón y nos aproximamos al

Honda. No estaba cerrado con llave. El aire se sentía mortalmente quieto; incluso la cortadora de pasto se había callado. Se podía oír el leve zumbido de las abejas.

Estaba sudando tanto por el calor y la ansiedad, que sentía riachuelos de agua deslizándose por mi espalda. Fue entonces cuando oí el débil sonido que hace un *beeper* cuando ha recibido un mensaje que no ha sido leído.

Le hice una señal a Joe para que se quedara donde estaba, respiré profundo y abrí la puerta del auto.

—No están las llaves —le dije a Joe.

En el interior del Honda se podía ver el caos distintivo de un investigador: envoltorios de comida, vasos de café vacíos, boletos de retenes, bolígrafos que tenían todas las señas de ser inservibles. Me incliné y comencé a palpar el asiento. Mi mano sintió la forma inconfundible de una libreta de apuntes y la saqué.

Joe había decidido desobedecer mis instrucciones y se estaba acercando a abrir la puerta delantera derecha.

—¿Los apuntes de la vigilancia? —preguntó.

—Sí.

Los estudié cuidadosamente. Mike había anotado taquigráficamente, en su usual garabateo, que nada había sucedido en las primeras cuatro horas de su turno, con la poco notable excepción de la llegada de los De la Torre a su propia casa.

—Termina a las cuatro de la mañana —observé.

—Déjame verla —Joe contempló la libreta durante un minuto y luego me miró con ojos enormes—. ¿Por qué terminan las anotaciones ocho horas antes de que terminara su turno?

No podía responder a esa pregunta. Aún podía oír el débil sonido del *beeper*, pero no se veía por ninguna parte. Continué mi inspección del auto, pero no encontré nada interesante. No había objetos extraños, ni nada regado o particularmente alterado; afortunadamente, a estas alturas de la situación, tampoco había sangre.

—Me parece que vamos a tener que llamar a la Policía —dije finalmente.

Joe miró nerviosamente a izquierda y derecha, pero no dijo nada. Ambos estábamos pensando lo mismo: que alguien había descubierto a Mike escondido cerca de la casa de los De la Torre. Pero yo tenía un temor todavía más concreto, del cual Joe todavía no tenía idea alguna: que era sabido que los De la Torre estaban asociados con por lo menos un criminal, Pepe Salazar, y que hacía poco Luis les había puesto una demanda por varios millones de dólares. Si eran ellos quienes habían descubierto a Mike, era poco probable que se mostraran benévolos con él.

—El baúl —exclamó Joe de súbito—. Ese sonido de *beeper*. Creo que viene del baúl.

Puse la mano debajo del tablero del auto para buscar la palanca que activaba el mecanismo de la cerradura del baúl. Joe se bajó del auto y hundió las manos en la profundidad de sus bolsillos. Por lo visto, era mi turno.

Miré para asegurarme de que nadie nos observaba y caminé hacia la parte trasera del auto. El baúl estaba abierto unos tres centímetros; rápidamente cogí la tapa y la levanté del todo.

El mundo alrededor se desvaneció y los oídos se me llenaron de un rugido como el del mar. Tuve que agarrarme del parachoques para evitar caer desmayada.

Mike parecía como si estuviera apenas dormido. Lo habían colocado diagonalmente en el baúl de su propio auto, el largo cuerpo doblado por la cintura, la cabeza casi tocándole los pies. Una furiosa línea escarlata le atravesaba la garganta y la cara se había congelado en una expresión de sorpresa.

Estaba vestido, como siempre, con jeans y una camisa azul de trabajo, con zapatos deportivos y sin medias. El *beeper* seguía colgado del cinturón y emitía un débil gemido. Sentía que los ojos se me iban llenando de lágrimas y me volteé para mirar a Joe. Aunque no habíamos sido nunca amigos, nos conocíamos desde hacía muchos años. Mike y Joe habían trabajado juntos en un par de casos para mí.

Joe dio un fuerte puñetazo al techo del Honda.

—¡Mierda! —gritó. La tapa del baúl se meció con el efecto del impacto.

—Tenemos que reportarlo —le dije. Levanté la mirada hacia el cielo nublado, tratando de despejar las lágrimas mientras buscaba el celular en el bolso. Antes de que lo hubiera encontrado, saqué mi mano del bolso y la puse a distancia de mi cuerpo, pues ya no iba a necesitarlo.

—Tenemos compañía —dije.

El auto de la Policía se había detenido cerca del siguiente puente y dos agentes se bajaron, con las manos en las fundas de sus revólveres. Se detuvieron en el malecón un momento, sin decir nada, tan sólo mirando.

—Mierda[5] —susurré. Joe y yo estábamos totalmente inmóviles.

—Es muy curioso que hayan llegado tan pronto. Yo no los llamé.

—Lupe, aterriza —me susurró Joe—. No saben nada de Mike. Nos buscan a nosotros.

El más bajo de los dos agentes, un latino con un pulcro bigote, se acercó primero. Se deslizaba por el malecón mientras preguntaba:

—¿Este auto es suyo?

—No, señor agente —le respondí.

—Entonces, ¿qué hacen aquí? —nos recorría con la mirada a uno y a otro.

—Mi nombre es Guadalupe Solano —repuse—. Él es Joe Ryan —mantuve el tono más amable que pude, a sabiendas de que la situación se iba a tornar fea en pocos minutos.

—No ha respondido a mi pregunta —dijo el policía—. ¿Qué hacen aquí?

La mano del policía se movió hacia la funda del revólver. De reojo pude ver que su compañero sobre el puente ya había sacado el arma. El sudor me rodaba y se me metía en los ojos.

---

[5] En español en el original (n. de la t.).

Escuché a Joe a mi lado, respirando con breves jadeos. No teníamos muy buena pinta, era evidente. "Y espera a que abran el baúl", pensaba.

—Señor agente, somos investigadores privados y estamos trabajando en un caso en esta zona —le respondí.

Obviamente, tenía que decirle la verdad, pero contarle esto a un policía era como batir un trapo rojo delante de un toro. Los recelos entre policías e investigadores son profundos; ambos resienten lo que consideran que es la intromisión de los otros en su trabajo.

—Retírense del auto y levanten las manos —nos ordenó el policía. Y le gritó a su compañero—: ¡Pide refuerzos!

Joe y yo hicimos lo que nos ordenó. Mientras levantaba las manos, le dije:

—Hay un cuerpo en el baúl de este auto.

Pensé que era mejor tomar la delantera, puesto que de todas maneras ya estábamos metidos en un lío. De todos modos, cuando fueran a tomar las huellas digitales en el auto de Mike, encontrarían las nuestras por todas partes.

El policía me miraba tratando de establecer si lo estaba tomando del pelo. Sacó su revólver y lo mantuvo apuntado hacia nosotros mientras levantaba la tapa del baúl.

Se tapó la boca con la mano que tenía libre y luego gritó otra vez hacia su compañero:

—¡Tenemos un cuerpo aquí abajo!

Un segundo más tarde, cuatro patrullas llegaron con todo el despliegue de luces. Salían policías por todos los costados. Este iba a ser un día largo, muy largo.

Decidí probar suerte con el policía latino.

—¿Puedo hacer una llamada? —le pregunté con voz azucarada—. Tengo un celular en mi bolso.

Lo consideró por un instante.

—Está bien, sáquelo —repuso. Yo obedecí, mientras el policía seguía cuidadosamente cada uno de mis movimientos. Cuando vio el teléfono, volvió a enfundar el arma. Me di cuenta de que al hombre todo esto le parecía divertido. Al fin y al cabo, no era cosa de cada día encontrar un cadáver cerca de los canales de Coral Gables.

Joe bajó las manos y se acuclilló. Marqué el teléfono directo de Tommy y me respondió de inmediato.

—No hay tiempo para conversar —le dije—. Tenemos un problema —en voz baja, para que los otros no me oyeran, le transmití a Tommy los datos sucintos y crueles, y terminé indicando nuestra ubicación.

El policía latino, de apellido Guerrero, según indicaba la chapa con su nombre, llamó a Homicidios con voz emocionada. Yo sabía que Homicidios iba a llamar a Medicina Legal. Acto seguido, Guerrero llamó por radio a todos los demás que tenían que atender la escena de un crimen: los técnicos de laboratorio, el fotógrafo. Su obligación era conservar la escena y garantizar que los testigos —es decir, nosotros— no la abandonaran. Nadie podía tocar el cadáver, así que el *beeper* de Mike seguía emitiendo su gemido cada tanto. Se le estaban acabando las baterías.

En cuestión de minutos comenzaron a llegar los autos de los noticieros, que seguramente se enteraron del caso sintonizando las frecuencias de la Policía. A los reporteros no se les permitió bajar hasta el malecón, pero comenzaron a poblar el puente, empujándose y atropellándose para obtener el mejor ángulo de cámara. Les di la espalda. Lo último que me hacía falta era que Papi me viera por televisión, en el remoto caso de que viera las noticias locales esa noche.

Terminé por sentarme en el pasto al lado de Joe. Los policías nos vigilaban, pero durante más de media hora nadie vino a pedirnos una declaración. Finalmente un hombre bien parecido, de pelo rubio y cuerpo atlético, se nos acercó. Apenas estaba terminando de indicarnos que era el detective Anderson, de Homicidios, cuando llegó Tommy bajando a saltos hacia el malecón y se nos unió. Anderson repasó de arriba abajo el imponente traje de Tommy, sabiendo exactamente que su día ya estaba arruinado.

—Tommy McDonald —Tommy le tendió la mano. Anderson la

miró como si fuera un pescado podrido, y la apretó a regañadientes—. Veo que usted ya conoce a mis investigadores, Guadalupe Solano y Joe Ryan —dijo Tommy con una sonrisa encantadora.

Me di cuenta de que Anderson conocía a Tommy, por lo menos de nombre. Y enterarse de que Tommy era el abogado a cargo de un caso producía sentimientos de miedo y de odio en el alma de los policías de Miami. Tommy era conocido por su capacidad de defender ferozmente a sus clientes y por ser despiadado en la corte. Quien se le opusiera sabía que se exponía a ser desangrado en el banquillo de los testigos.

El traje azul a rayas que llevaba Tommy ese día combinaba con una camisa de color rosa pálido decorada con las mancornas Cartier de oro que le regalé para Navidad hacía ya algunos años. Un soplo de viento me había traído la fragancia de su costosa colonia.

—¿Puedo ayudarle en algo, oficial? —preguntó Tommy.

—No —respondió el detective Anderson. Retiró la tapa de su bolígrafo y abrió la libreta—. Voy a tomar la declaración de la señorita Solano y del señor Ryan.

Tommy objetó con un leve chasquido.

—El asunto es que la señorita Solano y el señor Ryan se encuentran investigando un caso para mí, lo cual los convierte en empleados míos —explicó Tommy—. Por lo tanto, todo lo que saben es información privilegiada.

El policía sabía que, aun cuando Tommy había expresado todo esto de la manera más afable y cordial, en realidad lo había derrotado. Hay que reconocerle que, no obstante, siguió intentándolo.

—Mire, o hablo con ellos aquí o los llevo conmigo al Departamento de Policía de Coral Gables para interrogarlos —respondió Anderson.

Tommy no se conmovió.

—Hasta donde tengo entendido, ya le han dicho a la Policía todo lo que saben sobre esta situación —insistió Tommy—. Encontraron el cuerpo y no saben cómo llegó aquí.

—Quiero que me lo digan a mí —Anderson comenzó a moverse agitadamente. Joe miró a Tommy, y éste se encogió de hombros.

—Bueno, pues vine a relevar a Mike y no pude encontrarlo —dijo Joe—. Así que llamé a Lupe y luego vi el auto de Mike. Lupe vino y bajamos hasta donde estaba el auto. Abrimos el baúl y encontramos a Mike metido ahí adentro. En ese momento llegó la Policía.

Joe hizo su relato con voz monótona. Había estado callado y ensimismado desde que encontramos a Mike. Yo sabía que la muerte de Mike todavía no lo había golpeado; tampoco a mí me había afectado de la manera en que iba a hacerlo más adelante. El detective Anderson cerró la libreta.

—Está bien —dijo—. Aún así, todavía tienen que venir a la inspección para seguir el interrogatorio.

—Ya oyó lo que vieron y encontraron —lo interpeló Tommy—. Vieron el auto, encontraron el cuerpo. Obviamente, eso es todo lo que necesita saber.

Anderson le lanzó una sonrisita irónica e hizo como si las tácticas de Tommy le causaran gracia.

—¿Qué hacían por aquí, para empezar? —preguntó dirigiéndose a Joe y a mí.

—Ya le expliqué que cualquier otra información que tengan la señorita Solano y el señor Ryan es privilegiada —insistió Tommy—. Ellos no tienen por qué responder a sus preguntas. Sin duda, usted sabe eso muy bien.

Anderson suspiró y me dio un poco de lástima.

—Bueno, si no responden a mis preguntas —dijo—, entonces tendré que arrestarlos.

Tommy le respondió con una risa.

—Buen truco —dijo—. Pero usted sabe que no puede hacer eso sin una orden de la corte —comenzó a retirarse y nos hizo un gesto a Joe y a mí para que lo siguiéramos—. Si eso es todo, entonces nos vamos.

Caminamos cuidadosamente cuesta arriba, hacia la calle. Yo
sentí que los policías me iban a seguir y que en cualquier momento
me iban a poner un buen par de esposas. Caminamos en incómodo
silencio hacia el Rolls de Tommy, que se encontraba estacionado a
una cuadra de distancia. No me había dado cuenta desde abajo de
la multitud que se había formado. Toda el área se había llenado de
patrullas y vehículos oficiales, así como de más camiones con ante-
nas. Un par de reporteros se nos acercó, pero Tommy los alejó con
un movimiento de mano.

Esperé a que estuvieran lo suficientemente lejos como para no
oír nada antes de preguntarle a Tommy:

—En realidad no logramos librarnos de esto muy fácilmente,
¿no es cierto?

—Todo lo que logré fue ganar un poco de tiempo —Tommy
sacó las llaves del bolsillo y abrió el Rolls.

—¿Qué puede suceder en el peor de los casos? —le pregunté.

—Bueno, el detective Anderson puede encontrar un fiscal
empecinado y ambicioso que quiera llevarlos ante el gran jurado
—respondió Tommy—. En ese caso, estoy seguro de que tendrán
que hablar.

—Un gran jurado —repetí. Eso es cosa seria. Ante ellos, no iba
a ser posible evitar dar información sobre el caso Delgado.

Tommy se frotó la quijada. Casi podía visualizar cómo transita-
ban las ideas por su cabeza.

—Voy a poner a uno de mis asistentes a trabajar ese punto —dijo,
más para sí mismo—. Puede ser que te ofrezcan inmunidad para que
hables, pero entonces igualmente tendrías que informar todo lo que
hay sobre el caso. No te preocupes por ahora, ninguno de los dos.
Los protegeré tanto como pueda.

Joe casi no escuchaba.

—Te llamo mañana, Lupe —dijo. Caminó hacia su auto con la
cabeza baja. Cuando se había alejado unos tres metros, se dio vuelta
y se despidió de Tommy con la mano.

Tommy sacudió la cabeza.

—Maldita sea. Esto se puso feo, Lupe.

—Gracias por tu ayuda, Tommy —lo abracé, sin preocuparme de que estábamos en público—. Sabía que podía contar contigo.

Tommy sonrió, como si hubiera rejuvenecido por el contacto físico.

—¿Qué haces ahora? —preguntó.

—Regreso a la oficina. Tengo que buscar en mis tarjetas a la persona de contacto que Mike dio cuando se registró para trabajar conmigo. Si mal no recuerdo, es su hermana. Sé que era soltero. Y creo que su familia preferiría enterarse por mí que por la Policía.

—Llámame si necesitas algo —dijo Tommy, y me apretó la mano. A la gente le parecía que era un tipo frío y sin sentimientos, pero yo sabía que no era así. La cuestión era que convenía más estar de su lado.

18

A la mañana siguiente, me reuní con Néstor en mi oficina. Yo estaba sentada en mi escritorio, y él, recostado en el sofá, silenciosamente, procesando lo que acababa de contarle de cómo descubrimos a Mike. Todavía no me había sacudido el impacto emocional de haber descubierto el cadáver de un ser a quien había conocido durante varios años. Tal vez esto sólo me pasaría una vez termináramos este caso y ojalá cuando ya hubieran encontrado y castigado al asesino de Mike.

—Estrangulado —dijo Néstor, con mirada incrédula—. Estrangulado con un cable.

—No encontramos su cámara —le dije, procurando que la imagen no volviera a mi mente.

Néstor entendió lo que esto implicaba y volvió a asumir su papel de investigador.

—¿Faltaba algo más? —preguntó.

—No que yo sepa. La Policía se llevó el *beeper*, la billetera en la que no parecía faltar nada, el revólver que mantenía en la guantera del auto, las llaves y su libreta de apuntes.

—Pero no la cámara —completó Néstor—. ¿Qué nos indica esto?

—Ya sabes lo que pienso. Por algo desapareció esa cámara. Mike no habría salido a hacer vigilancia sin ella. La tenía prácticamente pegada al cuerpo —dije—. Yo creo que tal vez Mike alcanzó a tomar una foto de la persona que lo mató.

Esto era apenas especulación, pero yo sabía que Mike siempre tomaba fotos de más durante una misión de vigilancia, muchas más que los demás investigadores. Él lo justificaba diciendo que le permitía mitigar el aburrimiento, pero yo siempre se lo atribuí a que su personalidad era bastante obsesiva.

Néstor me miró con escepticismo.

—Está bien, Lupe, dime cuál es tu hipótesis —dijo—. Ya sé que tienes una.

—Imagínate esta situación: Mike no estaba en el auto, sino escondido en alguna parte cerca de la calle, cuando tal vez oyó algún ruido sospechoso. Siguió a quienquiera que fuera y le tomó una foto.

—Y con eso Mike reveló, además, lo que estaba haciendo —anotó Néstor.

—Precisamente. El asesino vio a Mike y lo siguió hasta el auto. Mató a Mike porque lo había descubierto y luego se llevó la cámara porque Mike le había tomado una foto.

—Mike era un tipo bien grande —musitó Néstor.

—Lo cual indica que el asesinó lo agarró por sorpresa —afirmé—, porque no hay señales de una pelea en la escena. El asesino tenía que ser lo suficientemente fuerte como para estrangular a Mike y luego meterlo en el baúl del auto.

—Puede ser —concedió Néstor y desvió la mirada—. ¿Qué sabemos de lo que ha encontrado la Policía?

—Ni una maldita palabra. Desde que Tommy invocó el privilegio de información entre cliente y abogado y los dejó a ellos por fuera, no quieren divulgar nada que pueda sernos útil —mi mente volvió a la escena del crimen—. Les dimos un poco de información, mínima por supuesto, lo suficiente como para que dejaran de molestarnos. Pero no les dijimos nada sobre el caso.

—Con razón la Policía odia a Tommy —observó Néstor—. Él protege a sus clientes, y al diablo con lo que requiera la Policía.

Néstor pronunció esto con una mezcla de admiración y reproche. Pero bueno, Néstor tiene ese tipo de mente que es capaz de analizar la cuestión desde todos los ángulos.

—¿Y ahora qué? —preguntó.

—Bueno, en lo que concierne a la muerte de Mike, hay que tener mucho cuidado —repuse—. Ayer Tommy no se ganó el premio a la popularidad, y tampoco Solano Investigaciones. No podemos interferir para nada en lo que está investigando la Policía, o iremos a parar a la cárcel.

Néstor se recostó en el sofá, lanzó un suspiro y cerró los ojos. A veces me parecía estar viendo como envejecía por minuto.

Señaló un archivador de fuelle que se encontraba a su lado, en el suelo.

—Esto es lo que he obtenido hasta ahora sobre el caso. Todo lo que hay está bastante claro. Despiértame si necesitas algo.

Y con esas palabras se sumergió en el sueño. Era una de esas cosas que podía hacer, dormirse en el momento en que quisiera. Ya estaba roncando suavemente cuando puse el archivador sobre mi escritorio después de haberlo recogido del lado del sofá.

Empecé a leer el informe acerca de los De la Torre. Vi que cada uno de ellos tenía dos tarjetas de crédito, y que no debían ni un centavo en ninguna de ellas. Sentí una súbita envidia y me hubiera gustado tener esa disciplina con mis finanzas o con mi plata. ¡En Estados Unidos hoy en día prácticamente no existe nadie totalmente libre de deudas! ¡Esto es antipatriótico!

La sección del archivador dedicada a las propiedades inmuebles de los De la Torre era bastante amplia. Las investigaciones de Néstor mostraban que Miguel y Teresa eran dueños absolutos de su propiedad en Coral Gables. Según las escrituras, estaba avaluada en dos millones y medio de dólares. Después de haber visto esa casa, me pareció que el avalúo era bastante bajo. Teniendo en cuenta el valor de la tierra, un predio de ese tamaño en ese lugar de por sí valía ya un millón. La casa era una construcción de unos 700 metros cuadrados y se encontraba cerca de los canales de Grenada, sin puentes entre éstos y la bahía. Estas cifras no tenían sentido. O bien la ciudad de Coral Gables no había hecho un avalúo de la propiedad en décadas, o alguien en el Consejo municipal les estaba haciendo un favor, y de paso les estaba dando un descuento en los impuestos.

Luego encontré el certificado de tradición, que relataba la historia de la casa. Los De la Torre la habían comprado en mayo de 1960, seis meses después de su llegada a Miami. Habían pagado de contado, y en el registro el precio de venta había sido de 125 mil dólares. Néstor había insertado un memo indicando que la compra bien podía haber sido parte de un negocio más amplio. Puesto que no había una institución financiera que hubiera respaldado la compra, no se tenían datos sobre las condiciones de la venta. Los compradores y el vendedor habían acordado qué le informarían a las autoridades del condado, lo cual era una práctica corriente. Néstor había incluido unas cuantas fotos de la imponente casa, tomadas desde distintos ángulos.

A continuación, en el archivador se encontraba la información sobre el apartamento que tenían los De la Torre en un condominio en el Ocean Reef Club, en los cayos. Conocía bien el lugar; mis padres habían sido miembros del club durante años, aun cuando Papi había vendido sus acciones después de la decadencia de Miami. Muchos habitantes de Miami eran miembros, sobre todo los aficionados a la pesca. Miguel y Teresa habían comprado el apartamento en 1975, y en ese momento fue avaluado en casi un millón de dólares. Ocean Reef era un club privado, así que yo sabía que iba a ser muy difícil obtener información sobre el verdadero valor de la propiedad. Esta propiedad tampoco tenía hipoteca. Los De la Torre habían pagado de contado y eran sus dueños absolutos.

A medida que profundizaba en la información de sus títulos de propiedad, se hacía cada vez más evidente que los De la Torre no eran partidarios de endeudarse innecesariamente. Lo cual era bastante razonable. Pero esto también implicaba que no obtenían reducciones de impuestos por deudas, y ellos se encontraban, sin la menor duda, en el estrato más alto de tributación. Esta forma de proceder admitía dos explicaciones posibles: la primera tenía que ver con la condición de refugiados, un estado mental que consistía en que sólo se sentían tranquilos si sabían que no iban a perderlo todo por causa de las deudas; la segunda era que no querían dejar un rastro de documentos que pudieran dar pistas sobre sus inversiones más allá del mínimo que exige la ley. Muy interesante. Los banqueros, por razones de su profesión, suelen conocer las ventajas financieras de tener deudas. Miguel, por lo visto, era la excepción.

Miguel y Teresa no se privaban de ningún juguete. Cada uno tenía un Jaguar, y —oh, sorpresa— estos estaban igualmente libres de toda deuda; además, poseían una camioneta Chevrolet que seguramente era la que usaba la empleada. También tenían un Hatteras de cincuenta y dos pies, igual al de Papi, anclado en el canal detrás de su casa. Este era el quinto barco que habían poseído hasta ahora. Pude ver en los registros del club de marina que habían empezado con un Mako 22 en 1963 y habían ido ascendiendo gradualmente. Néstor había logrado incluir una foto del Hatteras —el *Teresa V*— anclado en la parte posterior de la casa, en una tarde soleada.

Por último, se encontraban las escrituras pertinentes a la avioneta. Miguel había sido propietario de una Gulfstream y contrató a un piloto de tiempo completo, pero la había vendido hacía cinco años. "Pobrecitos Miguel y Teresa —pensé con algo de crueldad—, ahora les toca viajar en aerolíneas comerciales".

Néstor abrió los ojos de repente y se sentó.

—¿Qué tal? —preguntó. Con un poco de envidia noté que se veía mucho más joven después de esa siesta de veinte minutos—. ¿Qué tal las imágenes? Están bien, ¿verdad?

—Todo está muy bien. Ya terminé de revisar los documentos de las propiedades, los vehículos y la avioneta. Sin duda viven muy bien —pasé la mano por las carpetas—. ¿Qué más tienes aquí?

—No mucho. Había empezado a revisar los asuntos corporativos, pero no he podido terminar eso —el rostro de Néstor se cubrió con una expresión de dolor—, porque fue exactamente cuando llegó la noticia de lo de Mike.

Puse la carpeta sobre el escritorio.

—Mira, yo hablé con Tommy sobre algunas cosas que me preocupan en este caso, especialmente desde que encontramos a Mike muerto. No sabemos quién puede haber matado a Mike, pero estoy segura de que no fue una muerte accidental.

—De acuerdo —dijo Néstor.

—Tiene que ver con la investigación —proseguí—. Se sabe que esta gente ha estado asociada con asesinos a sueldo. Son peligrosos.

—Sé a qué te refieres —repuso Néstor—. El asesinato de Mike es una forma de advertencia: "O sacan las manos de este asunto, o les va a pasar lo mismo".

—No sé quién puede haber hecho esto —dije—. Puede haber sido Salazar. Tal vez lo tienen contratado de tiempo completo para protegerlos.

—En realidad, quién sea el asesino es lo de menos —observó Néstor.

—En efecto. Así que si quieres retirarte del caso, entiendo perfectamente y no te lo reprocho —me levanté de mi sillón. Esta conversación me había puesto nerviosa—. Voy a llamar a Marisol para informarle lo que está pasando. Tendrá que decidir si todavía quiere seguir trabajando en este caso y lo mismo vale para los otros investigadores. Me consta que Joe estaba bastante afectado —dije con un suspiro—. Por lo pronto, todavía no se ha hecho público que haya una conexión entre Mike y nosotros. Ojalá eso se mantenga.

Néstor se estiró y pude oír cómo crujían los huesos de la espalda.

—¿Tú qué vas a hacer? —preguntó.

—Voy a trabajar en este caso —respondí—. Voy a seguir.

—Ya lo sabía. Sólo quería que me lo dijeras —Néstor se puso de pie y se arregló la camisa—. Cuenta conmigo. Por principio, nunca me retiro de un caso. Puede que sea puro orgullo de macho.

—Puede ser —dije—. O tal vez orgullo profesional.

—O locura —respondió.

Néstor me picó el ojo y se dirigió hacia la puerta. Yo sacudí la cabeza. Néstor nunca se dejaba intimidar por los problemas ni rechazaba trabajos. Con razón parecía casi todo el tiempo una ruina ambulante.

—Ah, se me olvidaba contarte —dijo de pronto—. Esta noche me voy a tomar unos tragos con Verónica.

Tal vez vio en mi expresión que no tenía ni la más remota idea de qué estaba hablando.

—Verónica Peláez, la mujer que distribuye el correo en el First Miami.

Me lanzó una mirada intensa y salió cerrando la puerta tras de sí. A Néstor le gustaba poner un toque de dramatismo.

Me volví a sentar ante el escritorio y abrí el *rolodex*. Leonardo estaba en la cocina y se oía la licuadora a toda velocidad. En la gaveta había una pila de sobres de correo que todavía no había abierto. Una mañana como cualquier otra. Con la excepción de que no podía dejar de pensar en esa línea roja que atravesaba el cuello de Mike Moore.

19

—¿Suzanne?

—¿Lupe?

La voz todavía sonaba como si estuviera profundamente dormida.

—¿Qué hora es?

Consulté el reloj.

—Las dos y media.

—¿De la tarde o de la mañana? —preguntó—. Aquí está completamente oscuro. Tengo las cortinas cerradas.

Ya sonaba un poquito más despierta. Me quedé pensando cómo sería no saber si es de día o de noche.

—De la tarde —le informé—. Y está haciendo un día bellísimo.

—Espera un momento —dijo. Oí cómo ponía el teléfono sobre la mesa y el sonido de las persianas al abrirlas. Un momento después estaba otra vez en la línea.

—Tienes razón. Hace un día divino. ¿Qué hay, pues?

—¿Quieres venir de compras conmigo? —le pregunté—. Tengo que comprar un vestido para un baile.

—¿Tú? —se rió Suzanne con un cacareo agudo que me atravesó el oído y me punzó directo en el cerebro—. ¿Vas a comprar un vestido para un baile?

No estaba de ánimo para comentarios editoriales.

—¿Quieres venir conmigo o no? —le pregunté. No me era fácil pedirle a alguien que viniera de compras conmigo. No sé por qué, pero me estaba tragando el orgullo. Sin embargo, me sentía un poco deprimida y pensé que algo de compañía me vendría bien. Si no, mi primer instinto habría sido comprar algún trapo largo y negro.

Tras deliberaciones sobre el lugar y la hora, acordamos encontrarnos más tarde para ir a Bal Harbour. Este plan le brindaría a Suzanne el tiempo necesario para estar despierta del todo.

Ese día por la mañana, le había pedido a Luis que viniera a mi oficina para una reunión. Hay que reconocerle que aun cuando yo no le había dado informes durante varios días, él tampoco había llamado o pasado por la oficina.

Llegó temprano a nuestra reunión de las tres de la tarde. Se veía mejor de lo que lo había visto nunca, con unos pantalones de color caqui oscuro, un cinturón de lagarto y una camisa azul claro de manga corta. Llevaba zapatos nuevos sin medias, y un reloj del ejército suizo en la muñeca. Debía sentir que podía gastar un poco más de su sueldo en ropa, a sabiendas de que tenía una reserva guardada en mi caja fuerte.

Dijo mi nombre desde la puerta de entrada de la oficina y se notaba que estaba de un ánimo definitivamente efervescente. Se acercó con paso enérgico. Sentí que me iba a dar un beso en la mejilla a manera de saludo, así que estiré la mano. Por menos de un segundo vi que su rostro delataba disgusto, pero se recompuso encendiendo un cigarrillo después del apretón de manos.

Le señalé la silla para clientes y se sentó.

—¿Cómo va la investigación? —me preguntó.

—Pues, en verdad, han pasado unas cuantas cosas.

Quería darle suavemente la noticia de la muerte de Mike. No sabíamos nada más sobre lo sucedido, sólo que había sido estrangulado con un cable o algo así. El médico forense había calculado que la muerte debió haber ocurrido entre las dos y las seis de la mañana, pero puesto que su última anotación había sido a las cuatro, tenía que haber sido en algún momento más próximo a las seis. Había logrado obtener esta información de Ted Rafferty después de que Néstor se había ido. No habíamos conseguido más información de la Policía.

—Comenzamos a investigar primero las cuestiones financieras —dije. Luis aspiraba el cigarrillo mientras le informaba sobre las propiedades de los De la Torre.

—¿Qué más tienen? —preguntó Luis—. ¿Qué hay de acciones, bonos, dinero en el banco? ¿Y de su inversión de capital en el First Miami?

—Estamos investigando eso —le dije, sintiendo que me presionaba—. Sabremos más hacia el final de la semana, o a comienzos de la próxima. Toma tiempo recoger esa información, especialmente porque estamos trabajando en secreto.

—¿Y qué más han averiguado? —Luis sonreía plácidamente, aspirando su cigarrillo. Un bucle suelto del pelo oscuro le escurría por la frente.

—Hemos localizado a dos personas en el First Miami que pueden llegar a darnos información —le dije. Luis se enderezó en la silla—. Pero no te entusiasmes. Es una buena cosa y hemos tenido suerte, pero todavía no sabemos si podemos contar con ellos.

—Comprendo —dijo Luis. Contemplaba el humo del cigarrillo.

—Los investigadores que contraté están vigilando la casa de noche y de día, anotando el número de placa de todos los vehículos que entran y salen de la residencia. También han tomado fotos de todos los que visitan la casa. Haremos una lista de todos los vehículos y los pasaremos por los registros. Tal vez encontremos algo ahí.

Luis asintió, aparentemente satisfecho.

—Veo que has tomado un poco de sol —dijo de pronto—. Te ves muy bien.

Suspiré profundo.

—Olvida eso, Luis. Ha sucedido algo muy desagradable sobre lo que te tengo que informar.

Me parecía odioso referirme así a la muerte de Mike, pero no se me ocurría otra manera. Luis me miraba con ojos expectantes.

—Uno de los investigadores, un hombre llamado Mike Moore, fue asesinado mientras hacía vigilancia de la casa de los De la Torre.

—¿Ase… asesinado? —tartamudeó Luis. Se quedó con la boca abierta, literalmente—. ¿Cómo?

—No tenemos mucha información todavía —dije—. No hemos establecido si fue un ataque cualquiera o si tiene que ver con tu caso.

—Dios mío —susurró Luis—. Cuéntamelo todo. Me siento responsable. Tengo que saber qué sucedió.

Le conté todo, desde el momento en que me llamó Joe hasta la discusión entre Tommy y el detective Anderson. Luis estaba horrorizado.

—Esto es una tragedia —dijo con voz angustiada—. Un hombre ha muerto por causa de Miguel y Teresa de la Torre. Sé a ciencia cierta que ellos mandaron matar a tu investigador. Es la única respuesta posible.

Estaba de acuerdo, pero no quería alterar más a Luis.

—No podemos afirmar eso todavía —dije—. La Policía sigue investigando.

—Sabes tan bien como yo que fue asesinado por este caso —insistió Luis.

—Puede que tengas razón —asentí débilmente.

—Yo no he vivido en Miami durante mucho tiempo —dijo Luis, ahora enfurecido—, pero sé que no suelen matar a la gente y luego esconderla en el baúl del auto en Coral Gables. No soy un niño, Lupe, y no tienes que ocultarme la verdad.

—No estoy… —comencé a responder.

—Te llamaré pronto o puedes contactarme —dijo Luis. Se puso de pie—. Siento mucho que haya sucedido esto. Por favor, prométeme que vas a tener cuidado.

—Por supuesto que sí —repuse—. Y tú también.

—No te preocupes por mí —dijo mientras apagaba el cigarrillo—. Esos malditos. ¿Ya ves? ¡Ya ves cómo son!

Empecé a decir algo pero Luis me interrumpió.

—Tenemos que encontrar una forma de… —comenzó a decir. Me miró a los ojos—. Estás haciendo un gran trabajo y te lo agradezco. Pero en este momento estoy tan furioso que es mejor que me vaya. Necesito estar solo.

Luis salió de mi oficina dejando una nube de humo de Marlboro. Me tuve que amonestar cuando me di cuenta de que mi primer instinto había sido salir tras de él. ¡Muy bonito!

Por fin eran las cinco de la tarde y ya estaba más que lista para salir a reunirme con Suzanne. Encontré a Leonardo en la cocina, sirviendo a cucharadas una porquería de masa refrigerada en una enorme taza de plástico. Sabía que era mejor no preguntar qué era eso, seguramente unas algas que crecían cerca de un atolón en Borneo. Desde la puerta, pues no quería acercarme demasiado a su experimento y resultar milagrosamente embarazada o algo así, le anuncié que ya no volvería ese día.

Cinco minutos después de haber arrancado caí en la cuenta de que había dejado las tarjetas de crédito en la caja fuerte de la oficina. No era una adicta de las compras, así que mantenía las tarjetas guardadas como precaución en caso de que me robaran la billetera. Maldiciendo, di una vuelta en *U* y me devolví a la oficina.

Entré a la casa y busqué a Leonardo para avisarle que había vuelto. No quería asustarlo.

"Qué raro", pensé. El Jeep estaba en su lugar de estacionamiento, y la puerta de adelante no estaba cerrada con llave, así que no podía estar muy lejos. Lo llamé por el nombre varias veces, pero no recibí respuesta. Lo busqué en todas las habitaciones, hasta en los roperos, pero no lo vi por ninguna parte.

Miré el reloj y me di cuenta de que iba a llegar tarde si no salía inmediatamente. Saqué las tarjetas de la caja fuerte y agarré una libreta para dejarle una nota a Leonardo y pedirle que me llamara al celular y me informara dónde había estado metido. Me estaba sintiendo un poco más que paranoica desde que habían matado a Mike.

Apenas había garabateado un par de líneas cuando escuché unos graznidos y chillidos que venía de fuera de la ventana de mi oficina. Levanté la mirada a tiempo para ver más o menos una docena de miembros de una familia de loros salir volando del árbol de aguacate, irritados por algo. Ojalá no fuera un gato o un mapache que quisiera devorarlos.

Me acerqué a la ventana y me asomé. No había sido un animal. Leonardo salió del seto de arbustos detrás del árbol con un rastrillo y una azada en la mano. No era propiamente de los que se dedica a la jardinería en sus horas de ocio, así que me quedé mirándolo y preguntándome qué sería lo que estaba tramando. Puso las herramientas de jardinería en el pequeño cobertizo exterior y cerró la puerta con candado.

—¡Leonardo! —le grité—. ¿Qué estás haciendo?

Pegó un salto de casi un metro de altura.

—¡Lupe! —exclamó con un chillido. ¿Qué haces aquí? Yo creí que te habías ido.

—Se me olvidó sacar las tarjetas de crédito. Tuve que regresar por ellas —dije. Ahora sí estaba intrigada. Había visto a Leonardo con cara culpable muchas veces, pero nunca como ésta.

—Bueno, me imagino entonces que te tienes que ir ya, ¿no? —replicó nerviosamente—. Si no, vas a llegar tarde a tu cita con Suzanne.

Leonardo se había acercado un poco hacia la ventana. Podía ver el sudor en sus mejillas: ¿por algún esfuerzo físico, o más bien por miedo?

Me fui, pero sabía que tendría que echar una mirada a lo que estaba pasando cerca del árbol de aguacate. Odio estas situaciones que se vuelven personales.

Me encaminé rumbo norte hacia Brickwell Avenue, donde vivía Suzanne. Me aterraba tener que pasar a buscarla porque la seguridad en su edificio era tan estricta que parecía diseñada para desanimar a cualquier visitante. El lugar estaba fortificado con casetas para los guardias, oficiales de seguridad y cámaras de vigilancia. Este ambiente siempre me hacía sentir culpable de haber cometido alguna falta cada vez que me acercaba a la puerta de entrada.

Llamé a Suzanne desde el auto y le pedí que bajara al lobby del edificio, una táctica que me permitía evadir dos de los puestos de control. Me estaba esperando cuando entré. Parecía sacada de una revista: rubia, feliz, con la piel radiante y rozagante de salud. Me la podía imaginar perfectamente con un bigotico blanco como en la publicidad de la leche, o con una brizna de paja tras la oreja, para no mencionar la camiseta del club 4-H en su cuerpo curvilíneo. Los debía haber enloquecido en su pueblo del medio oeste.

Tomamos la autopista hacia Bal Harbour hasta la salida de la calle 125. Estacioné el Mercedes en un lugar perfecto en la zona cubierta, justo al lado de las escaleras que conducían al centro comercial. Todas las tiendas en Bal Harbour eran de lujo: un bloque encuadrado por Neiman Marcus en el costado norte y Saks Fifthe Avenue hacia el sur. Para quienes necesitaran rápidamente una que otra joya, había tiendas de Cartier, Tiffany's, Bulgari y otras cuantas más. Como soy perezosa para hacer compras, prefería ir a Bal Harbour: casi siempre encontraba lo que buscaba con un mínimo esfuerzo.

Suzanne me arrastró primero a Saks, pensando que este era el lugar más seguro. En la sección de diseñadores en el segundo piso encontré algo de lo que quería alejarme, pero no lograba nunca hacerlo: un vestido de Vera Wang, largo, en lustroso chiffon negro. Sabía que el negro me sentaba a las mil maravillas. El precio era del otro mundo, pero el gasto se iba a justificar plenamente cuando me encontrara en medio de los esnobistas y arribistas en el baile.

A Suzanne le pareció maravilloso el vestido y no me permitió que me quejara del precio. Bajamos al primer piso a buscar unos zapatos Chanel de satín que combinaran. La última parada fue para comprar unas medias que completaran el atuendo. Me sentía muy contenta de haber terminado esta misión en menos de una hora.

—Todavía es temprano —le dije mientras caminábamos hacia el estacionamiento. Suzanne estaba de buen ánimo. Era el tipo de persona a la que le encanta gastar dinero y le gustaba casi tanto ver a otros gastándolo—. ¿Quieres que nos tomemos algo en South Beach antes de ir a casa?

—Claro —dijo—. Tengo una cita, pero no es sino hasta después de las nueve.

Nos encaminamos rumbo al sur por Alton Road hacia Ocean Drive, conversando durante todo el camino sobre la ropa que habíamos visto. De pronto me dí cuenta de cuánto disfrutaba la compañía de otras mujeres y lo poco que veía a mis otras amigas. Solía tener muchas amigas, pero desde que mi amiga Margarita murió en un accidente de auto, me había distanciado cada vez más de las otras. El trabajo iba ocupando cada vez más mi tiempo y fui perdiendo contacto con la mayoría de ellas. Era una lástima.

—¿Te parece bien el News Café? —le pregunté a Suzanne.

—Sí, aunque ese lugar me hace sentir un poco acomplejada.

Sabía perfectamente a qué se refería. Los clientes del lugar eran todos, sin excepción, jóvenes y atractivos y estaban bien bronceados. Cualquiera mayor de veinticinco años era considerado como un posible candidato para recibir el descuento de la tercera edad. Se necesitaba tener la piel gruesa para ir allá, pero, qué demonios, ya estábamos en la onda.

Nos sentamos en una de las minúsculas mesas de la terraza y pedimos Coronas con limón. Echamos una mirada alrededor mientras esperábamos. Vimos el público usual de modelos, fotógrafos, estilistas y auxiliares. Había desde latinos y afroamericanos hasta turistas extranjeros e incluso blancos no hispanos (así se les llama en la terminología demográfica de Miami). También había varios no humanos: una colección de perros de diseñador. En South Beach, por lo visto, estos animales venían en dos modelos: los pequeñitos falderos de menos de un kilo que solían ser transportados en bolsos de Louis Vuitton, o los perros gran danés de cien kilos con pañuelitos atados al cuello. En otras ocasiones había visto culebras, loros e incluso iguanas arrastradas con una correa. Nadie miraba a nadie; el concepto de "normal" en South Beach era relativo.

Nuestro mesero se tomó más de veinte minutos para despachar las bebidas. Muy seguramente estaba al teléfono con su agente.

—Lupe, ¿sigues trabajando en ese caso? —preguntó Suzanne cuando por fin llegaron las cervezas—. ¿En el que está involucrado Pepe Salazar?

—Sí, para eso compré el vestido —Suzanne me miró sorprendida—. Tengo que ir a este baile porque allí van a estar algunas personas que estoy investigando. Me da una oportunidad para echarles una mirada.

—¡Maravilloso! Entonces puedes deducir el vestido, los zapatos y las medias —dijo Suzanne entusiasmada—. Mi contador dice que puedes deducir de los impuestos toda la ropa que uses para el trabajo.

—No estoy muy segura de que eso sea posible en este caso —repuse.

—Bueno, entonces pásale la cuenta al cliente —sugirió.

—No creo que sea posible —dije con una risa—. Puedo tratar de deducirlo de mis impuestos, pero no me imagino al inspector tributario muy dispuesto a permitirlo. Lo que quiero decir es que no era absolutamente necesario que comprara un vestido de casi cinco mil dólares. Eso para no mencionar los zapatos Chanel.

—Sí, supongo que no —concedió Suzanne mientras bebía la cerveza a sorbitos—. ¿Entonces Pepe Salazar va a ir a la cárcel?

—Eso espero —repuse. No podía contarle lo que sospechaba, es decir, que era el responsable de haber asesinado a uno de mis investigadores.

Noté que Suzanne había terminado su cerveza. Terminé la mía. Ninguna quería más, así que hice una señal para que nos trajeran la cuenta.

—Si necesitas ayuda para que lo encierren —agregó Suzanne—, sólo dímelo. Me alegrará mucho hacer lo necesario. Es un cerdo. Me encantaría poder ayudar a que lo atrapen.

—Lo tendré en cuenta —le dije.

—Es en serio —dijo, dando un golpecito a la mesa—. Es un hijo de puta. No te olvides de llamarme.

Teniendo en cuenta la gente con la que ella andaba, este era un juicio severo.

—¿Me lo prometes? —preguntó.

—Bueno, está bien. Te lo prometo —contesté para tranquilizarla. Al fin y al cabo, ¿cómo iba a poder ayudarme la dulce Suzanne con el asunto de Salazar, los De la Torre, todo el lío?

—No te vayas a olvidar —replicó—. Intuyo que esto va a salir bien. Vas a necesitar de mi ayuda. Ya verás.

Yo no tenía la menor idea de a qué se refería.

20

—¿Qué más conseguiste? —le pregunté a Néstor con algo de impaciencia. Me estaba dando la siguiente entrega de su informe sobre las finanzas de Miguel y Teresa de la Torre. Como siempre, estaba en su posición favorita: recostado sobre el sofá. Un día de éstos iba a tener que comprarle un sofá como éste para que pudiera gozar de tal comodidad en la privacidad de su casa.

—Este caso es una maldición, Lupe, como bien sabes —se pasó los dedos por el cabello. Otra vez parecía tener cincuenta años—. Prácticamente todas sus inversiones financieras parecen estar protegidas tras varias corporaciones. Esto me complica mucho las cosas; es una lata.

—Mira, ha sido un trabajo difícil para todos —le respondí irritada—. ¡Dame un respiro! Deja de lamentarte y sigue con el informe.

Néstor tuvo que levantar el cuello para lanzarme una mirada feroz.

—Cuando llegó a Estados Unidos a finales de 1959, Miguel puso todas las inversiones a su nombre. Pero eso no se prolongó durante mucho tiempo —Néstor se volvió a acomodar en el sofá—. Al cabo de dos años, registró la mayor parte de lo que poseía, o por lo menos todo lo que pudo, como capital corporativo. Según parece, al señor De la Torre no le gusta mucho pagar impuestos. Cada negocio que cierra, por lo que he podido notar, ha sido cuidadosamente planeado teniendo en cuenta cuestiones tributarias.

Le lancé una mirada a la carpeta que Néstor había puesto sobre mi escritorio; tenía por lo menos dos centímetros de espesor.

—Tal vez se siente muy macho sacándole ventaja a la Administración de Impuestos (IRS) —sugerí—. Muchos hombres de negocios usan esas astucias, Néstor. Cuanto más dinero ganan, menos les gusta pagar impuestos.

—Está bien. Pero eso hace que sea muy difícil rastrear los dineros —anotó Néstor—. Va a ser imposible precisar exactamente cuánto dinero tienen. Obtuve los nombres de cientos de corporaciones, pero la mayoría son privadas. Las corporaciones públicas tienen que informar sobre los inversionistas y sus activos, pero las empresas privadas pueden reservarse toda esa información.

—Vamos a tener que abordar esto desde otro ángulo, entonces —anoté.

—Bueno, permíteme que te dé una buena noticia —dijo—. ¿Te acuerdas de que te mencioné a Verónica? Salimos a tomar algo anteanoche.

Néstor sonrió misteriosamente y me di cuenta de que me iba a hacer pagar por mi mal genio y por haberlo presionado a dar el informe sin rodeos. Era una persona magnífica y un gran investigador, pero también se daba aires y era un poco imprevisible.

—Cuéntame, Néstor —le supliqué—. ¿Qué pasó?

—No me equivoqué con respecto a su trabajo —comenzó Néstor—. Es la encargada de la sección de correo en el First Miami.

—¿Con acceso al correo que le llega a Miguel?

—Sí, pero no podía preguntar demasiado sin levantar sospechas. La próxima vez que la vea, le podré sacar un poco más —Néstor hundió una mano en su bolso de lienzo y extrajo otra carpeta—. Los recortes de periódico de los De la Torre. Los seleccioné según criterios de importancia. No fue fácil. La pareja ha aparecido en el *Herald* más de 700 veces.

—Mil gracias, Nestor, sé que estás haciendo un gran esfuerzo

—parecía ser el momento adecuado para darle un poco de ánimo—. ¿Sabes que Marisol empieza a trabajar hoy? Le conté lo que le pasó a Mike, pero aun así quiere trabajar en el caso. Parece que le importa más el nuevo BMW que su propia seguridad.

—¿Marisol? —Néstor se irguió un poquito—. ¿Va a seguir a Miguel?

—Esa es su tarea: seguirlo y tomar fotos —dije, echando una mirada al horario de vigilancia—. Contraté a Raúl para remplazar a Mike. No se asustó; creo que necesita demasiado el dinero. Los investigadores han recogido docenas de datos y de fotos que informan sobre todo el que entra y sale de esa casa. Hasta ahora, no he visto nada que llame la atención.

—Bueno, y de aquí en adelante ¿qué?

—Le he dado muchas vueltas al asunto, y cada vez me parece más evidente que no vamos a lograr conseguir mayores resultados si nos seguimos ateniendo a técnicas convencionales de investigación —dije cuidadosamente, pensando a medida que pronunciaba las palabras—. Miguel y Teresa son personajes públicos, pero a la vez son muy reservados en lo que se refiere a sus asuntos. Tengo programada otra inspección de basuras para mañana.

—Te encanta eso de escarbar basuras, ¿no? —se rió Néstor.

—Me dan náuseas de sólo pensarlo —dije—. Pero también voy a investigar a Sergio Santiago, el asistente de Miguel. Clive le contó a Leonardo que a Sergio le había gustado conocerme y que se sentía avergonzado por haberse emborrachado y por hablar demasiado. También mencionó que es probable que Sergio sea VIH positivo y que incluso tenga sida, aunque obviamente no habla sobre estas cosas. No sé de qué nos pueda servir todo esto. No parece ser mayor cosa, pero es algo.

—Hay que intentarlo. No se pierde nada —anotó Néstor—. Oye, Lupe, sé cuánto odias esas inspecciones de basuras. ¿Quieres que me haga cargo de ésta?

Me conmovió. Néstor muy rara vez se prestaba para estas quijotadas.

—Eres un ángel, Néstor —le dije, mandándole un beso con la punta de los dedos—, pero mejor no. Hacer esas tareas me mantiene con los pies en la tierra.

—¿Penitencia por tus pecados? —preguntó.

—Puede ser.

Néstor levantó su huesudo cuerpo de la superficie del sofá.

—Te llamaré tan pronto tenga algo nuevo —dijo—. ¿Por qué no me mandas a hacer vigilancia con Marisol? Oí que necesita ayuda.

—Eso es lo que quisieras —le dije con un guiño—. Adiós, Néstor.

Después de que salió, comencé a echarle una mirada a los recortes de periódicos, para ver si había algo fuera de lo corriente. Lo primero que me llamó la atención fue la dedicación de los De la Torre a actividades para la comunidad. No creo que hubiera una sola obra de caridad en Miami a la cual no estuvieran vinculados de una manera u otra. Y entonces encontré una entrevista que había concedido Teresa a la revista *Tropic*.

Llevaba la fecha del 14 de julio de 1974. *Tropic* era una revista dominical, llena de notas breves sobre personajes conocidos y de consejos para la casa y el jardín. El artículo llevaba como título "Teresa de la Torre: una vida valerosa".

En la primera página había una foto de Teresa, posando con una sonrisa en el patio de su casa en Coral Gables. La casa se veía desplegada con sus dos columnas en el centro de dos alas con las paredes pintadas de color rosa salmón. Teresa se veía más joven de lo que aparecía en fotos más recientes. Pasé al texto.

La reportera claramente sentía gran respeto por su entrevistada. Comenzaba el artículo señalando la "discreta elegancia" de la casa y la "encantadora franqueza" con la que hablaba Teresa. Los primeros párrafos estaban dedicados a la Sociedad de Deseos Infantiles, un grupo que manejaba Teresa y que repartía regalos a niños necesitados. Todavía existía, y de hecho yo les había enviado un cheque por cincuenta dólares en la Navidad pasada.

Luego se puso interesante. El artículo se refería a la vida de Teresa en La Habana y su adaptación a Estados Unidos. Me pareció que Teresa se sentía halagada de ser objeto de un perfil tan amplio en una revista, porque aquí decía mucho más de lo que había leído hasta ahora en otros artículos.

"En La Habana, Miguel y yo formábamos parte de lo que uno llamaría la alta sociedad —dijo Teresa con una sonrisa modesta—. Pero las cosas nunca son tan simples como uno quisiera. En La Habana, la gente tiene mucha memoria, y muchos creyeron que no era muy probable que Miguel y yo llegáramos a casarnos."

Me dio la impresión de que Teresa hablaba en un código que yo no comprendía. ¿Sería que la gente pensaba que Miguel se había casado con alguien de menor rango social?

"Miami fue como comenzar de nuevo para Miguel y para mí, especialmente después de todo lo que habíamos sufrido. Mi prioridad fue encontrar una buena casa. El principal negocio de Miguel en Cuba había sido en bienes raíces, y había hecho algunos negocios en Miami que nos procuraron esta casa en Coral Gables." Más fotos de su modesta y humilde residencia.

"Tuvimos que invertir mucho esfuerzo y mucha paciencia para conseguir que esta casa se pareciera a la que teníamos en la Habana, para sentirnos cómodos en ella. Reprodujimos los muebles que teníamos y muchos otros detalles. Varios amigos han comentado que nuestra decoración les recuerda a La Habana vieja. Esto, por supuesto, nos complace mucho."

De nuevo me pareció que había que leer entre líneas. Teresa decía que la nostalgia la había llevado a duplicar la Cuba tradicional en su nueva casa, pero yo sospechaba que se trataba de otra cosa. Por lo que conocía de los cubanos de la vieja guardia, y con una dosis de mis habilidades de psicóloga aficionada, me parecía que estos gestos iban encaminados a demostrar que ella y Miguel habían sido personas de alto rango en La Habana anterior a Castro.

El artículo continuaba con la descripción de una cena con baile que había organizado Teresa en 1961, cuando llevaban casi dos años en Miami. La intención en esta ocasión era agasajar a la crema y nata de la comunidad cubana en el exilio. Teresa contaba cómo se había puesto nerviosa con todo el asunto de la fiesta y me parecía entender bien a qué se refería: esta fiesta era un gesto para indicar que los De la Torre eran de alcurnia y no arribistas. De cualquier manera, la estrategia le había dado muy buenos resultados. Muy poco después, los De la Torre ya eran considerados de lo más distinguido entre la gente de sociedad.

"Y mientras Teresa recordaba aquellos primeros días en Miami, tan diferentes a la vida que llevan ahora, puso su mano delicadamente sobre mi rodilla y me preguntó: 'Querida, ¿quieres que te cuente cómo nos escapamos Miguel y yo de Cuba?'"

Esto era exactamente lo que yo quería leer. La versión que daba Teresa confirmaba casi todo lo que Luis me había contado, y este artículo parecía ser la única confirmación que iba a conseguir de esta parte de su relato, como no fuera que los De la Torre me lo contaran personalmente. Teresa le comentaba a la reportera sobre la llegada de Castro al poder y de la caída de Batista a finales de los años cincuenta y cómo ella y Miguel habían liquidado todos sus activos y habían comprado diamantes, pues comprendieron que muy pronto tendrían que escaparse del país. Pero en ningún momento mencionaba a los padres de Luis.

"Teníamos que sacar las joyas del país, pero sabíamos que nos iban a arrestar con ellas en el aeropuerto", decía Teresa. "Así que tuvimos que ingeniarnos alguna forma de esconderlas. Entonces se nos ocurrió lo del arroz con pollo".

Trataba de imaginarme la cara de la reportera pensando cómo reaccionar ante esto. ¿Arroz con pollo? ¿Cómo podía tener esto alguna relación con el hecho de sacar diamantes de contrabando de Cuba?

"Miguel y yo estuvimos toda la noche sentados con una bolsa de presas de pollo. Miguel sacaba una presa de buen tamaño y le insertaba un diamante en una hendidura que le hacía al animal. Un amigo nuestro estaba esa noche con nosotros. Cosía el pollo para que no se pudiera detectar que habíamos hecho nada raro con la comida. Nuestro amigo era muy meticuloso, así que preferimos confiarle esa tarea a él."

"El padre de Luis", pensé. Si se parecía de alguna manera a su hijo, entonces seguramente había sido el tipo de persona a quien se le podía confiar una tarea delicada. Pero ¿por qué le delegaban los De la Torre esta tarea a alguien, como no fuera porque esa persona estaba directamente involucrada en la acción? Teresa había logrado con gran destreza no hacer alusión alguna a los Delgado en su relato, pero con esta mención se había delatado.

"Hervimos el arroz con azafrán y luego agregamos el pollo", continúo Teresa. "Comenzamos a preocuparnos debido a que no habíamos pensado en el olor. Nosotros jamás cocinábamos para nosotros mismos y pensamos que alguien del personal del servicio podría despertarse. Como estaban las cosas, uno de ellos podría igualmente delatarnos ante la Policía."

"Para escapar, nos vestimos como campesinos. Miguel se afeitó su bello mostacho y nos pusimos ropa sucia. Nuestro amigo nos llevó al Aeropuerto Rancho Boyeros temprano en la mañana. Teníamos dos tiquetes de ida y vuelta en clase económica para Miami con pasaportes falsos y cartas selladas desde Miami. Le dijimos a la Policía que estábamos visitando a unos parientes durante dos semanas y que la comida era para nuestra hija en Florida. Fue realmente una gran aventura pero no lo pensé así aquella vez. Estaba demasiado asustada!"

Con gran dificultad pude terminar el artículo. Sentí a la vez repulsión y rabia con esta mujer. Teresa terminó su historia señalando el collar de diamantes que Miguel le había regalado después de que llegaron. Contenía algunos de los diamantes originales —la fortuna combinada de las familias De la Torre y Delgado—. Era bello y elegante, y sólo pocas personas conocían el verdadero costo de la joya. La comunicadora resumió las cosas así:

"Durante una tarde pasada en la amable compañía de Teresa de la Torre, me sentí realmente conmovida hasta las lágrimas varias veces debido a su dignidad y porte mientras relataba su escape de la prisión y su posible muerte. Ha mantenido su sentido del humor y ha dedicado su dinero al mejor uso posible: ayudar a los niños desafortunados y apoyar otras causas valiosas. Teresa realmente es una mujer notable y valiente, un claro ejemplar de integridad, fuerza y honor."

Diantre, qué carga tan pesada la que puso Teresa sobre la reportera. Después de leer este artículo, la mayoría de las personas se sentirían inclinadas a canonizar a Teresa. Lo que yo vi fue la mera evidencia del poder de Teresa para explotar su encanto, quizás mezclado con una extraña dosis de la culpabilidad del sobreviviente —ese sentimiento particular tan propio de los exiliados cubanos que viven bien mientras que sus parientes sufren en Cuba—.

Consideré mostrar el artículo a Luis, pensando que le gustaría ver que su historia se corroboraba en forma impresa, pero supuse que sería demasiado para él. Toda la herencia de su familia se había reducido a una velada alusión a una única pieza. Yo había escuchado que los vencedores y los supervivientes escribieron la historia convirtiéndose a sí mismos en héroes. Nunca antes esto había sido tan cierto.

21

Había pedido que me dieran una mesa en un rincón en el segundo piso, alejada de los ires y venires de la gente, para poder observar mejor quién entraba y salía. Se encontraba, además, un poco retirada para que Sergio se sintiera más relajado.

East Coast Fisheries era un restaurante viejo en las orillas del Río Miami, que recibía más que todo a una clientela local. Pocos turistas tenían las ganas —o el suficiente coraje— de aventurarse por los decadentes barrios de la zona del centro, donde los indigentes habían establecido sus campamentos bajo los puentes de las avenidas. Una lástima, porque el East Coast mandaba su propio barco diariamente a altamar y sólo servía pescado fresco del día. Las pruebas del paté de pescado de la casa, que eran servidas tan pronto uno se sentaba a la mesa, parecían sacadas de un sueño marítimo. Más de una vez me había llenado de paté con galletitas antes de que me sirvieran el plato principal.

La decoración era del más auténtico kitsch, sin intención alguna de serlo. Del cielo colgaban peligrosamente unas luces fluorescentes que a duras penas sostenían unas polvorientas redes de pescar carcomidas por las polillas. Enormes conchas y caracoles estaban pegados a las paredes sin diseño específico, alternando con pescados disecados que habían sido producto de la pesca hacía varias décadas. Algunos comensales venían directamente de sus barcos, en traje de baño, para comer allí; los hombres de negocios vestían traje y corbata. A veces llegaban mujeres jóvenes con atuendo para una ocasión especial, seguramente porque creían que las habían invitado a un restaurante común y corriente y no a una fonda local. Había un elemento común en todos los clientes del lugar: sin falta, llevaban *beepers* y celulares que emitían diversos sonidos durante la comida. Daba la impresión de que uno se encontraba en una selva poblada de animales electrónicos.

Me había tomado ya dos aguas minerales servidas por una mesera en traje marinero cuando miré el reloj: las cuatro y cuarto. Por un instante, me entró la duda de si Sergio iba a aparecer y ya comenzaba a preocuparme; entonces me acordé de que era cubano. Cinco minutos de reloj eran equivalentes a un minuto cubano, así que, según esa cuenta, sólo llevaba tres minutos de retraso.

Me acerqué a la ventana con vista sobre el río, donde barcos de turismo y de pesca se mecían en la corriente. Conté los aparatosos y oxidados cargueros que se preparaban para zarpar hacia Puerto Príncipe, sobrecargados de mercancías. Instintivamente, pasé revista a las bicicletas que había en el puente de un barco cerca de mi ventana, con la vaga esperanza de que tal vez se encontrara ahí la Schwinn que me habían robado el año anterior. Precisamente cerca de allí Pepe Salazar había atacado a Luis. A estas horas del día el lugar se veía lo suficientemente abandonado y peligroso; la verdad no tenía deseos de saber cuál sería el ambiente nocturno.

Cuando finalmente llegó Sergio, pocos minutos antes de las cinco, se veía realmente mal. A juzgar por su aspecto esa tarde, quizás Clive tenía razón en que estaba enfermo. No le había dicho a Sergio por qué quería que nos encontráramos, pero era obvio que él sabía que le iba a pedir algo. Era una pena, realmente, porque Sergio habría sido una buena compañía para ir a almorzar o a cenar, si no fuera por el hecho de haberme encontrado a Mike Moore muerto y embutido en el baúl de su auto y mis sospechas de que el jefe de Sergio tenía algo que ver con esto.

Convencí a Sergio de que pidiera un margarita, a sabiendas de que se le soltaba la lengua cuando estaba un poco tomado. Concedió cuando le dije que yo pagaba. Le sirvieron su bebida, tomó un par de sorbos y me miró con una no disimulada sospecha.

—Sergio, lo que te voy a contar es estrictamente confidencial —comencé—. Voy a confiarte información que, de salir al público, podría hacer mucho daño.

—Muy bien, cuéntame —dijo Sergio. Se sentía un poco halagado.

—Cuando nos presentaron en la cena de Elliot y Clive, me contaste que has sido el asistente personal de Miguel de la Torre estos últimos seis años.

Sergio asintió y ahora se veía mucho menos halagado.

—También me dijiste que estabas enojado con él por la forma en que te había tratado cuando tu pareja se enfermó. ¿Todavía te sientes así?

—Más que nunca —dijo Sergio cautelosamente—. El tiempo no cierra mis heridas, ¿sabes? Más bien aumenta el resentimiento.

Tomó un sorbo de su margarita y siguió:

—Algunas veces pienso que Mario todavía estaría vivo si hubiera podido cuidarlo como yo quería hacerlo. Se sentía bien conmigo, pero no podía soportar que otras personas lo vieran así, tan débil y enfermo. Si yo hubiera podido estar con él… así es como ha debido ser. Me necesitaba tanto…

Sergio bajó la cabeza para que yo no viera que lloraba. Esperé un momento para que recuperara el control. Aunque suena un tanto cruel, estaba muy satisfecha con lo que había oído. Era la reacción que había esperado.

—Tengo un cliente que vino a solicitar mis servicios —le dije—. Miguel de la Torre se apropió de un dinero que pertenecía a la familia de mi cliente y los abandonó en La Habana. Han pasado treinta y ocho años, y este hombre finalmente pudo salir de Cuba. Y ahora Miguel se niega a cumplir con el acuerdo y no le quiere pagar el dinero que le pertenece por derecho propio.

Sergio me miró con algo de duda en su expresión.

—¿Entonces por qué no va este tipo y le pone una denuncia a Miguel, prueba que estafó a su familia y reclama su dinero?

—Porque no hay nada por escrito —repuse—. Todo se basaba en la palabra de Miguel. Era un pacto de honor entre amigos. No puedo revelar mucho, pero sí puedo decirte que Miguel y el padre de mi cliente eran amigos de infancia.

Era vital que Sergio viera el paralelo entre su situación y la de Luis. Ambos estaban en una condición desvalida ante un hombre muy rico y poderoso. A los dos Miguel les había quitado algo y parecía poder ejercer un poder sobre la vida y la muerte en ambos casos. Era una clásica lucha de David contra Goliat, con la ventaja moral del lado de los menos poderosos.

—Mira, Sergio, mi cliente creyó que Miguel se iba a portar como un caballero e iba a cumplir con su palabra —le expliqué—. Pero se engañaba. Miguel lo recibió con frialdad y lo rechazó, aun cuando este hombre sólo reclamaba lo que le pertenece.

—¿Qué tiene que ver todo esto conmigo? —preguntó Sergio, alejando su silla de la mesa.

—Quiero que nos ayudes a conseguir información sobre los negocios de Miguel —le dije con una suave sonrisa para despejar la posible impresión de que estaba amenazándolo o presionándolo—. Te encuentras en una posición privilegiada, al haber trabajado tantos años para él. Seguro que te tiene confianza.

Si Sergio no estaba dispuesto a ayudarme, al decirle esto habría podido levantarse de su silla e irse. Pero no lo hizo. Le di un poco de tiempo para que tomara otros sorbos más de su margarita.

—Necesito que me averigües en qué tipo de negocios anda metido, en el banco y por fuera —seguí diciendo, lo más casualmente posible—. Necesito saber todo lo posible sobre su situación financiera, sus activos, su valor neto, y cualquier cosa, por leve que sea, que parezca sospechosa.

Esta última parte la había mencionado para ver la reacción de Sergio. Me miró como si no pudiera creer lo que estaba oyendo.

—¿Te das cuenta de lo que me estás pidiendo? —dijo—. Me estás pidiendo que espíe a mi jefe. Odio al hombre, pero me paga muy bien. Si me agarran, lo menos grave que me puede pasar es que me despidan. Lo más probable es que no pueda conseguir nunca jamás un puesto en un banco y probablemente tendría que responder ante la justicia. ¿Por qué habría de arriesgarme de esta manera? ¿Y en qué demonios me favorecería a mí?

—Venganza —repuse con aplomo. Estaba preparada para esta reacción—. Un desquite por lo que te hizo con Mario. Lo vi en tus ojos esa noche de la fiesta, cómo te sentías por lo que tuvieron que soportar tú y tu pareja. Y porque esto es una cuestión de honor. Sergio, sé que esto significa algo para ti.

Era una apuesta: contaba con que Sergio entendería y creería en el concepto de honor. Al fin y al cabo, para él había sido una cuestión de honor cuidar de su novio cuando se estaba muriendo. Sabía que podía estar equivocada, pero tenía que intentarlo.

—¿Lo que me quieres decir es que no estaría traicionando a Miguel porque estaría vengando la muerte de Mario? —Sergio alejó su copa y sacudió la cabeza—. Lupe, mira. Bien puedo ver que necesitas mi ayuda, pero no me trates como a un idiota.

—No, Sergio, esa no era mi intención —dije.

Sergio parecía estar de mal genio y se quedó callado. Cuando la mesera vino a preguntar si queríamos algo más, la despidió con un brusco ademán.

—Te voy a hacer una propuesta —le dije—. Antes de rechazarla, por lo menos reúnete con mi cliente. Quiero que oigas su historia directamente de sus labios.

Sergio miró hacia la escalera que conducía a la salida del local. Podía sentir cómo su cuerpo se disponía a seguir la mirada.

—Lo que me va a contar es alguna historia lacrimosa —dijo Sergio—. Lupe, lo siento. Me caes bien y veo que lo que estás haciendo es por una buena causa. Pero estás perdiendo el tiempo.

Trató de ponerse de pie, pero le agarré de una manga y lo obligué a sentarse de nuevo en su silla.

—No te preocupes, no le voy a contar nada de esto a Miguel —dijo Sergio en tono confidencial—. Mi lealtad hacia él no va tan lejos. Tan sólo es que necesito el dinero que me paga.

—Sergio, espera —le dije. Por lo visto había calculado todo esto muy mal. De pronto sentí que tal vez no podía estar tan segura de que no le contaría a Miguel de esta conversación—. Por favor, sólo te pido que te reúnas con mi cliente. Se lo debes a Mario. Te creí esa noche cuando hablabas del honor, de las cuestiones de obrar bien o mal. Realmente te lo creí.

Era vital que Sergio se calmara y que viera las cosas un poco desde mi punto de vista. Pero por la expresión de su cara, me daba cuenta de que no lo había logrado.

—¿Sabes? Ya no estoy tan seguro de que me gustes —dijo Sergio—. Eso fue un golpe bajo. Deja de usar a Mario para conmoverme.

—Tienes razón —dije—. Lo siento.

Y de verdad, lo sentía. Sergio hizo una pausa y parecía más calmado después de que le pedí disculpas.

—Bien. Por lo visto, esto te importa tanto que estás dispuesta a usar las dificultades de mi situación en mi contra. Para que sepas, tuve que tomar un empleo más para poder pagar mis deudas. Así que si vas a arreglar un encuentro, que sea temprano en la mañana antes de que salga para el banco, o tarde en la noche, cuando llegue a casa después de mi trabajo en el gimnasio.

—Sergio, realmente siento todo lo que te ha pasado —le dije con toda sinceridad—. Es muy injusto, lo sé. Todo esto es muy injusto.

—¿Quién dijo que la vida era justa? —preguntó y me miró con expresión extrañada—. Algún idiota que nunca la vivió. Y para que las cosas queden claras: considero que este es un favor que le hago a

Clive y Elliot, porque sé que te tienen mucho cariño. Esto no tiene nada que ver con Mario.

Me dejó. Fui al teléfono público que había en el bar, llamé a Luis y le di un rápido informe sobre lo que acababa de pasar. Luis anotó el número de teléfono de Sergio. Ahora lo único que yo podía hacer era esperar y rezar… y tratar de no sentirme demasiado mal por lo que acababa de hacer.

22

—Oye, Lupe, no quiero ser indiscreta, pero ¿te va bien con este negocio? —preguntó Marisol. Estaba encaramada en el alféizar de la ventana de mi oficina, con los binoculares enfocados hacia el jardín trasero de la casa.

—¿Qué dices? —le pregunté. No estaba escuchando lo que me decía, pues seguía pensando en el informe que acababa de entregar. Presentaba en detalle las actividades de Miguel de la Torre durante los últimos dos años.

—Olvídalo. No dije nada —respondió Marisol. Bajó los binoculares y se los puso en el regazo—. No es asunto mío.

—Marisol, ¿de qué demonios estás hablando? —dije dejando a un lado el informe.

Levantó de nuevo los binoculares y volvió a mirar hacia fuera.

—Pues, señorita Solano —dijo como si no se tratara de algo especial—, si no me equivoco, usted tiene un magnífico jardín de marihuana en sus predios, justo detrás del árbol de aguacate.

—Dáme ese bendito aparato.

Casi la estrangulo con la cuerda mientras trataba de arrancarle los binoculares.

Gradué los lentes para ver con mayor claridad. Marisol tenía razón: podía ver una hilera de delicados brotes verdes que definitivamente no eran planticas de tomate. A los veintiocho, había superado del todo la edad del consumo de tales estimulantes. Bueno, no precisamente, pero sembrar y cosechar no eran propiamente las actividades que me interesaban. Aun así, todavía no estaba tan vieja como para no reconocer una planta de marihuana. Esto no tenía más que una explicación.

—Lupe, me sorprendes. Yo creía que no tenías ni una gota de sangre campesina —dijo Marisol frotándose el cuello—. Sé muy bien que no consumes nada de eso, así que ¿en qué andas? ¿La cultivas con fines medicinales, o estás tratando de ganarte un dinero extra? Porque tengo que advertirte…

—¡Leonardo! —grité. Marisol se echó hacia atrás. Ahora, además de tener que frotarse el cuello, se tenía que destapar los oídos. Trabajar conmigo le estaba resultando peligroso para su salud. Marisol era tan mercenaria y calculadora que yo sabía que tarde o temprano comenzaría a considerar que tal vez estas lesiones le servían para reclamar una compensación. Seguramente estaba pensando que su sueño de poseer un BMW podía llegar a realizarse más pronto de lo que había imaginado.

Mi primo asomó su cabeza por la puerta unos instantes después. Tenía el rostro demacrado por el temor y el miedo.

—¿Sí, Lupe? —susurró.

—¿Qué demonios es lo que has estado sembrando en el patio trasero? —le grité con voz quebrada por la ira, mientras le indicaba en la dirección del árbol de aguacate.

—Ah, eso —respondió. Leonardo había comenzado a dar unos pasos en el interior del despacho, pero volvió a retroceder—. Te refieres a la marihuana.

—Sí, Leonardo, me refiero a la marihuana —pronuncié cada palabra lenta y cuidadosamente.

—Verás. Se trata de esta nueva poción que estoy elaborando. Es una cura total contra la ansiedad. Mezclo un poco de marihuana con jugo de frutas; bueno, todavía no he logrado las proporciones correctas, y aún hay un par de cosas que tengo que hacer con la…

Apreté los puños. Podía sentir cómo me subía la sangre a la cara.

—Me tranquiliza mucho —agregó Leonardo cautelosamente—. Es más, Lupe, a ti te vendría muy bien tomar un poco en este momento. Te ves muy tensa. Eso es justamente lo que estoy tratando de… ¿te das cuenta? Toda esa tensión es muy mala para…

Marisol optó por examinar el estado de sus cutículas. Me di cuenta de que estaba haciendo un esfuerzo sobrehumano por no soltar una carcajada.

—Vas a salir inmediatamente y vas a desenterrar cada una de esas plantas —Leonardo daba pasitos cortos hacia atrás ante cada punzada de mi dedo en su pecho—. Las vas a erradicar todas, sin dejar el menor rastro. ¡Y no vas a permitir que nadie te vea haciéndolo!

—¿Erradicarlas? —cuestionó Leonardo—. Pero si por fin estoy logrando la fórmula.

—Yo sé muy bien qué es lo que vas a lograr —dije, al borde de perder control—. Perdón: lo que vamos a lograr. Vamos a ser huéspedes del gobierno, y durante un rato largo. ¿Hace falta que te diga que la ropa a rayas no nos sienta bien a ninguno de los dos?

—Lupe, confía en mí —me rogaba Leonardo—. Está todo bien oculto. Y si te tomaras un sólo vaso de mi fórmula, te sentirías mucho mejor. Una vez estés relajada, estoy seguro de que vas a recapacitar.

"Todo esto era culpa mía", pensé. Durante años había estado intentando despertar algo de ambición en mi primo. Lo había instado a ser imaginativo y a que probara cosas nuevas. Pero nunca me imaginé que efectivamente iba a seguir mis consejos.

—¿Sabes qué? A mí me gustaría probarlo —dijo Marisol.

—Me rindo —grité levantando los brazos—. ¡Estoy rodeada de niños pequeños! Nos van a meter a la cárcel por posesión de drogas. ¡Ya verán! ¡Ya van a ver!

Volví a los informes abandonados sobre mi escritorio, y Marisol y Leonardo salieron juntos de mi despacho.

Comencé por echar una mirada a las impresiones tamaño pasaporte que había hecho Leonardo de fotos que había tomado Marisol en una reunión en Casa Juancho, un restaurante español en la calle octava. Había seguido a Miguel de la Torre cuando él iba a uno de sus muchos almuerzos de negocios.

Había también unas fotos en las que se veía a Miguel saliendo del restaurante con las personas con quienes había estado almorzando. Saqué la lupa que mantenía en un cajón del escritorio y estudié con cuidado una foto en particular. Había un hombre que parecía vagamente conocido, pero se encontraba demasiado lejos, en la parte trasera, como para poder distinguir bien sus facciones.

Había comenzado a leer la lista de nombres identificados, con la esperanza de que esto me permitiera ubicar quién sería el hombre en la foto, cuando Marisol entró con una mirada extraña.

—¿Qué tal la poción mágica? —pregunté—. ¿Lo suficientemente buena como para que valga la pena pasar quince años en una prisión federal?

—Treinta —respondió. Se recostó en el sofá, cruzó los brazos sobre el pecho y se sumió en un profundo sueño.

Llegó la noche del sábado sin que me encontrara muy preparada. Tuve que correr para alistarme, pues no quería que Tommy tuviera que esperarme cuando viniera a buscarme para ir al baile de la Amistad Cubano-Americana. Sabía que me iba a retrasar un poco, pero no pude resistir la tentación de un baño de burbujas. Además, Tommy no iba a sufrir demasiado con la espera: un par de mojitos de los de Osvaldo lo compensarían. Y en estos momentos, sumergirme en el agua no era un lujo, sino una necesidad. No podía estar más de acuerdo con W. Somerset Maugham cuando observaba: "Hay muy pocos males en el mundo que no puedan curar un buen baño y una botella de Gevrey-Chambertin". No habría podido expresarlo mejor.

El "mal" del cual tenía que curarme era el pánico. Esta noche me iba a ver cara a cara con Miguel y Teresa de la Torre e iba a interactuar socialmente con ellos. Me preguntaba si se acordarían de que me habían visto en la Funeraria Caballero. Sabía que ya me sentía mejor —no hay nada como un vestido de ataque para reforzar el ego—; aún

242 Carolina García-Aguilera

así me quedé un rato más en la bañera. Cuando salí, el baño estaba invadido de vapor y era imposible verse en los espejos.

Me maquillé, me hice una trenza y me puse los aretes de diamante que Mami me había dejado. No los tenía asegurados porque la prima era demasiado alta. Luego me deslicé dentro de mi largo vestido, me puse las medias y busqué los nuevos zapatos Chanel dentro del clóset. Abrí la pequeña cartera que había comprado para que combinara con los zapatos, guardé en ella los pañuelitos, el pintalabios y un pequeño frasco de perfume. No había la menor posibilidad de que la Beretta cupiera en la minúscula cartera, así que guardé un pequeño atomizador de gas lacrimógeno en cambio.

Tommy estaba sentado a la mesa de la cocina esperándome, y se aprestaba a dar los primeros sorbos de un mojito que acababa de pasarle Aída. Se veía espectacular. Me detuve en la puerta, dispuesta a hacer una entrada grandiosa, pero Aída y él estaban demasiado embebidos en su conversación como para fijarse en mí.

Tuve que carraspear. Me parece que pasé la inspección, porque Tommy se atoró con su bebida… o tal vez que el mojito estaba demasiado fuerte.

—¿Listo? —pregunté—. Vamos a llegar tarde.

—¡Te ves maravillosa! —exclamó Tommy. Me besó en ambas mejillas; no sé de dónde sacó esa costumbre, porque los cubanos besan sólo en una. Pero se veía tan guapo que no me importó.

Aída se frotaba los ojos.

—Te ves igualita a tu mamá.

Me desconcerté un poco. Aída nunca había dicho que yo me pareciera a Mami. Sabía que estaba tratando de ser amable, lanzándome un cumplido como ése, pero también sentí como si me diera un golpe en el estómago. Justo en ese momento entró Osvaldo a la cocina; dio un salto cuando me vio. Era obvio que estaba pensando exactamente lo mismo que su mujer acababa de expresar.

Tommy era lo suficientemente sensible como para darse cuenta de que la situación estaba produciendo emociones intensas; abrió el escaparate en el que estaban guardados los vasos, sacó tres y nos sirvió mojitos recién preparados. Nos dio un vaso a cada uno y levantó el suyo para brindar.

—Por Mami —dijo solemnemente y con los ojos hacia el cielo. Aun cuando pareciera un poco melodramático, había sido un gesto muy dulce de su parte rendirle un homenaje a mi madre. Repetimos el brindis y desocupamos los vasos.

Tommy y yo caminamos hacia el Rolls en silencio. De nuevo se me cruzó por la cabeza que Tommy tenía fama de ser despiadado, un desgraciado sin corazón. Yo sabía que dentro de ese pecho tenía un gran corazón. Algunas veces era difícil encontrarlo, pero estaba ahí, enterrado bajo capas de dureza y horas de trabajo que cobraba a un precio muy alto.

Tommy sólo comenzó a hablar cuando estábamos cruzando la cerca de seguridad de Cocoplum.

—Lupe, tengo noticias que no te van a gustar.

Me preparé para el golpe. Generalmente, cuando Tommy decía que una noticia era mala, nunca bajaba de ser catastrófica.

—¿Recuerdas que después de que mataron a Mike Moore, el detective Anderson estaba presionándolos a Joe y a ti para que rindieran declaración?

—Sí —dije. Sentí que se apretaba el nudo en mi estómago.

—Bueno, después de eso hablamos sobre lo que podía pasar, ¿verdad?

Redujo la velocidad y se detuvo ante el semáforo en rojo.

—Ha sucedido lo que podía suceder en el peor de los casos.

Lo sospechaba.

—Déjame adivinar —dije—. El peor de los casos… mi enemiga, Aurora Santángelo, ha mostrado interés personal en mi caso. Voy a tener que rendir testimonio ante el gran jurado.

—Tal cual —repuso Tommy.

No era capaz de mirarme; sabía muy bien que este era un golpe fatal. Aurora Santángelo era mi enemiga mortal en la oficina de la Fiscalía del estado. Habíamos tenido un enfrentamiento hacía algunos años y yo había ganado. Desde ese entonces, la fiscal estaba pendiente de mí: me culpaba por todo, desde los casos que se frustraban hasta sus cólicos menstruales. Hasta ahora, había logrado evitar su furia —a duras penas— pero sabía que era sólo cuestión de tiempo antes de que volviera a atacar. Y ella jugaba sucio. Estaba segura de que iba a tener que hablar con Charlie sobre este asunto: necesitaba información interna sobre lo que pasaba en la Fiscalía.

—¿Cuándo comienza? —pregunté.

—Pronto. Tal vez la próxima semana. Veré qué puedo hacer para evitarlo, pero ya sabes que una citación del gran jurado es cosa seria.

No puedo decir que esto me haya tomado totalmente por sorpresa. Habría sido muy ingenuo pensar que el persistente detective Anderson y sus preguntas iban a desvanecerse, sobre todo si él era capaz de conseguir una aliada entusiasta y empeñada, lo cual describía a Aurora con precisión.

Seguimos andando en silencio. Poco después de dejar la Interestatal por la salida de Byscaine Boulevard y dirigirnos hacia el este, pudimos ver la fila de carros que esperaban para subir la rampa de entrada del hotel. Nos unimos a la fila y esperamos con paciencia el turno para que viniera uno de los atléticos *valets* a estacionar el Rolls.

Para distraerme de la mala noticia que me había dado Tommy, pregunté:

—¿Crees que los De la Torre van a recordar que ya nos conocimos?

Tommy tomó mi mano y la besó delicadamente.

—Lupe, querida, ¿qué tipo de pregunta es esa? ¿Acaso no sabes que eres inolvidable?

¡Un verdadero príncipe! Por supuesto, si estábamos del mismo lado en este caso.

—Sólo estaba pensando —dije—. Cuando nos vimos en la Funeraria Caballero, yo estaba con Papi y mis hermanas. Estaba oscuro y sombrío y había mucha gente alrededor. Puede ser que no se hayan fijado muy bien en mí.

Mi di cuenta de que andaba racionalizando tanto para mi propio beneficio como para el de Tommy, que me propuse dejar de pensar en ello.

—¿Alguna noticia acerca de cómo está procediendo la Policía con respecto a la muerte de Mike? —preguntó Tommy y luego abrió la ventana media pulgada.

—Nada nuevo —respondí. Le había solicitado a Ted Rafferty más información pero no tuvo nada que decirme; prometió llamarme después de que se llevara a cabo la autopsia.

Justo entonces un *valet* llegó con el carro, abrió la puerta y me subí escapando de la humedad de la noche. Casi todos los invitados que llegaban eran cubanos, con lo cual cumplían el requisito de llegar con 45 minutos de retardo. Los invitados norteamericanos llegaban más o menos puntuales, es decir, a la hora impresa en la invitación. Después de haber pasado cuarenta años juntas, ninguna de las dos culturas había obtenido mayor comprensión del concepto de tiempo que tiene la otra. En algunos casos —en las bodas mixtas— por ejemplo, se usa imprimir dos juegos de invitaciones con diferente hora de inicio para el mismo evento. Es la única forma de asegurarse de que las personas lleguen a la misma hora.

Tommy y yo seguimos a la multitud escaleras arriba hasta el gran salón de baile donde fuimos detenidos por una recepcionista. Habría sido imposible colarse en este evento, pues las boletas eran inspeccionadas como si se tratara de pasaportes en la Oficina de Inmigración. Una vez dentro, pasamos a un pequeño salón donde había un gran plano que mostraba la sala de baile. Con un indicador de luz, nuestra joven recepcionista señaló la localización de nuestra mesa. Un amable camarero que sostenía una bandeja de vasos de champaña nos indicó como llegar allí.

Yo sentí la mano de Tommy en mi espalda a medida que ingresábamos al salón donde las personas estaban impecablemente vestidas. Pronto fuimos saludados por algunos de los socios de la firma de abogados de Tommy, así como por otros abogados de alto calibre de Miami. Hice una nota mental para transmitirle a

Suzanne que el vestido había sido la elección perfecta. Ciertamente coseché más miradas de lo acostumbrado. Aún no había localizado a los De la Torre cuando se anunció que la comida se serviría quince minutos después.

A medida que pasábamos frente a los demás huéspedes para llegar a nuestra mesa de diez puestos, me pregunté qué bellas personas se sentarían a nuestro lado. Tommy caminó hacia el costado más lejano de la mesa y me hizo una señal para que me uniera a él; con toda la discreción que pude encontrar en mí, verifiqué las tarjetas que indicaban los nombres a media que adelantaba.

Yo no aspiraba a que el destino me deparara el sentarme al lado de Miguel de la Torre. Sin embargo, quien decidió estos asuntos me había situado entre dos de los colegas de la firma de Tommy: Marcel Parrish, a quien conocía porque me había contratado alguna vez para un caso, y Peter Wright, a quien conocía de nombre. Antes de lograr pedirle a Tommy la información del mugre que albergaban mis compañeros de mesa, empezaron a llegar más comensales. Pocos minutos después, todos estábamos sentados, con la notable excepción de los De la Torre.

Comencé a sentir pánico, y no quería pensar muy conscientemente en la posibilidad de que quizás hubieran cancelado su asistencia a última hora. Me parecía insoportable la idea de perder la oportunidad de examinarlos de cerca, pero, por otra parte, sentía cierto alivio de poder posponer el encuentro.

Ambos sentimientos se disolvieron cuando vi que Miguel de la Torre se acercaba a nuestra mesa, estrechando manos por el camino. Teresa lo seguía a pocos pasos: por lo visto, costaba trabajo deshacerse de ciertas tradiciones. Ella se veía todavía más impactante y distinguida que en la funeraria. Tenía el aspecto de una mujer que tiene acceso a los mejores estilistas, maquilladores, entrenadores personales y diseñadores de moda, para no mencionar a los dermatólogos, dispuestos siempre a hacer un retoque de colágeno aquí y allá.

Miguel hizo la ronda por nuestra mesa, estrechando la mano de los hombres y saludando a las mujeres con un beso. Le tendí la mano a Miguel para que la estrechara, lo que lo desconcertó por un instante; por supuesto, esperaba que me quedara quieta y le mostrara la mejilla para que me diera un beso. Al tratarse de un hombre cubano, y mayor, consideraba que era él quien decidía el tipo de saludo que me daría. Teresa lo seguía con una sonrisa como la de la Mona Lisa, inclinando levemente la cabeza cada vez que le presentaban a alguien. Cuando me saludaron, ninguno de los De la Torre hizo el menor gesto de reconocimiento, pero el saludo que le habían extendido a todos los demás de la mesa había sido idéntico. Cuando finalizaron las formalidades, nos sirvieron la comida: crema de champiñones, seguida de *filet mignon* con salsa bearnesa.

No tenía apetito. Comía mecánicamente, lanzando miradas de reojo a los De la Torre. La mujer sentada al lado de Miguel, la esposa de un fiscal, se reía a carcajadas, mostrando una hilera de perfectos dientecitos blancos cada vez que el banquero se inclinaba para contarle algún cuento. Parecía que, en Miami, independientemente de si el cuento era gracioso o no, cuando Miguel de la Torre contaba algo, la persona tenía que comportarse como si estuviera escuchando lo más divertido y cómico del mundo.

Teresa escuchaba con mucha atención lo que le decía el hombre sentado a su derecha. Yo sabía, por lo que contaba Mami, que a las mujeres cubanas de su generación se les enseñaba a escuchar con absoluto interés lo que dijeran los hombres, aun cuando se estuvieran muriendo de aburrimiento por dentro. Teresa no estaba mirando en mi dirección, así que me permití observarla un rato. Llevaba puesta la gargantilla de diamantes —las enormes piedras relucían sobre la piel tostada de su cuello—. Si esas piedras hablaran, habría podido resolver el caso en ese momento. En determinado momento me dirigió la mirada y pude notar que estaba admirando los aretes que Mami me había dejado. Me alegré de habérmelos puesto esa noche.

Marcel Parrish y Peter Wright parecían estar perplejos. Ya se había servido el plato principal y yo había evadido todos sus intentos de establecer una conversación. Pero sabía que tenía que hablar con ellos, así que traje a colación un caso notorio en el que habían trabajado ellos el año anterior. Eso les soltó la lengua, y yo sentí que había cumplido con mis deberes sociales. No le convenía a Tommy, y a mí tampoco, que yo pareciera brusca y desinteresada.

En la pausa entre el plato principal y el postre, Peter Wright me sacó a bailar. Mientras aceptaba, se me ocurrió que en algún momento resultaría bailando con Miguel. Por lo que parecía, estábamos siguiendo el protocolo social tradicional que dispone que cada hombre y cada mujer en la sala bailen por lo menos una vez durante la velada. Era una vieja costumbre para garantizar que ninguna mujer se quedara sentada sin pareja para bailar en toda la noche.

Acababa de terminar el café cuando se acercó Miguel de la Torre, se inclinó ligeramente y tendió la mano para invitarme a bailar. Sonreía agradablemente, pero los ojos tenían una expresión vacía. Parecía un autómata social perfectamente programado.

—¿Me concede el placer? —preguntó con voz profunda. Me dio un vuelco el corazón cuando vi que Tommy se inclinaba hacia Teresa y formulaba la misma pregunta.

—Por supuesto —repuse con una sonrisa.

Miguel me condujo a la pista de baile y puso su brazo alrededor de mi cintura. Me miró a los ojos y me sonrió más personalmente, más enfocado. El grueso bigote parecía erizado.

—Por favor, discúlpeme señorita —dijo mirando mi mano sin anillo—, no alcancé a escuchar su nombre. Con la edad me doy cuenta de que ya no oigo las cosas que más interesan, especialmente en un salón tan lleno de gente.

—Guadalupe Solano —repuse. Sentí que la mano que me abrazaba se tensionaba. Miguel me examinó con cuidado.

—Me parece que ya nos conocimos en otra ocasión. ¿Eres una de las hijas de Ignacio Solano?

Sentía cómo me palpitaba el corazón.

—Sí, soy la menor.

La mano de Miguel apretó más fuerte y sentía que me estaba pellizcando la cintura. Me temía que iba a tener moretones a la mañana siguiente. El hombre parecía muy afable, pero era un nudo de nervios.

—¿Conoce usted bien a mi padre? —pregunté. No podía resistir la tentación.

—Sí, bastante bien. Lo conozco desde hace muchos años —dijo Miguel—. Tu padre es un verdadero patriota y un hombre de honor de los de la vieja guardia.

Me daba vueltas por la pista de baile. Honor. De nuevo esa palabra, pero esta vez relacionada con mi padre. "Qué cosa más extraña decir algo así", pensé. Casi más extraño que el hecho de que Papi no hubiera dicho que conocía bien a Miguel cuando se lo pregunté unos días antes, a la hora del desayuno.

—Tu padre ha tenido mucho éxito —continuó Miguel—, pero nunca se ha olvidado de su patria. Debería servir de ejemplo para las generaciones más jóvenes de cubanos.

Antes de que pudiera digerir lo que me estaba diciendo Miguel, la banda comenzó a tocar una versión latinizada de *New York, New York*. Me esforcé por controlar la risa ante los intentos de los norteamericanos de bailar esto sacudiendo frenéticamente las caderas de un lado a otro. Se veían como licuadoras sin control, pero por lo menos estaban tratando de participar del ambiente de la velada. Por fortuna, la banda no tocó la *Macarena*; si lo hubieran hecho, creo que no habría podido retener la comida en mi delicado estómago.

Miguel y yo seguimos bailando. Durante toda esa pieza, la gente que pasaba a nuestro lado lo saludaba discretamente y con deferencia, como si se tratara del Padrino. No me molestaba, en realidad; la conversación que habíamos empezado me ponía nerviosa, y todas esas interrupciones evitaban que Miguel siguiera hablando.

No obstante, justo antes de que termináramos nuestro baile, Miguel me prestó toda su atención.

—¿Te acuerdas en algo de Cuba? —preguntó.

Esa era una pregunta difícil de responder. Había estado en Cuba en años recientes, pero eso era un secreto. En todo caso, había estado tan sólo en un pequeño pueblo de pescadores y nunca había estado en La Habana.

—Yo nací aquí —repuse.

Miguel pareció desconcertado por un instante; tal vez se le había olvidado que una generación completa de exilados nunca han conocido su patria, pues nacieron en Estados Unidos.

—Tu generación es la esperanza de futuro de Cuba. Lo sabes, ¿no es cierto? —dijo—. Los jóvenes como tú serán los responsables de reconstruir nuestra nación cuando Castro sea depuesto.

—Sí —asentí, tratando de que la cosa no se pusiera pesada. Miguel aspiró profundamente y los ojos le brillaban.

—Y los que dicen que ellos no van a regresar, esos son traidores. ¡Traidores! ¡No se dan cuenta de que Estados Unidos no es su país! ¡Hay traidores por todas partes!

Miguel prácticamente me estaba bañando con saliva mientras hablaba. Yo estaba demasiado asustada como para reaccionar. Claramente, este era un punto sensible para él y me preguntaba qué sería lo que había precipitado esta reacción tan fuera de lugar y ante una extraña como yo.

—Hay traidores entre nosotros —siguió—; los espías que Fidel Castro manda. Son los que infiltran nuestras organizaciones… ¡Tenemos que cuidarnos mucho de ellos!

—E-ee-ntiendo —tartamudeé.

—Los que parecen mas anticastristas, los que vinieron nadando, los que se enfrentaron a las aguas de los estrechos de la Florida, ¿qué opinas de ellos?

—Me parece que han demostrado mucho valor para obtener su libertad — aventuré como respuesta. Miguel sacudió la cabeza con amargura.

—¡Espías! ¡Son todos espías! —escupió—. Tenemos que mantenernos alerta y no creerles esos cuentos de cómo la pasaban de mal en Cuba, cuánto sufrían. ¡Tenemos que estar siempre vigilantes!

Ya no bailábamos. Yo no sabía qué decir; parecía que Miguel se había lanzado a este monólogo sin mayor contemplación sobre quién fuera su público. Se podían palpar la furia y el resentimiento. Y entonces, sin transición alguna, comenzó a moverse de nuevo, y a llevarme en el baile. Sonrió, algo más compuesto.

—Todos los cubanos aquí tienen el deber de trabajar por la lucha —dijo—. ¡La lucha por tumbar al asesino Fidel pertenece a cada uno de nosotros!

Miguel estaba levantando tanto la voz que la gente ya comenzaba a mirarnos, pero fueron perdiendo el interés a medida que se calmaba. Este cambio súbito me sorprendió. Sólo unos pocos minutos antes habíamos estado llevando una insulsa conversación. Parecía que mi inocente anotación de que nunca había estado en Cuba hubiera precipitado una especie de tormenta en este hombre; este calmo y seguro aristócrata se había convertido súbitamente en un energúmeno agitador político. Estaba ante un hombre que se negaba a respetar un pacto hecho con su mejor amigo y sus familias. ¿Cómo conciliaba eso con este discurso sobre los deberes a la nación y el honor?

La música iba aproximándose al final con estruendo. Un saxofonista saltó hacia el centro del escenario para poner las notas finales a la versión en estilo de conga de *New York, New York*. Gloria Estefan habría salido espantada.

Miguel me tomó del brazo y me acercó hacia él, aun cuando las otras parejas ya se estaban dispersando.

—Cuba después de Castro va a ser un lugar en el que nuestra gente va a reconquistar su libertad y su tradición —me explicó—. Vamos a tener un país fuerte y orgulloso, no una islita que sobrevivió durante treinta años gracias a la caridad de los soviéticos. Esa indignidad nos convirtió en el burdel del mundo. Un cubano que no se entregue a la labor de reconstruir a Cuba es un traidor de la herencia de nuestra patria y de nuestra gente.

De repente me sentí molesta. Era difícil no confrontarlo y preguntarle cómo era posible que sintiera todo esto y al mismo tiempo no le importaba robarle a uno de sus compatriotas. Y entonces, tan rápidamente como había estallado, Miguel volvió a asumir toda su compostura.

—Lo siento —dijo con una sonrisa—. Te he lanzado todos mis agravios. Me parece que con la edad me estoy convirtiendo en una persona muy aburrida.

—Por supuesto que no —le dije—. Muchas gracias por el baile y por compartir sus opiniones conmigo.

Con un gesto cortés, Miguel me condujo de nuevo a la mesa. Tenía la impresión de que no estaba muy complacido con mi respuesta. El comportamiento arrogante de Miguel y su ánimo intempestivo me recordaban a Luis. Se parecían tanto que podrían haber sido padre e hijo. Cuando me encontré sola, me serví una copa de vino y respiré profundo. Tommy volvió y se sentó a mi lado.

—Te ves molesta, querida —me dijo—. ¿Quieres que nos vayamos?

—¿Se puede? —le pregunté—. Creo que ya me he divertido lo suficiente.

Tommy lanzó una mirada por el salón. Yo detestaba estos eventos, pero Tommy se sentía como pez en el agua en ellos.

—No veo por qué no —dijo—. El baile ya se está dispersando. A nadie le va a parecer que nos estamos portando mal.

Pero antes de que nos pudiéramos escapar, un hombre, a quien reconocí como uno de los jueces del condado de Dade, llamó a Tommy por su nombre desde una mesa cercana. Tommy me miró como pidiendo disculpas.

—Ya sé que tienes que charlar con él —dije—, pero apúrale.

—Te lo prometo.

En la pista, Miguel estaba bailando con la mujer de Peter Wright. Ni siquiera me había dado cuenta de que ella también estaba presente. Peter debió haber pensado que era raro que yo le preguntara por su salud mientras bailábamos.

En fin. Estaba ocupada asimilando las impresiones por las que acababa de pasar cuando Teresa de la Torre se deslizó en la silla del lado. Tenía la mirada vacía y sorbía champaña de una copa. Me di fuerzas pensando que yo le llevaba ventaja: sabía muchas cosas sobre ella, y ella no sabía nada sobre mí. Aun así, no fui capaz de iniciar conversación.

—Te vi bailando con mi marido. Ahora recuerdo que te conocí en el velorio de Héctor Ramos, en la Funeraria Caballero. Por favor, discúlpame por no haberme acordado antes. Fue una noche muy emotiva, pues perdimos a una persona muy valiosa para la comunidad cubana.

Miré a Teresa. Era tan calmada como Miguel era exaltado. Y me miraba como desde arriba, con altivez, aun cuando me pedía disculpas.

—Bailas muy bien —dijo con una sonrisa—. Eso es raro en las chicas jóvenes.

—Gracias —dije con una sonrisa de idiota. Ella era encantadora, aunque un poco condescendiente. A pesar de todo lo que sabía sobre ella, quería gustarle.

—Oí lo que conversabas con otros durante la cena —agregó. Sorbía su champaña y lanzaba miradas al salón—. ¿Qué dijiste que hacías…? ¿Investigación privada? Eso me parece interesante. Pero es una ocupación un poco rara para una mujer, especialmente de tu origen social.

Estaba tan embebida estudiando sus inmaculadas facciones y el cabello tan negro atado en un moño perfecto, que me tomó un minuto darme cuenta de que ella esperaba una respuesta. Hice caso omiso de lo que implicaban sus palabras.

—No es tan interesante como parece —dije. Yo sabía muy bien a qué se refería: siendo una hija de Ignacio Solano, no tenía por qué estar metida en una profesión con una reputación tan dudosa. Teresa no parecía haber oído mi respuesta.

—¿Así que pasas los días detectando malhechores? —preguntó—. ¿Averiguando si la gente ha cometido algún crimen?

Cruzamos una mirada y sentí escalofrío.

—Algunas veces. De cierta manera, sí —dije vacilante. Me dio la impresión de que ella estaba acostumbrada a que la gente se pusiera nerviosa—. La mayor parte del tiempo, es realmente aburrido. Ya sabe, siguiendo casos de adulterio o buscando evidencia en casos de fraude a las compañías de seguros.

Cuando mencioné *adulterio*, Teresa lanzó una mirada casi imperceptible a Miguel. La banda había dejado de tocar. Miguel volvió a la mesa al mismo tiempo que Tommy y los dos hombres se dieron la mano.

Miguel se dio cuenta de que su mujer estaba hablando conmigo.

—Querida, ¿sabes quién es ella? —preguntó, señalando con la mano.

Teresa sonrió.

—Una encantadora joven con una profesión muy interesante.

—Ah, ¿sí? ¿Qué profesión? —preguntó Miguel, sintiéndose despistado por un instante.

—Es una detective —le contó Teresa—. Una investigadora privada.

—Una hurgadora de secretos. ¿Es así, señorita Solano? —preguntó Miguel. Se dio cuenta de que su mujer reaccionaba cuando escuchó mi nombre y añadió—: Es Guadalupe Solano, querida; la hija de Ignacio y Concepción.

—Ya sé, querido. Nos conocimos en el velorio de Héctor —dijo Teresa. Me tomó las manos y les dio un cálido apretón—. Tu madre y yo estábamos juntas en varios comités de caridad. Ay, tu madre era una verdadera santa. Su muerte fue una gran pérdida.

Mierda. Justo lo que me hacía falta: que los De la Torre canonizaran a mis padres: a mi papá por ser un patriota y una inspiración para todos los cubanos en el exilio, y a mi madre por sus buenas obras de caridad. Tommy notó mi incomodidad y me puso el brazo en los hombros.

—Gracias —le dije a Teresa. Fue lo único que se me ocurrió.

Tommy hizo un gesto evidente de estar consultando el reloj.

—Bueno, me parece que nos tenemos que ir.

—¿Tan pronto? —preguntó Miguel, aunque en realidad no daba la impresión de que le importara.

—Pues sí —la voz de Tommy se iba desvaneciendo. Sabía que le sería muy conveniente políticamente quedarse un rato más, pero agregó—: La velada fue un gran éxito.

Teresa, Miguel y yo produjimos sonidos en el mismo sentido, aseverando que así era. Tommy y yo hicimos la ronda de apretones de mano y besos y por fin estuvimos listos para partir. Teresa y Miguel repitieron que debía darle recuerdos a Papi de su parte.

Recorrimos el largo pasillo de salida del salón de bailes. A la entrada el hotel, Tommy le presentó su tiquete al *valet*. Sabía que el Rolls no iba a estar estacionado muy lejos; la mayoría de los empleados en los estacionamientos prefieren tener los carros más finos cerca para poder vigilarlos mejor.

Nos acomodamos en el carro y comenzamos a bajar la rampa cuando Tommy preguntó:

—Bueno, ¿qué te pareció?

—Me cayeron bien, aunque hice grandes esfuerzos para que no fuera así —repuse con un lamento—. Dios mío, ayúdame: realmente me gustan.

Seguimos andando durante un rato.

—¿Quiénes son los verdaderos Miguel y Teresa de la Torre? —pregunté—. ¿Unas personas muy conocidas de la alta sociedad, interesantes y encantadores? ¿O asesinos y estafadores?

Tommy aceleró hacia la autopista, y se tomó un tiempo antes de responder. Cuando ya estaba en marcha por el carril de alta velocidad, dijo:

—Las dos cosas. Pero eso era lo que esperabas, ¿cierto?

Tommy respondía a mi pregunta como si esa fuera la respuesta inevitable.

23

Dos días después, en la mañana, los trajes de baile y los modales distinguidos eran recuerdos del pasado. Me hallaba revisando una bolsa de basura robada a los De la Torre robo que me había causado gran ansiedad, ahora que me habían visto la cara y sabían quién era.

Pero escarbar tanto la basura definitivamente valió la pena, ya que por fin pude encontrar algo inusual. Miguel de la Torre había recibido una carta de Uruguay, de un hotel en Montevideo. Aunque la carta había sido rasgada en pedazos, pude reunir y pegar suficientes trozos de papel como para saber que Miguel se había alojado en el Hotel Victoria Plaza en marzo y que le habían cobrado una cantidad superior a la correcta por su habitación. El error se había descubierto solamente después de la partida de Miguel, lo cual era la razón por la que el reembolso se estaba efectuando por correo internacional. La carta pasaba a ofrecer disculpas por el malentendido y declaraba que la gerencia del hotel sinceramente esperaba que Miguel siguiera escogiendo el mismo hotel para alojarse cuando regresara a Montevideo en el futuro. En conclusión, la carta decía que "siempre ha sido un gran placer dar la bienvenida al señor De la Torre durante sus visitas a nuestro país".

Parecía estar bastante claro que Miguel viajaba con frecuencia a Uruguay, pero ¿por qué? El país, ciertamente, no estaba sobre la ruta de mayor tránsito. Él era cubano, y no se me ocurrió que tuviera familiares allí. Eso dejaba tan sólo los negocios, ya fueran bancarios o personales. Pero si hubieran sido del banco, ¿las cuentas y la correspondencia no deberían estar dirigidas a su oficina en lugar de su casa? Podría tener allí una mujer, pero descarté la posibilidad. Era tan poco práctico, y los hombres cubanos de su generación no eran tímidos en cuanto a tener a sus queridas en las mismas ciudades donde tienen a sus esposas.

Aún no había hallado cuentas de teléfono, pues los extractos mensuales de Southern Bell estaban por salir en unos pocos días. Me imaginé que Miguel y Teresa eran del tipo de personas que pagaban sus cuentas de inmediato, pero si las cuentas no aparecían pronto en la basura, tendría que darle algo del dinero de Luis a mi contacto en la compañía de teléfonos para obtener duplicados. Me pregunté si podría aparecer alguna otra conexión con Uruguay en los registros de las tarjetas de crédito de Miguel, pero no encontré nada en las dos bolsas de basura de ese día.

Miré nuevamente los fragmentos empapados de la carta. El hotel había optado por enviar su reembolso en forma de cheque, según la carta. Era posible que fuera insignificante, pero también que no lo fuera. Si Miguel había pagado su habitación con una tarjeta de crédito, el hotel habría expedido un crédito a favor de la compañía de crédito, y no a favor del cliente. Parecía que Miguel había pagado en efectivo —y eso olía casi tan extraño como la basura esparcida alrededor de mi oficina—. Ya nadie pagaba habitaciones de hotel con efectivo. Había solamente una razón para que un hombre con los recursos y el nivel de Miguel pagara con efectivo cuando viajaba: evitar dejar un rastro de documentos.

En el extracto de la tarjeta de crédito que había encontrado aquella mañana solamente figuraban gastos domésticos y personales, restaurantes, almacenes por departamentos y supermercados. Esto quería decir que los gastos de negocios de Miguel se encontraban en otra cuenta. Si no podía encontrar registro alguno de aquella cuenta, tendría que llamar a mi contacto de American Express. Por un poco más del dinero de Luis que me habría gustado gastar, mi contacto podía suministrarme extractos completos sobre un cliente en particular durante los tres meses anteriores.

Me senté frente a mi escritorio viendo fijamente la carta del Hotel Victoria Plaza como si mirándola con la suficiente intensidad y durante el tiempo suficiente fueran a brotar respuestas de ella. No funcionó, pero seguí mirando. Estaba tan absorta en mis cavilaciones que casi salto cuando timbró el teléfono.

—Lupe, soy Luis. Acabo de dejar a Sergio Santiago.

—¿Cómo te fue? —le pregunté ávidamente.

—No lo sé en realidad —Oí el claxon de auto en el fondo; Luis estaba llamando desde un teléfono público—. No habló mucho. Solamente le dije algunas cosas sobre mí.

—¿Qué clase de cosas? —pregunté.

—Sobre un soborno que mi mamá le pagó a un médico con uno de los diamantes que nos quedaban —dijo Luis—. Para que el médico me declarara inhábil para el servicio militar. Por ese entonces, Castro estaba enviando jóvenes a Angola y Etiopía.

—¿Cómo te sacó el médico del servicio?

—Rotulándome como homosexual —explicó Luis.

Eso de alguna manera explicaba cómo Luis había podido quitarse de encima a un profesional como Pepe Salazar. En Cuba, un hombre joven rotulado como homosexual tendría que enfrentar una buena cantidad de peleas y atacantes intolerantes.

—¿Es eso cierto? —pregunté.

—¡No! —resonó la voz de Luis en el teléfono—. No soy homosexual. Solamente le dije eso a Sergio para ganarme su simpatía.

—No, no, Luis. Quiero decir acerca de que tu mamá sobornó al doctor.

Luis hizo una pausa antes de responder:

—Todo es cierto. Mi madre estaba corriendo un riesgo muy grande. El doctor nos habría podido entregar a ambos por contrarrevolucionarios.

Me pregunté por qué yo había cuestionado su historia. Era casi como si yo le estuviera poniendo trampas, esperando a ver si se podía explicar. Parecía como si quisiera obtener de Luis algo que fuera muy parecido a tranquilizarme por tomar el caso, por poner en peligro a mis amigos, por no decirle a la Policía lo que sabía acerca de la persona que podría haber matado a Mike. Sabía que le estaba pidiendo demasiado.

—Lo siento, Luis —dije—. Estoy muy cansada. ¿Cómo quedaron las cosas con Sergio?

—Nos reunimos para tomar café y hablamos casi una hora —dijo Luis—. Le conté mi historia y él se fue; eso fue todo lo que pasó. Pero creo que el hecho de que me haya escuchado hasta el final es una buena señal, ¿no crees?

—Espero que sí —dije con neutralidad—. De todos modos, lo intentamos.

—Supongo que tienes razón —Luis hizo una pausa—. ¿Tienes información nueva relacionada con mi caso?

—Sólo unas cuantas pistas que tengo que seguir —dije. No quería compartir mis reflexiones sobre Uruguay con Luis; no había necesidad de meterlo en el mismo patrón de altibajos que yo tenía que soportar como investigadora. Mi nueva pista podía resultar en nada—. Pero no te preocupes. Aun si Sergio no nos resulta con nada, todavía tenemos otras opciones disponibles —lo que eran esas opciones, no lo podía imaginar en realidad. No quería contarle a Luis que por el momento Sergio era nuestra mejor alternativa.

—Sugerí que te mudaras otra vez después de que descubrimos lo de Pepe Salazar —le recordé—. ¿Has pensado en eso?

—Si, ya me mudé —dijo Luis—. Tomé otro apartamento en la Pequeña Habana. No muy lejos del sitio anterior, pero creo que está lo suficientemente lejos.

—Bien —dije—. Parece ser lo más prudente, dadas las circunstancias recientes.

Él sabía lo que yo quería decir.

—Sé que lo he dicho antes, pero lamento mucho lo de tu investigador —dijo Luis—. Estoy poniéndote a ti y a tu gente en peligro. Tal vez… tal vez te gustaría hablar acerca de dejar el caso.

Podía escuchar la tensión en su voz, a pesar de la mala conexión telefónica. Lo imaginé parado en la calle, alto y delgado, fumando, mirando directamente al frente con su extraña intensidad. Me dieron ganas de verlo. Habría sido fácil que viniera a la oficina. Pero me contuve.

—¿Es eso lo que quieres, Luis? —le pregunté—. Después de todo, este caso podría significar tantos o más problemas para ti.

—No se trata de lo que yo quiera —dijo rápidamente—. Simplemente no quiero que te sientas atrapada.

—A estas alturas tienes que darte cuenta de que este caso es importante para mí —le dije—. Me ha dado la oportunidad de hacer algo de provecho por un paisano mío. Además, si me rindo ahora, sería como traicionar la memoria de Mike. Él quedó en silencio. Luego añadió—:

—Sí. Siempre he sido consciente de que eres una mujer de honor.

Esa palabra otra vez; Luis tenía una manera de traerla a colación en los momentos cruciales.

Nos escuchamos respirar el uno al otro por un momento. Mis ojos se posaron sobre las bolsas de basura cortadas sobre el piso de mi oficina. Un caos. Exactamente como el caos emocional que Luis era capaz de crear en mi interior.

—Tengo que dejarte, Luis —dije yo—. Hablaremos pronto, cuando se presente algo nuevo. Cuídate, y ten cuidado.

Colgué, y luego permanecí sentada frente a mi escritorio durante un largo rato con mi cabeza en las manos. ¿Adónde había ido a parar mi objetividad? Me sentí como si estuviera en el Purgatorio, y todo lo que había hecho era permitirme pensar en el hombre. Luis, obviamente, sabía que me sentía atraída por él, o fascinada por él —como uno lo quisiera llamar— y parecía estar contando con mis sentimientos para mantenerme en el caso, tomando riesgos por cuenta suya. ¿Qué tipo de penitencia espiritual o profesional tendría que soportar si dejaba que esos sentimientos fueran más allá? Ese era el campo de experiencias de Lourdes, no el mío. Se me escapó un suspiro tan profundo, que sacudió todo mi tórax.

Decidí recoger la basura cuando oí que golpeaban a la puerta con fuerza. Le dije a quienquiera que fuera que pasara.

Néstor asomó su cabeza en mi oficina, aspiró el aire, e hizo una mueca en señal de disgusto. Sacó un pañuelo de su bolsillo y lo puso bajo su nariz, al estilo de damisela medieval.

—Ya casi termino —le dije—. Estoy a punto de sacarla de aquí.

Néstor se dejó caer sobre el sofá. Murmuró por entre su pañuelo:

—Espera a oír lo que tengo que decirte. Creo que estarás orgullosa de mí.

—Me sentiré todavía más orgullosa si te quitas esa cosa de tu cara para que te pueda oír —le respondí, casi demasiado fatigada para sentirme curiosa.

Néstor bajó el pañuelo, frunciendo el ceño.

—Convencí a Verónica de que nos ayudara y ni siquiera tuve que comprometerme. Solamente le dije que estaba trabajando en un caso enorme de máximo secreto.

Estuve a punto de soltarle una arenga a Néstor por faltar a la confidencialidad, pero levantó una mano para detenerme.

—Es en serio —me dijo—. No mencioné nada específico acerca de quién era el cliente. La induje a creer que algo extraño estaba ocurriendo en el First Miami y que me habían llamado para investigar.

—Ya sabes que si comete alguna infidencia nos van a descubrir —sacudí la cabeza enojada; por lo que a mí me concernía, Néstor estaba caminando sobre una línea muy delgada en cuanto a la confidencialidad del caso.

—¡No, no! Eso es lo más hermoso de todo. ¡Soy un genio! —Néstor se golpeó la cabeza con la mano en señal de regocijo. La modestia nunca había sido una de sus características—. Le dije que enviaría cartas a varios funcionarios bancarios, y que habría que rastrearlos para asegurarnos de que todo estaba en orden. Nadie estaba exento de esto, le dije, ni siquiera el mismo Miguel de la Torre. Agregué que cierto individuo había afirmado que le había pasado información crucial a un funcionario bancario y que ese funcionario no había actuado aún. Por lo tanto, ahora era mi responsabilidad demostrar que el tipo estaba mintiendo. Para poder hacer esto, era vital verificar que el correo fuera entregado al destinatario correcto.

Pensé un momento sobre lo que me decía. A pesar de mí misma, me impresionó.

—¿Te inventaste esa historia de porquería y ella se la creyó?

Néstor se encogió de hombros.

—Oye, yo le gusto —me dijo—. Ella quiere creerme. Recuerda, además, que nos conocimos en un grupo de la iglesia. Es una completa estupidez, pero le hablé un largo rato. La confundí tanto, que terminó por decir que tenía sentido. Caramba, hasta estaba empezando a confundirme a mí mismo.

Lo pensé de nuevo.

—Sabes, en realidad no tiene sentido. Si quisieras…

—Oye —interrumpió Néstor—, ella se lo creyó.

—Bueno, ¿y qué le pediste que hiciera?

—Va a copiar todas las direcciones de los remitentes de los sobres personales enviados a los más altos funcionarios bancarios antes de que el correo entre al sistema de distribución interna. Da la impresión de que fueran muchos, pero solamente hay ocho funcionarios principales, y le dije que incluyera solamente el correo personal. Ella tenía miedo de que pudiera estar haciendo algo contra la ley, pero le dije que solamente se constituía ofensa federal si intervenía directamente el correo.

—Eso está muy bien —le dije—. ¿Y ni siquiera tuviste que dormir con ella?

—¡No! —dijo Néstor, genuinamente horrorizado. Tal vez Verónica no era tan atractiva como me había hecho creer. Esperaba que Néstor no se estuviera posicionando para pago de combate.

Néstor se levantó del sofá.

—Bueno, es hora de irme. Dame una llamada cuando hayas fumigado este lugar.

Antes de que se fuera le conté acerca de la posible conexión en Uruguay, y le pedí que lo introdujera en su historia con Verónica. Si Miguel recibía un correo de ese país, ello reforzaría mi idea de que había encontrado una piedra preciosa en medio de las cáscaras de fruta podridas y las bolsas de té usadas. Me parecía, y presentía, que era una pista sólida, y había trabajado por instinto toda la semana.

Una vez Néstor se marchó, me di cuenta de que no se había ofrecido a ayudarme a sacar la montaña de basura. Como siempre, sus manos quedaban limpias.

El Consulado de Uruguay estaba localizado en un modesto edificio de dos pisos de estilo morisco, justo al lado del Alambra Circle, en Coral Gables. Yo llevaba una gorra desteñida de béisbol de los Miami Hurricanes por temor a que Miguel o Teresa me pudieran ver merodeando por su barrio. Seguramente me veía ridícula, pero me sentía bastante anónima. Los De la Torre podían no haberme reconocido en el baile, pero ahora ya nos habíamos visto dos veces. Dudaba de que pasara inadvertida una tercera vez.

Le expliqué a la mujer del Consulado que era una estudiante graduada de la Universidad de Miami y que estaba efectuando un estudio sobre prácticas bancarias en América Latina.

—Alguien me dijo que debería investigar la forma en que se realizan las transacciones bancarias en Uruguay —le dije, intentando parecer sana y curiosa—. Me dijeron que era interesante.

En realidad, mi apariencia no importaba; aunque solamente faltaban treinta minutos para la hora de cierre, la funcionaria del Consulado se mostró interesada en ayudarme en cualquier tipo de actividad. Hasta me preparó una taza de té inglés caliente mientras escarbaba una caja de folletos que exponían las ventajas de las operaciones bancarias en Uruguay.

Pude darme cuenta de por qué tenía tanto interés en ayudarme. El teléfono no timbró ni una vez durante el tiempo en que permanecí allí, ni hubo un solo visitante fuera de mí. Un letrero en el escritorio de la entrada anunciaba que el consulado cerraba dos horas al día para almorzar, lo que le dejaba cuatro horas de operaciones al día. La funcionaria consular, un poco regordeta y con mucho maquillaje, dio con orgullo un golpecito sobre el arrume de folletos una vez los recolectó. Aunque no fuera para nada más, le había proporcionado alguna satisfacción laboral ese día.

—Esto es lo publicado por el Consejo de Comercio de Uruguay —dijo con voz dulzona—. Explica todos los beneficios de Uruguay como centro internacional de operaciones bancarias. Además, aquí hay un mapa de Montevideo completo con horarios de transporte y una lista de hospitales.

Lo puso todo dentro de un sobre muy adornado y me lo entregó ceremoniosamente.

—Y, por último, una invitación a nuestro té social mensual —dijo—. De verdad espero que pueda asistir este viernes por la tarde.

Era difícil imaginar que el té social fuera mucho más emocionante, o más extensamente visitado, que lo que había sido el consulado mientras que ella buscaba los folletos. Pero de todos modos estreché su mano, y le dije que tenía que consultar mi agenda.

De regreso a la oficina leí todo y pronto quedé asombrada con lo que había encontrado. Un folleto resaltaba de hecho que entre aproximadamente diez mil millones de dólares depositados en un momento dado en los bancos uruguayos, más de un tercio provenía de recursos de mercados extranjeros. Me había interesado superficialmente en investigaciones financieras y sabía que los bancos por lo regular reportan las cifras en dólares un poco por debajo, como medida de prudencia. El monto real de la inversión extranjera era probablemente mucho mayor.

Además, había trabajado en un caso unos años antes, el cual me había forzado a adquirir conocimientos pasables de reglamentación bancaria en Panamá y las Islas Caimán. Mi cliente estaba buscando un divorcio, y sabía que su esposo había estado acumulando dinero en ambos países. Los dos Estados tenían leyes que protegían el secreto y la seguridad de las operaciones bancarias. Por lo que podía darme cuenta, las leyes uruguayas eran similares; si había alguna diferencia, era que las leyes vigentes eran aún más estrictas en cuanto a la confidencialidad. A los folletos sólo les faltaba gritar: "¡Extranjeros! ¡Olvídense de Suiza y las Islas Caimán! ¡Olviden a Liechtenstein! ¡Depositen su dinero en Uruguay y nadie se enterará jamás de su existencia!".

Decidí hacer que Tommy revisara los folletos y me diera su opinión profesional. Conociéndolo, sospeché que después de haberme ayudado empezaría a soñar que ocultaba su propio dinero en Uruguay.

Saqué el mapa urbano de Montevideo —me encantaban los mapas, sin importar su contenido— y localicé el Hotel Victoria Plaza en la calle Colonial, justo en la esquina de la Plaza Independencia. Luego confirmé esta ubicación con la lista de los bancos principales de Montevideo. La mayoría, si no todos, estaban a pocas cuadras del hotel.

Cuando salí de mi oficina encontré a Leonardo en el teléfono, casi completamente oculto por un arrume enorme de libros sobre nutrición y salud.

—Leonardo, ¿puedo pedirte algo, querido?

Sostenía el teléfono, sin hablar, con los ojos muy brillantes. En espera nuevamente.

—Lupe, querida, por supuesto —dijo. Su estado de ánimo indudablemente había mejorado desde la semana anterior. Esperé que fuera un nuevo régimen de vitaminas, y no que hubiera hecho uso del parche de marihuana del patio trasero, consumiéndola él mismo.

—Lleva estos folletos a la oficina de Tommy y pregúntale si los puede hojear. Dile que específicamente necesito que me dé su opinión sobre extranjeros que tengan cuentas en el sistema bancario de Uruguay.

—Claro, no hay problema —contestó Leonardo.

Lo observé cuidadosamente, procurando determinar la causa de
sus buenas maneras. Por lo general detestaba salir de Coconut Grove,
porque eso significaba tener que acicalarse, quitarse el pantalón corto
de montar en bicicleta y la camiseta de manga corta y cambiarlos
por ropa de diario.

—¿No te molesta ir al centro?

—Por supuesto que no —colgó el teléfono y desenterró las llaves de su auto de entre el escritorio. Fue al clóset y se procuró una
camisa azul de botones y un pantalón caqui, su uniforme para tratar
con el mundo exterior. Le di un beso en la mejilla y le dije que no
se afanara. Sabía que para él ponerse ese atuendo representaba un
pequeño tambaleo de sus principios.

—No te preocupes, no me demoro —dijo. Estaba a punto de
hacer un comentario sobre su dedicación, cuando agregó—: Tengo
que estar de regreso a las tres. A esa hora debo tomar mi infusión
de espirulina.

Ni siquiera quise saber a qué se refería algo acerca de su canal
de alimentación y su intestino grueso, supuse—. Después puse el
teléfono en modo de correo de voz y aproveché la paz y el silencio
para dar rienda suelta a mis ideas.

Primero, revisé algunas notas que había tomado después de mi
encuentro con Miguel y Teresa en el Baile de Amistad Cubano-Americana. La parte más larga era sobre la diatriba de Miguel acerca de
Cuba y su futuro. En ese momento pensé que él simplemente estaba
atrapado en su propio fervor sobre el patriotismo entre los exiliados.
Pero poco después caí en cuenta de que este era solamente un aspecto
de sus creencias; también había sido bastante específico acerca de
formar parte de la Cuba después de Fidel. Coloqué estas notas en
una carpeta junto a mis impresiones con respecto a Miguel y Teresa
en el funeral de Héctor Ramos. La conexión de activistas exiliados
cubanos se estaba haciendo más evidente.

Luego saqué los informes de Joe Ryan sobre las actividades de
los De la Torre. Pobre Joe. Luego de encontrar a Mike, había entrado
en una reclusión virtual salvo por la continuación de su trabajo de

vigilancia. Solía imaginarse a sí mismo como un tipo duro, a lo Sam Spade, una fachada que ya había desaparecido por completo. Y no es que yo lo pudiera culpar.

Abrí el paquete de Marisol sobre Miguel. Había asistido a tres funciones diferentes patrocinadas por exiliados cubanos en los últimos cinco días. Al principio no le había dado a esto mayor importancia, pero entonces noté algo que antes se me había escapado: reconocí los nombres de dos de estos grupos, Asociación de Acaldes de las Provincias de Cuba, una asociación de antiguos alcaldes, y el Grupo 20 de Mayo, un grupo paramilitar, llamado así por la fecha de la independencia de España, que se entrenaba en los Everglades para una toma por la fuerza de la isla.

El tercer grupo Los Presos sin Razón me pareció familiar. Sonaba como si estuviera compuesto de antiguos presos políticos, pero no estaba completamente segura. Miguel también se había encontrado con otros grupos cubanos desde entonces. Le había dedicado mucho tiempo a algunos de estos grupos, incluyendo reuniones múltiples dentro de una semana, lo cual me parecía raro. No era raro que un exiliado le dedicara tiempo o dinero a un grupo así, pero esto parecía excesivo. ¿A qué propósito podía servir toda esta actividad? Miguel no era político, y no era probable que alguno de estos grupos fuera un inversionista de importancia en Miami.

Esperé con paciencia a que mi cerebro procesara toda esta información y me proporcionara una respuesta. Antes de que lo hiciera, sonó el teléfono. Era Sergio.

—Supongo que ya sabes que me encontré con Luis Delgado hoy —dijo. Comencé a hablar, pero él alzó la voz y siguió—: Mira, él me agrada mucho. Pero simplemente no puedo ayudarte. No puedo espiar a Miguel. Es demasiado arriesgado para mí. Sólo te llamo para desearte suerte y asegurarme de que sepas que hice el seguimiento de lo que te dije hasta donde me había comprometido.

—Está bien, entiendo —le dije. Quedé completamente desilusionada. Había contado con él, a pesar de su negativa inicial—. Tengo que respetar tus sentimientos y tu juicio. Gracias por tu tiempo, Sergio, y espero que nos podamos ver otra vez en mejores circunstancias.

Hubo silencio en la línea. Escuché un pulso de estática y algunas voces distantes mientras que la conexión se desvanecía y volvía a cobrar fuerza.

—Si quieres hacer unas cuantas preguntas, tal vez las pueda contestar —dijo Sergio.

Casi me levanto del asiento de un salto. Sabía lo que eso significaba: pesca un poco; ésta es tu oportunidad.

—Háblame de Uruguay —le dije.

—¿Qué quieres saber? —respondió sin vacilar.

—Sé acerca de los viajes de Miguel a Uruguay —le dije—. Sólo me falta el nombre del banco que está usando ahora.

Estaba adivinando, pero no estaba muy equivocada. Hasta donde podía darme cuenta, todo el país era un solo banco enorme.

—Eso se debe sencillamente a que acaba de transferir su dinero del Banco Comercial al Banco Internacional de Comercio —dijo Sergio—. Se adapta mejor a sus necesidades y proporciona un mejor servicio.

¡Bingo!

—¿Y cuál es el saldo de esa cuenta? —pregunté. ¿Por qué no? Estaba en una racha ganadora.

—Ni modo —contestó Sergio—. Ahí sí te quedas por tu cuenta.

Esta vez sentí que me lo decía de verdad. Apunté los nombres de los bancos y esperé, en caso de que por accidente pudiera decirme algo más que me fuera de utilidad.

—Mira, Lupe, no sé qué tanto hayas averiguado, pero es mejor que tengas cuidado —sentí una preocupación genuina en su voz—. Estás caminando sobre una capa de hielo muy delgada.

—¿De verdad? —le pregunté—. ¿Qué quieres decir con eso?

—No sé en qué andas, pero te doy mi palabra de que guardaré el secreto —dijo Sergio—. Si no te puedo ayudar, eso es lo mínimo que puedo hacer. Pero cuídate.

—Dijiste que…

—Leí en el periódico sobre ese investigador, y sobre cómo fue encontrado en el baúl de su auto en Coral Gables. Cuando vi dónde fue descubierto, me imaginé que trabajaba para tu agencia, y otras personas no tardarán en hacer la misma conjetura.

—Pero ¿qué?

—Yo no soy el único que lee el periódico, Lupe.

Colgó.

Colgué el auricular y me quedé mirando mis notas. Ya empezaban a cobrar sentido.

24

Después de mis aeróbicos la noche siguiente, pedí un batido de mango en el patio de la cafetería en la calle octava, en la Pequeña Habana. Todavía llevaba mi ropa de hacer ejercicio, y me alabé a mí misma pensando que con ella atraía la atención del guardia septuagenario y los patrones varones del local.

Mi compañera, por supuesto, tenía un impacto mucho mayor sobre los niveles de testosterona en la vecindad inmediata. Escuché un chirrido de frenos detrás de mí y vi a Suzanne lanzar una sonrisa indulgente hacia la calle. Estaba segura de que estaba en la lista de enemigos del Departamento de Seguridad Vial de Florida.

Apenas habíamos terminado de comentar los detalles de la clase de esa noche, principalmente especulando sobre cuál de las compañeras de clase estaba saliendo con el instructor, cuando llevé el tema de la conversación a los negocios.

—Suzanne, ¿tienes clientes uruguayos?

Ella pensó por un momento.

—Dos —respondió—. ¿Por qué preguntas?

—Todavía estoy trabajando en el caso en el que me ayudaste cuando te encontraste con Pepe Salazar. Había escogido mis palabras con cuidado; Suzanne era una mujer de negocios y "encontrarse" con alguien era una palabra apropiada para describir lo que ella hacía. Tengo una pista que necesito seguir —añadí—. Tiene que ver con los bancos uruguayos. Pensé que tal vez podrías conocer a alguien con experiencia en las operaciones bancarias de allá.

Suzanne frunció el ceño y percibí una pequeña onda de interés y simpatía proveniente de los hombres a nuestro alrededor.

—Déjame pensar —dijo ella—. Uno de mis clientes está en el negocio de la ganadería, lo cual no te va a ayudar, a menos que quieras filetes. Pero es probable que el otro trabaje en finanzas. De hecho, estoy bastante segura de que es así. Sin embargo, no he visto a Federico desde hace rato. Tendría que averiguar si todavía anda por acá.

—Si no te causa problemas, necesito saber algo lo más pronto posible —le dije—. Tengo algunos folletos del Consulado uruguayo y consulté con el abogado del caso, pero no fue suficiente. Necesito conocimientos de primera mano de alguien que esté familiarizado con el sistema tal como funciona allá.

—Bueno, si encuentro a Federico, ¿qué quieres que le pregunte?

—Cómo tratan a los extranjeros en Uruguay cuando abren una cuenta bancaria —le expliqué—. Conozco la letra de la ley, pero necesito información más concreta. Quizás podrías darle a entender que eres tú quien quiere abrir una cuenta, digamos que para evitar impuestos, o algo así. Por lo que he podido entender, ésa sería una razón válida. No te tienes que comprometer; solamente pescar un poco. Estaría dispuesta a pagarte si quieres cobrarme honorarios.

Suzanne abrió su bolso de gimnasia y sacó su enorme libreta de direcciones. Pasó páginas llenas de nombres y números hasta que encontró lo que buscaba.

—Voy a usar el teléfono público de la calle —dijo ella—. Ya no me gusta usar el teléfono celular para negocios. Solamente lo uso cuando no me queda más alternativa, he oído decir que las ondas son muy fáciles de intervenir.

—Has oído bien —le dije—. Eso es inteligente.

Como todos los demás en el patio, me quedé sentada y la miré hablar con animación en el teléfono durante unos minutos. Cuando ella regresó, yo le había ordenado un batido.

—Tienes suerte —dijo—. Lo voy a ver tarde esta noche. Estaba muy emocionado por saber de mí —entornó los ojos.

Me fijé en sus brillantes ojos azules como de bebé, su cabello platinado, largo y perfecto, y en la capa delgada de sudor que deja el ejercicio.

—Estoy segura de que así es —agregué.

—Bueno, le dije que lo extrañaba —dijo Suzanne. Su sinceridad infantil fue reemplazada de inmediato por el cálculo frío—. Eso nunca deja de halagarlo.

—Tendré que tener eso en cuenta —dije yo.

—Tiene una comida de negocios esta noche. Después nos vamos a encontrar —añadió Suzanne—. Ahora, cuéntame de nuevo y en detalle lo que necesitas. Quiero estar segura de entender todo correctamente.

—Te agradezco mucho que estés tan dispuesta a ayudarme. No sé por qué todavía me sorprendo contigo, tú siempre eres efectiva —dije, verdaderamente asombrada—. Tienes los mejores contactos de la ciudad.

—Soy la mejor en lo que hago —dijo ella. Comenzó a enumerar sus atributos contándolos con sus delgados dedos—: Soy inteligente, agradable, divertida, hablo español con fluidez. De hecho, de eso he querido hablarte.

Miré mi reloj. Tommy me había invitado a su apartamento para que comiéramos tarde, y no quería hacerlo esperar. Las cosas habían estado un poco frías entre nosotros durante la última semana. Anticipaba que él quería pasar la velada afianzando las relaciones cubano-americanas, y yo no me oponía a ello.

—¿A qué te refieres? —le pregunté, haciéndole una seña al mesero para que trajera la cuenta.

—Bueno, primero que todo entiendo que no hayas querido hablar de tu investigador, el que fue asesinado —me miró a los ojos—. Pero yo oí hablar de eso. Tú sabes, Lupe, la gente comenta. Solamente quería decirte qué lo siento mucho.

—Gracias —le dije. Le di algo de propina al mesero y cerré mi bolso de gimnasia—. Supongo que cuando termine este caso tendré tiempo para realmente… no sé, descomponerme, probablemente.

—Pobrecita tú —la expresión de Suzanne cambió. Yo no podía saber lo que estaba pensando.

—Lo sé —dije yo.

Luego Suzanne hizo algo muy extraño. Puso las manos a cada lado de la mesa y se inclinó hacia delante, bajando el volumen de su voz hasta el nivel de un susurro.

—No creas que es una locura ni algo horrible que lo diga en semejante momento, Lupe —me dijo—. Pero quiero trabajar para ti.

Empecé a reír. No era, obviamente, la reacción que ella estaba buscando.

—Es en serio —dijo ella. Su voz sonó dolida, y su labio se contrajo en un gesto infantil que debió destruir por completo la voluntad de incontables hombres.

—Suzanne, tú ganas por lo menos tres veces la cantidad de dinero que gano yo —le dije, omitiendo a propósito el hecho de que ella se ganaba el dinero acostándose boca arriba—. ¿Y qué pasó con la intención de entrar en el negocio de la moda?

Despidió la idea con un movimiento de su mano.

—En cualquier momento lo puedo hacer, quizás más adelante en mi vida —dijo—. Mira, no estoy diciendo que quiero salir de mi negocio completamente, o por lo menos no de inmediato. Pero me gustaría estar entre tu personal y ascender hasta llegar a ser investigadora de tiempo completo. Soy buena, tú lo sabes. Lo dijiste tú misma.

—Pero, Suzanne, yo…

—¿Qué? ¿Soy lo suficientemente buena para que me saques información, pero no para ponerme en la nómina? ¿Eso es lo que piensas de mí?

—Tú sabes que no es así —le dije—. Pero mira lo que le pasó a

Mike. Miami es un lugar peligroso, y se está poniendo peor. Últimamente he estado considerando si yo debo seguir en este negocio.

Por supuesto, estaba mintiendo. Yo tenía que seguir en el negocio. Era mi vida. Pero sencillamente no podía permitir que Suzanne resultara lastimada. A ella no le gustaba, y no era intencional de mi parte, pero sentía que debía protegerla. A mí me había llevado años desarrollar mis propias habilidades de supervivencia; no era algo que se pudiera aprender en un día.

—Mi negocio se está poniendo difícil también —dijo ella, levantando las cejas en un gesto teatral—. Y probablemente sé más que tú sobre las personas peligrosas de esta ciudad, así que esa excusa no te sirve. No trates de ser mi niñera. No me has dado una sola buena razón por la que no pueda trabajar para ti.

Recogí mi bolsa de gimnasia y la puse sobre mis piernas. Se me escapó un suspiro involuntario.

—Supongo que tienes razón —dije—. Todo esto es tan repentino.

—Sé que lo es y te entiendo si no quieres decidir en este momento —dijo ella—. Sólo que he estado pensando mucho en mi futuro. Creo que es hora de tomar el camino recto.

Recto era la última palabra que yo habría escogido para describir el negocio de las investigaciones privadas.

—Simplemente no puedo creer que de verdad quieras hacer el cambio —dije yo—. Todos estos años te he venido insistiendo en que abandones esa vida, pero, ¿por qué ahora?

En realidad no tenía necesidad de preguntar. El espionaje que Suzanne había hecho con respecto a Pepe Salazar y a Ramón Hidalgo le había dejado el sabor del trabajo, la había emocionado y la había hecho desear seguir haciéndolo. Probablemente era inútil tratar de convencerla de que mi trabajo realmente no implicaba nada aparte de frustración y tedio.

—Creo que me gusta —dijo ella—. Me parece sexy.

Me froté los ojos. Con eso ya no quedaba nada que me pudiera sorprender.

—Bueno, Suzanne. Lo voy a pensar. Pero eso es todo.

—Sabía que lo harías —dijo ella con una sonrisa dulce—. A la larga, siempre me salgo con la mía.

Llegué manejando hasta el apartamento de Tommy en la avenida Brickell en sólo unos minutos. Él le había dicho al guardia de seguridad que me esperaba, así que me hizo pasar con sólo darme una mirada. Tomé el elevador hasta el piso veinticinco, y tan pronto como la puerta se abrió hacia el pequeño corredor —solamente había dos apartamentos por piso— olí el delicioso aroma de arroz con pollo.[6] Tommy tenía un gran sentido del humor. No me habría extrañado de él que pusiera un diamante en una pierna de pollo.

Tommy me recibió en la puerta vestido con una guayabera blanca almidonada y jeans. Me alcanzó un daiquirí y se marchó a la cocina.

Escuché el ruido que hizo al quitar la tapa de una olla que estaba sobre la estufa.

—Delicioso —dijo—. Pensé que te agradaría el chiste; te has estado poniendo muy seria conmigo últimamente.

—Necesito darme un baño antes de que comamos —dije yo—. Acabo de salir de aeróbicos.

—Perfecto, muy bien —dijo Tommy. Me sonrió—. Te ves bien. He estado preocupado por este tipo Delgado. Comenzaba a intuir que estaba teniendo un efecto sobre ti.

—¿Qué quieres decir? —pregunté, a la defensiva.

—Nada —dijo Tommy—. Como dije, has estado muy seria.

—¿Has escuchado algo sobre el gran jurado?

Tommy hizo dar vueltas a la cuchara entre sus dedos.

—Creo que va a suceder. No sé cuándo, pero pronto.

Suspiré.

—Maldita sea Aurora.

—No pienses en eso —dijo Tommy—. A este pollo todavía le falta un rato. ¿Quieres compañía en el baño?

---

[6] En español en el original (n. de la t.).

Lo pensé un momento.

—Claro —respondí.

No podía decirlo, pero en ese momento era agradable olvidarme de Luis por un rato. Aunque sabía perfectamente que tan sólo sería amnesia temporal.

No pude desayunar a la mañana siguiente, pues todavía me sentía llena del arroz con pollo de la noche anterior. Permanecí en la oficina cerca de una hora, poniendo las diversas carpetas sobre De la Torre en algo que simulara orden, cuando escuché un ruidito de placer procedente del área de recepción. Un segundo después escuché a Leonardo que hacía algunos ruidos extraños.

Tenía que habérmelo imaginado. Salí por la puerta a tiempo para ver a Suzanne abrazando a Leonardo. Estaban locos el uno por el otro, y entraban en un extraño estado de exaltación cada vez que entraban en contacto. A veces sentía nostalgia por los viejos tiempos, cuando había estado rodeada de gente normal. Pero luego, al pensarlo, no estaba segura de que esos tiempos hubieran existido alguna vez para mí.

—Suzanne, es maravilloso verte —dije cuando se desenredó de los brazos de Leonardo—. Pero ¿qué haces aquí tan temprano en la mañana?

Suzanne me dedicó una enorme sonrisa.

—Quería ver mi nueva oficina, y voy a tener que acostumbrarme al horario normal de trabajo.

Leonardo no podía creer lo que estaba escuchando.

—¿Tu nueva oficina? ¿Vas a estar trabajando aquí? —me lanzó una mirada de preocupación—. Eso es fantástico, pero no tenemos espacio extra —dijo—. Lupe, ¿esto quiere decir que voy a tener que sacrificar mi gimnasio?

Fue muy raro vislumbrar lo que sería el tenerlos a ambos alrededor todo el tiempo.

—¿Quieren calmarse ambos, por favor? —repliqué bruscamente.

De repente entendí por qué Leonardo había estado tan interesado: él no sabía que Suzanne estaba pensando en cambiar de profesión.
Mi primo estaba en realidad dispuesto a creer que le permitiría a
Suzanne que llevara a sus clientes a nuestra oficina. Vi una luz en
sus ojos, indicio de que estaba pensando "Dios nos ayude a todos".
Quizás se imaginaba a sí mismo investigando los antecedentes de los
futuros clientes de Suzanne.

Comencé a lanzarle a Leonardo una mirada sucia, pero me di
por vencida. Estaba indefenso.

—¿Quieres un poco de café con leche?[7] —le pregunté a Suzanne.

—¡Ah, qué bien, café! —exclamó Suzanne—. ¿Sabes?, estaba
tan emocionada anoche, que ni siquiera me acosté. O, mejor dicho,
no dormí.

Leonardo tenía cara de estar muy interesado en unirse a nuestra
fiesta, lo cual sería más de lo que yo habría podido soportar.

—¿Podrías regresar a lo del seguimiento de las etiquetas de los
De la Torre? —le pregunté—. Me serviría tener una lista completa
de ellas lo más pronto posible.

—Claro —dijo Leonardo con sequedad, y obviamente sintiéndose excluido.

Conduje a Suzanne a mi oficina, esperando que pudiera verme
tan bien después de ocho horas de sueño, aunque mucho menos
después de una noche sin dormir.

—Entonces, ¿pasaste buena noche? —le pregunté.

—Averigüé todo lo que querías saber —me dijo mientras se
sentaba—. De hecho, Federico se fue hace apenas una hora. Tomé
una ducha rápida y vine inmediatamente. No quería hacerte esperar
un solo minuto más, ya que la información es tan importante para
el caso.

De repente me di cuenta de que Suzanne se comportaba delante
de mí como si estuviera en una entrevista. No fui capaz de mencio-

---

[7] En español en el original (n. de la t.).

narle que nuestro método usual de investigación rara vez incluía dormir con alguien y utilizar las charlas en la cama.

—Primero, no fui del todo acertada cuando dije que Federico era banquero —comenzó ella.

—Dijiste que trabajaba en finanzas —le recordé—. Eso puede significar una variedad de cosas.

—Ay, todo eso es lo mismo —y se detuvo—. ¡Ah, ya entiendo! Detalles, ¿verdad? Si voy a ser una investigadora, necesito prestar atención a los detalles, todo lo que la gente dice y hace.

—Más o menos —dije con un movimiento.

—Bueno, él es banquero retirado —dijo Suzanne—. Su familia tenía un banco en Montevideo, pero lo vendieron a otro banco en una fusión. Él no quería hacerlo, pero sus hermanos y sus primos votaron todos a favor. Apunté los nombres de ambos bancos, sólo por si tú los pudieras necesitar.

Tomé el papel que me ofreció y revisé los nombres, por si estaban entre los bancos que Sergio Santiago había mencionado. Uno de ellos sí: el Banco Comercial.

—Le dije a Federico que estaba pensando en abrir una cuenta en el exterior y que iba a llamar a un banco suizo más adelante, esta semana —dijo ella—. Él cayó en la trampa inmediatamente. Dijo: "Suzanne, ni lo pienses. Debes abrir tu cuenta en Uruguay. Te van a tratar mejor que esos fríos suizos".

Encontré hilarante su imitación del acento de Federico y su voz jadeante; bajé la guardia y me reí.

—Suena como si lo hubieras manejado muy bien —agregué.

Su rostro se iluminó.

—Me dijo que Uruguay desea ser un centro de operaciones bancarias tan importante como Suiza y las Islas Caimán. Así que redactaron leyes de confidencialidad que van incluso más allá que las de esos otros países. Era un plan muy ambicioso, y se imaginaron que iban a atraer toda clase de negocios internacionales.

Esto confirmaba lo que yo había leído, y también el análisis de Tommy. Garabateé una nota, lo cual pareció emocionar a Suzanne.

—Federico dijo que había mucho interés en las operaciones bancarias en Uruguay, y algo de éxito, pero no tanto como le habría gustado al país —continuó Suzanne—. Sencillamente está muy lejos del resto del mundo, y no tiene las comunicaciones sofisticadas y la infraestructura para representar realmente una amenaza para los paraísos bancarios establecidos. Pero las leyes siguen vigentes, y todavía atraen a un número respetable de depositantes extranjeros.

—Así que ¿cómo se abre una cuenta allá? —pregunté, bolígrafo en mano.

—Lo único que le faltó a Federico fue montarme en un avión y llevarme hasta su antiguo banco —dijo Suzanne con una risita—. Todo lo que necesitas es un pasaporte para abrir una cuenta. Una vez abierta la cuenta, el nombre del cliente nunca se vuelve a mencionar. Se usan números de códigos en su lugar.

—¿Cómo? —pregunté.

—Los diferentes clientes usan métodos diferentes —Suzanne sacó una pequeña pila de notas arrugadas de su bolsillo—. Hay algo llamado comercio por télex, donde el cliente y el banco establecen un número de código complicado. Todos los números tienen que sumar el mismo número para que se pueda completar la transacción. Hacen cosas como añadir la fecha del día con otros números que acuerdan con anticipación.

Me quedé pensando en eso; parecía un sistema impenetrable.

—Algunos bancos requieren dos firmas; algunos, sólo una —Suzanne sacó un par de anteojos para lectura del bolsillo de su blusa y se los puso. La hacían ver como una profesora sacada de la fantasía sexual de algún estudiante de colegio—. Algunos tienen una contraseña, otros reciben órdenes por fax. Varía. Los bancos de verdad son muy serviciales con sus clientes, pero son de imposible manejo para las instituciones que hacen cumplir la ley. Sencillamente no le dan información sobre sus clientes a nadie.

—¿Nunca? —pregunté.

Suzanne sonrió; mi pregunta había sido la correcta.

—Bueno, es posible que se pueda sobornar a un empleado del banco. Ha sucedido, pero no con frecuencia.

—Esto de verdad es excelente —dije—. Este es el tipo de información que andaba buscando.

Suzanne terminó su café y se estiró, triunfante.

—Por esta vez ni siquiera tienes que pagarme —me dijo—. Considéralo como una entrevista de trabajo. Pero estoy convencida de que me tienes que contratar.

—Suzanne, no lo sé —objeté—. Hay tantas cosas que influyen en este tipo de trabajo. Ni siquiera puedes conocer su alcance hasta que ya estás realmente involucrada.

—Ese, precisamente, es mi punto. Así que déjame empezar. Enséñame el negocio —se inclinó sobre mi escritorio.

—Me contaste que no sabías nada hasta que tu mentor, Esteban, te enseñó cómo funcionaba el negocio. Alguien te entrenó, tal como tú me vas a entrenar.

—Cierto, Esteban me enseñó prácticamente todo lo que sé —dije yo. Traté de no especular acerca de quién había entrenado a Suzanne para su profesión actual—. Sólo es que…

—¿Qué? ¿Que no te quieres molestar? —Suzanne puso sus manos en las caderas—. Vamos, Lupe. Yo aprendo rápido. Y puedes reclamar crédito por salvar mi alma.

—No estoy segura de que yo…

—Tú siempre quisiste hacer de mí una mujer respetable. Admítelo —antes de que yo pudiera contestar, Suzanne agregó—: Tengo un título universitario. Soy inteligente y buena trabajadora. Puedes tenerme paciencia al principio. Ni siquiera necesitas pagarme mucho hasta que empiece a trabajar tiempo completo.

Yo esperaba que cambiara de opinión desde la noche anterior, pero debajo de esa melena de cabello había un cerebro inteligente y terco. Estaba seria y decidida. Yo le había pedido a Dios más de una vez que ella dejara la prostitución antes de que sufriera algún daño, pero nunca se me había ocurrido que yo misma tendría que llevarlo a efecto.

—Suzanne, tienes que darme más tiempo para pensar en tu propuesta —dije—. Esto es demasiado para considerarlo en este momento. Ni siquiera he desayunado.

Suzanne retrocedió alejándose del escritorio, y su sonrisa se desvanecía.

—Está bien, Lupe. Pero no te demores mucho. De verdad quiero esto, y no me voy a dar por vencida.

Alguien tocó a la puerta, salvándome de tener que dar una respuesta inmediata. Néstor, con sus gafas de sol favoritas, asomó la cabeza por la puerta. Su boca se abrió como la de un personaje de caricatura cuando vi a Suzanne.

—Perdón —vaciló—. No quería interrumpir nada importante.

—Está bien, en realidad —dije yo—. Sigue, Néstor. Ella es Suzanne.

—¡Ah, tú eres Néstor! —exclamó Suzanne—. Lupe me ha contado muchas cosas buenas de ti.

No pude recordar haberle mencionado a Suzanne el nombre de Néstor, pero se veía tan feliz, que decidí dejarlo así. Sus ojos se nublaron, y no pude saber si estaba tratando de decidir si ella era la Suzanne de la que yo le había hablado. Sonrió ampliamente con timidez y le apretó la mano.

—¡Qué bueno! —dijo él, sonriendo todavía.

—Bueno, tengo que dormir un poco —me dijo Suzanne—. Pero te veré más tarde. Néstor, Lupe me va a contratar como investigadora. ¡Eso significa que vamos a estar trabajando juntos!

Suzanne salió y cerró la puerta detrás de ella, mientras que Néstor se quedó parado, congelado, hasta que le indiqué el sofá. Se quitó las gafas y mostró sus ojos abiertos y expectantes.

—No preguntes —dije yo—. Por favor, no preguntes.

—Tengo que advertirte, Lupe —dijo Néstor con gravedad—. Si ella trabaja aquí, nunca volveré a trabajar por fuera otra vez. El día en que ella empiece a trabajar aquí, solamente estaré dispuesto a trabajar en la oficina.

—No quiero hablar de eso.

—¿Quién la va a entrenar? —preguntó Néstor, tratando de aparentar inocencia.

—¿Estás ofreciendo tus servicios?

Néstor puso la mano sobre su corazón.

—Bueno, pues… alguien tiene que hacer el trabajo sucio.

—Qué generoso de tu parte —dije yo—. Tendré tu nombre de primero en la lista.

—Gracias[8] —dijo Néstor. Pasó sus piernas por encima del costado del sofá—. ¿Hay noticias de Marisol? —preguntó.

—¿No pierdes de vista a ninguna de las mujeres hermosas que conoces?

Néstor se encogió de hombros.

—Soy un profesional dedicado.

Dejé el tema así.

—Ha estado trabajando durante cuatro días —dije—. Me canso de solamente leer sus informes sobre las actividades de Miguel. Tengo veintiocho años; este tipo me dobla en edad, y no sé cómo hace: tiene reuniones durante el desayuno, el almuerzo y la comida reuniones bancarias, reuniones del municipio y del condado—. Es un dinamo.

—¿Algo raro? —preguntó Néstor. Sus ojos comenzaban a tornarse pesados.

—Tal vez —dije—. Tengo un arrume de nombres procedentes de las averiguaciones de Leonardo, y rollos y rollos de película. Consume mucho tiempo. ¿Y tú?

Néstor sacó un sobre de su chaqueta y lo lanzó sobre mi escritorio sin enderezarse.

—De hecho, sí —dijo—. Ese es un regalo para ti. Ahora puedes sentirte libre de aumentar mis honorarios por hora.

Abrí el sobre y encontré una copia de un documento que confirmaba una transferencia electrónica por cien mil dólares a una cuenta numerada en el Banco Internacional de Comercio, en Montevideo.

---

[8] En español en el original (n. de la t.).

Le di un par de vueltas en mis manos, sin poder creer casi lo que
estaba viendo.

—¿Cómo? —le pregunté.

Néstor dobló el brazo debajo de su cabeza.

—Verónica, por supuesto. Mencionó que Miguel había recibido
algo de Uruguay —pronunció lentamente, disfrutando mi total atención—. Ella lo notó porque es coleccionista de estampillas. Tuve que
escuchar una conferencia sobre las diferentes estampillas nacionales
que han pasado por el banco a través de los años.

—Pero ¿cómo obtuviste esta copia? ¿Verónica no se va a meter
en problemas por causa de esto? —el documento, de hecho, era
invaluable para mí, pero, legalmente hablando, mi posesión del
documento era cuestionable.

—Ella no sabe nada de él. Saqué la carta de la oficina de correspondencia cuando la recogí ayer para almorzar —Néstor extrajo un
palillo de dientes del bolsillo de su camisa y lo metió nerviosamente
entre sus dientes—. Mira, Lupe, ella no tiene ni la menor idea.

—Devolviste la carta, ¿no es cierto? —pregunté.

—Por supuesto —respondió Néstor—. Llevé la carta a la hora
del almuerzo, y mientras estábamos en el restaurante le dije que tenía
que ir al baño. Pero lo que hice fue entrar a escondidas a la oficina
del restaurante y hacer una fotocopia. Estaba bien preparado, tenía
el abrecartas, el pegante, todo mi equipo para manejar cartas. Nadie
sospechará nada jamás.

—Ahora tenemos un número de cuenta —dije, mientras copia-
ba los números en mi libreta de notas—. Sin embargo, todavía no
sabemos cómo lograr el acceso a la cuenta.

—Pero ¿para qué querríamos acceder a la cuenta? —Néstor se
mostró aún más nervioso.

—Para saber cuánto dinero hay allí —le contesté.

—La transferencia es por cien mil —dijo—. No es exactamente
caja menor. Verónica dijo que Miguel ha estado recibiendo correspondencia de Uruguay durante los cinco años en que ella ha estado
trabajando con él. No todos los días, pero con la suficiente frecuencia

para ser notorio. Ella no se ha atrevido a pedirle las estampillas para su colección, pero habló y habló de cuánto las desea. Es un pasatiempo extraño, si se pone uno a considerarlo.

—No es más extraño que este trabajo —dije yo—. Dios, yo quisiera que Sergio Santiago nos ayudara.

—Otra cosa —añadió Néstor—. Verónica dijo que todos los sobres procedentes de Uruguay se parecen mucho a éste: largos, delgados, papel de seguridad extragrueso.

—Eso significaría que todos son avisos de transferencias electrónicas —dije—. Me pregunto cuántas transferencias electrónicas se han realizado, y por cuáles montos. Mejor dicho, ¿son todas por cien mil? ¿Es esta suma típica? Saberlo nos ayudaría a calcular el patrimonio de los De La Torre, necesitamos esa cifra concreta de dinero para saber cuál sería la parte de Luis. ¿Sabes?, Sergio me dijo que tenía algo en lo de Uruguay. Y también me dijo que tuviera cuidado.

Néstor pasó el palillo de dientes de una esquina de su boca a la otra.

—No me digas…

Estuvimos sentados en un silencio tenso durante un par de minutos. Néstor pretendió estar ocupado con una pequeña mancha en su camisa de lino azul. Finalmente habló:

—Tú mencionaste otra idea, ¿cuál es?

—Dime qué piensas de esto, hipotéticamente —le contesté—. Sergio está de verdad, de verdad, mal de dinero. Tiene que trabajar doble turno para pagar las deudas de su último amor. Al mismo tiempo, nosotros estamos urgidos por la información y el acceso que él podría darnos. ¿Qué dices si le prometemos un porcentaje sobre lo recuperado a cambio de su ayuda?

En realidad, ni siquiera había pensado en esta posibilidad antes de que saliera de mis labios. Una vez que la dije, sin embargo, parecía tener una cierta perfección dentro de su sencillez. Néstor solamente me miraba como si me hubiera enloquecido por completo.

—¿Qué estás diciendo? —dijo sentándose—. Nuestro trabajo, como yo lo veo, es suministrarle información a Luis Delgado sobre las finanzas de Miguel de la Torre, de modo que pueda proceder según le parezca conveniente con respecto al dinero robado de su familia. Nuestra meta es llegar a este valor neto utilizando métodos legales apropiados. Vamos por información, y solamente información. Cuando tú dices "recuperación", estás hablando de algo completamente diferente.

—Tengo una teoría sobre lo de Uruguay —dije yo—. Creo que Miguel ha escondido cantidades grandes de dinero allá, por un par de razones. He probado varios escenarios y éste es el más consistente con lo que sabemos acerca del caso. Primero, él ha escondido dinero por las mismas razones que todo el mundo acumula dinero fuera del país: detesta al cobrador de impuestos de Estados Unidos. Segundo, y más importante, está muy comprometido con facciones anticastristas. Todo está en los registros de los investigadores. La mayoría de sus actividades diarias tienen que ver con Cuba. Creo que sus planes incluyen a la Cuba después de Fidel, y está atesorando dinero con el fin de prepararse para lo que sea que tenga en mente. Le hablé hace un par de días, Néstor. El hombre está obsesionado con la reconstrucción de Cuba.

—Es lo único que tiene sentido. Mira, él y Teresa no tienen herederos, así que no se tienen que preocupar por dejar una herencia. Pueden gastar su dinero tranquilamente, pero no lo hacen. ¿Por qué? Tal vez porque tienen otros planes para su dinero. No tienen hijos. Tal vez quieran dejar un legado para cuando ya no estén. Si no lo pueden hacer a través de la sangre, entonces ¿por qué no a través de la Historia?

Néstor apretó los ojos, pensando.

—Muy bien. Supongamos que tienes razón. Esa es su elección. Él es el que corre el riesgo de ser atrapado. Yo no soy ningún fanático de la oficina de Hacienda, sabes, ni de Fidel Castro.

—Tampoco me importa lo que haga con su dinero —dije yo—. Lo único que me importa es dónde está el dinero que le debe a Luis Delgado—. Apenas las palabras salieron de mi boca, me di cuenta de cuán defensivas sonaban.

—Tú me estás ocultando algo, Lupe. Esto no me gusta para nada —Néstor me señaló con el dedo—. Si estás pensando en interferir con el dinero de Miguel de la Torre, y yo te conozco ya lo suficiente como para saber cómo funciona tu mente, te estás buscando más problemas de los que yo quiero tener. Como yo lo veo, solamente tenemos la palabra de Delgado de que Miguel y su esposa trataron de hacerlo matar por ese dinero, y todavía no estamos seguros de qué pasó con Mike. No tenemos ninguna prueba concreta de que Delgado esté diciendo la verdad. Tal vez odie a Miguel y Teresa y se haya inventado toda esta historia para vengarse de ellos. Podía haber comprado o robado el diamante que te mostró.

—No puedo creer que tú creas eso —le contesté, sorprendida por el planteamiento de Néstor. Tenía razón en cuanto a que me conocía bien.

—Tal vez no, pero estás hablando de meternos con el dinero de Miguel de la Torre; estoy seguro de eso ahora que veo tu reacción. ¿Alguna vez viste a una madre en la selva defendiendo a sus cachorros? Eso es lo que va a pasar si le pones un dedo encima a la fortuna de ese hombre.

—Ya te dije que eres libre de abandonar el caso en cualquier momento —le contesté con brusquedad—. Y lo digo en serio. Haz hecho un excelente trabajo, pero el caso puede seguir sin ti. Puedes cobrar una bonificación y seguir tu camino.

Estaba reaccionando exageradamente, por decir lo menos, y lo sabía. Pero ya era demasiado tarde para echarme atrás.

Néstor sacudió su cabeza con un aire de tristeza.

—Tienes una cosa a tu favor —dijo—: los De la Torre probablemente creen que Delgado está muerto. No sabemos lo que esté pasando con Pepe Salazar, pero por el momento todavía no hemos cavado un hoyo tan profundo como para no poder salirnos de él.

Por un momento, no contesté. Había pensado mucho sobre todo esto. Me sentía amenazada por la percepción de Néstor acerca de mí y lo que yo pensaba. Me estaba poniendo irracional, pero no lo podía evitar.

—¿Conoces el dicho "sigue el dinero"? —pregunté yo, con la necesidad de volver a enfocar la parte menos sensible de la investigación—. Pues el dinero me lleva directo a Uruguay.

—¡Ay, Dios mío![9] Ahora sí estoy preocupado de verdad —Néstor me miró a los ojos—. ¿Has hablado con alguien más sobre... sobre lo que sea que estés pensando hacer?

—No —le contesté. Esperaba que la situación no llegara a este punto, pero entonces ya sabía lo que tenía que hacer. No podía tener a Néstor adivinando ni anticipando cada uno de mis movimientos—. No, y probablemente no lo voy a hacer, al menos por ahora. Pero he tomado una decisión: tú estás fuera del caso, a partir de este momento, Néstor.

Por su expresión adolorida pude notar cuánto lo perturbaba esta conversación. A mí también me perturbaba. Esta no era mi forma de obrar, ni la forma en que típicamente operábamos en Solano. Siempre formábamos un equipo y todos nuestros negocios se efectuaban abiertamente, sin ningún tipo de secreto. Bueno, esa política iba a sufrir un ajuste temporal, por el bien de ambos.

—Nunca nos habíamos hablado así, Lupe —dijo Néstor.

—Lo siento —le contesté—. Te adoro, Néstor, y me encanta trabajar contigo. Pero este caso ha llegado al punto en el que tengo que seguir adelante sola. Es así de sencillo.

—Esto está relacionado con Cuba, ¿no es cierto? —preguntó Néstor con amargura—. No se trata solamente de investigar un caso, ni de Miguel y Teresa de la Torre. No tengo a Cuba corriendo por mis venas, Lupe, así que yo tal vez pueda ser objetivo. Cuando se trata de Cuba, pierdes toda la perspectiva y la razón.

No había palabras más ciertas que hubieran salido de los labios de Néstor. Nadie que no sea un exiliado cubano puede comprender la enredada bola de tensiones que llevábamos en nuestros corazones; el honor familiar y la historia patria,[10] nuestro legado y la ardiente

---

[9] En español en el original (n. de la t.).

[10] En español en el original (n. de la t.).

necesidad de volver a ver nuestro país, todas revividas nuevamente. Creía en todas estas cosas, y había tomado partido con la justicia para la familia de Luis contra lo que percibía como la reacción deshonrosa de los De la Torre hacia él.

—Lupe, estoy preocupado por ti. Prométeme que no vas a hacer nada estúpido —Néstor se puso de pie y acomodó sus gafas de sol, con aspecto tanto endurecido como molesto—. Y prométeme también que me llamarás si necesitas cualquier cosa.

Me levanté y le di un beso en la mejilla. Rogué para que esto no dañara nuestra relación de manera permanente.

—Te lo prometo —le dije.

Por supuesto, no especifiqué qué promesa tenía la intención de cumplir.

25

Luis y yo estábamos sentados en el rompeolas, con las piernas colgando. Mirábamos hacia el horizonte, sobre el agua chispeante de Key Biscane. Con intervalos de pocos minutos una ola grande se estrellaba contra el muro debajo de nosotros, rociándonos con agua salada y fría. Durante mucho tiempo no hablamos. En vez de hablar absorbíamos el aire, las olas brillantes que se repetían y los desinteresados chillidos de las aves que se alimentaban en la superficie. La capilla detrás de nosotros bullía de actividad ese día; se estaba celebrando una boda.

—Te pedí que nos encontráramos hoy por una razón en especial —dije para comenzar—: hemos trabajado mucho en tu caso. Vas a recibir los informes oficiales en unos pocos días. Pero tengo una idea que no va a figurar en esos informes.

Luis encendió un cigarro pequeño y oscuro, protegiendo la llama del viento con su chaqueta.

—Siempre estoy interesado en lo que tú tengas que decir —me contestó. Echó una nube de humo en la dirección opuesta a mí. Noté que el cigarro era de una marca considerablemente más costosa que el Marlboro. Estaba comenzando a tratarse mejor a sí mismo, o quizás no me estaba permitiendo ver que lo hacía.

En voz clara y deliberada le resumí todo lo que había averiguado sobre Miguel De la Torre. Luego le hablé de mi sospecha acerca de que Miguel ocultaba dinero en Uruguay para invertir en la Cuba poscastrista.

—¿Y tienes pruebas de ello? —Luis preguntó con voz segura. Para entonces su cigarro se había consumido casi por completo. Aparentemente sus hábitos antiguos no desaparecían con facilidad. Lo apretó contra el rompeolas para apagarlo.

—No, pero todo encaja —le dije—. El último fragmento de información me llegó hoy. Como todo lo demás, Luis, esto es completamente confidencial. Todavía eres consciente de eso, ¿no es cierto?

Me di cuenta de que sonaba condescendiente. Luis palideció por un momento e hizo una mueca con la repentina brisa que le golpeaba el rostro.

—Por supuesto —respondió.

—Hace más o menos una hora entré en contacto con un amigo que trabaja como investigador de la oficina de Hacienda —le dije—. Le pregunté si los De la Torre han declarado cuentas en el extranjero en sus impuestos durante los últimos siete años. Me respondió que no.

Luis consideró esto por un momento. La chaqueta de su vestido ondeaba con el leve viento.

—Entonces está infringiendo la ley —dijo él—. ¿Entonces podemos ir a la oficina del fiscal del estado? Sé cómo son los impuestos en Estados Unidos. Pueden meterlos a la cárcel por esto.

Pasé por alto el tono helado y malicioso de su voz.

—Pensé en eso —dije—. Pero entonces perderías cualquier posibilidad de recuperar alguna vez el dinero de tu familia. El gobierno se apropiaría de todo, y nunca reconocerían tu reclamación sin documentación. Es una situación ambigua. Puedes reclamar parte del dinero en Uruguay, es tuyo por derecho propio por el acuerdo verbal entre las familias De la Torre y Delgado; la mitad de lo que los diamantes hayan producido te pertenece, pero ese dinero está allá, en contra de las leyes tributarias de Estados Unidos.

Luis escupió por encima del rompeolas.

—Entonces hemos perdido —dijo—. Todo esto fue inútil. Yo sabía que nada podría salir de esta investigación, pero me permití guardar esperanzas. Ahora, tanto el tiempo como el dinero han sido desperdiciados.

—Pero eso no es necesariamente cierto —le dije y lo tomé del brazo—. Podría haber otra opción —los ojos de Luis se iluminaron—. De eso justamente quería hablarte.

Luis miró mi mano sobre su brazo y pareció responder a mi contacto. Retiré mi mano.

—El primer paso es determinar cuánto dinero hay en la cuenta de Montevideo —dije—. Necesitamos a Sergio Santiago para eso. Estuvimos de suerte al interceptar el correo de Miguel, pero eso solamente nos lleva hasta cierto punto.

—Por un momento pensé que ibas a sugerir que los chantajeáramos —se rió Luis en voz alta, y luego sonrió con admiración—. ¿Cómo hiciste eso? —preguntó—. ¿Llegaste en realidad a leer el correo del desgraciado?

—No importa cómo —dije yo, dándome cuenta de que podía haber cometido un error, dejando salir demasiada información. Había pensado cuidadosamente en todo lo que había que hacer desde mi conversación con Néstor, pero quería reservar para mí algunos de los detalles—. Pero necesitamos a Sergio. Sé que está pasando por graves problemas financieros en este momento… Si me autorizas, podemos ofrecerle el pago de una suma considerable para que nos ayude. Inicialmente traté de apelar a su sentido de la venganza, pero eso no fue suficiente.

—Gracioso, ¿no te parece? —dijo Luis vagamente—. Habría pensado que todo el mundo puede motivarse por venganza.

—Hice una investigación sobre el crédito de Sergio —dije—. Le va a tomar años salir del agujero en que está metido, aun con dos trabajos. Además, tengo la sospecha de que puede estar enfermo.

—¿Sida? —preguntó Luis y se puso muy tieso.

—Creo que sí.

Luis sacudió la cabeza con tristeza. Quería leer su expresión, pero no lo logré. Me di cuenta de cuán efectivamente ocultaba la verdadera profundidad de sus emociones.

—Ofrécele lo que sea necesario —dijo Luis finalmente.

—Debemos ser generosos. Me agrada, y simpatizo con él. No debería morir en la miseria, como su novio.

—Muy bien —le dije. Una parte de mí no podía creer que estábamos siguiendo adelante con eso.

—¿Qué planeas hacer después? —preguntó Luis.

—Vamos a establecer cuánto dinero tiene Miguel escondido en Uruguay, y luego vamos a comparar esa cantidad con el patrimonio neto de él y el de Teresa en Estados Unidos —dije—. Tenemos un cálculo aproximado de su fortuna en dólares, medio millón, pero esa cifra es muy, muy baja para ser el verdadero monto de su fortuna. La única respuesta que merece consideración es Uruguay.

—Solamente los diamantes valen dos millones de dólares —dijo Luis—. Menos los cuatro que le dejaron a mi padre, por supuesto.

—Entonces, ¿te opones a pasar por alto la ley para recuperar lo que por derecho te pertenece? —le pregunté.

Listo. Ya lo había dicho. A lo largo de mi carrera de siete años, siempre había permanecido dentro de la ley, excepto cuando fuera absolutamente necesario apartarme de ella. Había ocurrido dos veces: una vez, cuando fui a Cuba ilegalmente y otra cuando forcé la entrada a una joyería para resolver un caso. Ahora estaba en terreno desconocido. Y, francamente, ¿a quién estaba engañando? "Pasar por alto" era un eufemismo delictivo para quebrantar la ley.

—Exactamente ¿qué quieres decir? —preguntó Luis mientras sacaba otro cigarro de la chaqueta y lo encendía.

Lo miré a los ojos. Comencé a buscar dentro de mí misma las razones por las que lo estaba haciendo, pero sentí que ya era demasiado tarde.

—Lo he pensado —dije—. Lo miré desde todos los ángulos y traté de decidir qué era lo correcto. Pero no hay otra forma. Vamos a tener que robarles tu dinero para recuperarlo.

—¿Robarlo? —preguntó Luis y me lanzó una mirada intensa y asombrada—. ¿Robar lo que es mío?

—Esta es la realidad, Luis. Lo más probable es que el grueso del dinero que se te debe esté actualmente afuera de Estados Unidos —me sorprendí a mí misma hablando como Tommy cuando me daba sermones, así que suavicé la forma en que le estaba hablando—. Ni la oficina de Hacienda ni el fiscal del estado pueden recuperar el dinero. Lo máximo que podrás obtener es una recompensa de la oficina de Hacienda por denunciarlos por evasión de impuestos, lo que podría no ocurrir nunca, porque el dinero allá está tan bien protegido, que Miguel podría zafarse de los cargos. ¿Te das cuenta de lo que te quiero decir, Luis? Todos los caminos legales posibles llevan a callejones sin salida.

Luis se quedó mirando los gloriosos colores del cielo tornasolado. Los veleros hacían su ingreso por los marcadores del canal, dirigiéndose a la orilla. Los pelícanos permanecían parados en los marcadores, esperando para clavarse sobre los peces que eran empujados hacia arriba por las corrientes del atardecer. La boda de la capilla había terminado, y había gente entrando y saliendo del parqueadero detrás de nosotros.

—Creo que con Sergio podré conseguir el código para tener acceso a la cuenta de Miguel —dije—. Con el código y el saldo podemos llegar hasta el dinero. No hay nada que Miguel pueda hacer al respecto, porque ni siquiera es legal que tenga esa cuenta sin reportárselo a la oficina de impuestos.

Levanté mis pies en el aire para evitar que me mojara el agua desplazada por los botes. Luis dejó sus pies colgando, y sus pantalones y zapatos quedaron empapados.

—Yo he hecho muchas cosas en mi vida, Lupe —dijo él quedamente—. Pero nunca le he robado nada a nadie. Ni siquiera en Cuba, cuando tenía que pelear simplemente para sobrevivir.

—No creas que yo me siento cómoda robando, Luis —le dije—. Encontré una forma para que tú recuperes lo que te pertenece. Es lo único que puedo indicarte por el momento. Pero si quieres, podemos simplemente abandonar toda la idea y retirarnos. Eso tal vez sea lo mejor para todos.

Una parte de mí deseaba que él aprovechara mi oferta; podríamos olvidar que la idea alguna vez se me había pasado por la mente. Yo había estado escudriñando mi conciencia toda la tarde. ¿Por qué quería hacer esto? Tal vez estaba tratando de probarme a mí misma, de jugar en las ligas de mayores y de derribar a los malos más poderosos. Con seguridad Miguel y Teresa tenían algo que ver con la muerte de Mike, y yo quería que esa muerte fuera vengada. También me daba cuenta de que mi motivo inicial para aceptar el caso se mantenía aún vigente dentro de mí, que era hacer algo correcto, traer honor a una situación de injusticia. Pero ¿el fin justificaba los medios? ¿Estaba vendiendo yo mi propio honor por la reivindicación de otra persona? Y ya que estaba haciendo un examen introspectivo, tenía que preguntarme cuál era realmente mi propia definición de *honor*. Sólo me quedaba esperar que no se hubiera convertido en una noción conveniente y desechable que utilizaba como me pareciera. Yo había visto a muchas otras personas caer en esa trampa.

Pero se me había olvidado incluir a Luis Delgado dentro de la ecuación. Luis se me acercó. Por un instante me preocupé de que se fuera resbalar y a caer del rompeolas. Mi respiración se cortó de golpe y comencé a estirarme hacia él. Antes de que pudiera hacerlo, Luis pasó su brazo alrededor de mi cintura y me acercó con fuerza sorprendente.

Su rostro se unió al mío y nuestros labios se encontraron. Sostuvo mi rostro con su mano y me besó con paciencia gentil, lo cual yo devolví sin pensar. Su mejilla olía ligeramente a tabaco cuando me acerqué más. Luego reaccioné repentinamente, sorprendida de mí misma. Me retiré, y todo terminó tan rápidamente como había comenzado. Yo ya había pensado acerca de este momento. Había pensado que estaría llena de excusas, remordimientos y motivos por los cuales esto no podría volver a suceder jamás. En vez de todo ello, me quedé allí sentada sin decir nada.

—Simplemente puedo irme —dijo Luis con voz jadeante—. Tengo demasiado invertido en esto. Esa gente trató de matarme. Ambos sabemos que ordenaron matar a Mike Moore. Han deshonrado a mi familia. Si renuncio ahora, me da igual matarme. Habré perdido la razón para vivir. Estoy metido en esto con mi vida y mi alma, por el honor de mi madre y de mi padre, y por todo lo que se sacrificaron por mí.

Puse mi mano sobre mi boca para ocultar mi expresión. Mi vida se estaba derrumbando, convirtiéndose en algo nuevo y extraño para mí. Era un mundo lleno de formas y figuras que no podía reconocer.

—Y finalmente he encontrado a alguien que me comprende —añadió Luis— y que me entiende.

Me tomó un momento darme cuenta de que hablaba de mí.

—Luis, no lo hagas —dije yo, volteándome en la otra dirección. No podía mirar su rostro mientras él declaraba lo que sentía por mí. Sabía que si lo miraba a los ojos estaría buscando si decía la verdad o si mentía, más que en un acto de aceptación.

—Haz lo que tengas que hacer —dijo él—. Mi vida está en tus manos ahora. A través de ti puedo encontrar la salvación. Y, tal vez, pronto pueda ofrecerte esas mismas cosas a ti.

Sentí su mano sobre mi hombro, en un masaje sobre mis músculos tensos. Todos los botes habían llegado a la orilla. Todas las aves habían volado a sus nidos. Miami pronto dormiría en la inquietud de una noche húmeda. Me pregunté cuánto tiempo pasaría antes de que yo volviera a dormir bien.

26

—Lourdes, ¿quieres desayunar? —había llamado a mi hermana a su teléfono celular. El amanecer estaba despuntando.

—¿Estás bien? —me preguntó en voz baja—. ¿Sucede algo malo?

Lo juro, todo lo que tengo que hacer es respirar en la bocina del teléfono y Lourdes inmediatamente intuye mi estado de ánimo. Estoy segura de que habría sido una gran psiquiatra, sería un regalo bajado del cielo.

—Estoy bien —le mentí—. ¿Por qué estás susurrando? Casi no te puedo oír.

—Estoy en la iglesia —dijo, con voz aún más tenue—. Estamos en el segundo rosario. Se supone que no puedo hablar más en un teléfono celular. La madre superiora se ocupó de mi caso la semana anterior, me dijo que era frívolo. ¿Te puedes imaginar?

—Bueno, ¿puedes hablar un poquito más duro? Va a ser muy difícil sostener una conversación normal si... —oí un alboroto—. ¿Qué está pasando, Lourdes? Se oye mejor —le dije—. ¿Para dónde te fuiste?

—Estoy debajo de la banca —oí más alboroto—. Necesitamos limpiar más aquí. Deberías ver el polvo. Está bien, ¿dónde quieres que nos encontremos?

—En Versailles —le respondí—. Lo más pronto que puedas.

—No debo salir. Rezar el rosario es sagrado —cuando hizo una pausa, pude oír el sonsonete de las voces de otras monjas en el trasfondo—. Pero suenas desesperada, hermanita.

—Lo estoy.

—Mira, se me acaba de ocurrir cómo salir sin que me pillen. Voy a gatear hacia fuera; espero que las otras estén tan concentradas en los rezos que ni se den cuenta. Deséame suerte.

Salté al Mercedes y me dirigí hacia la calle octava; llegué justo en el momento en que Lourdes apareció en su Toyota Camry. Papi también quiso obsequiarle un Mercedes, de tal manera que sus tres hijas manejaran la misma marca de carro seguro y confiable. Sin embargo, Lourdes no quiso aceptar el regalo, aduciendo algo acerca del espíritu y práctica de sus votos de pobreza. Los católicos somos especialistas en quebrantar la norma, nuestra dudosa adhesión a la prohibición de la anticoncepción me viene a la mente; sin embargo, manejar por todas partes en un Mercedes vistiendo hábito y velo era demasiado, aun para Lourdes.

Mi hermana y yo nos besamos y nos abrazamos en el estacionamiento y luego entramos de brazo al restaurante. Reprimí una sonrisa cuando noté las motas de polvo que colgaban de su hábito azul.

Eran apenas las seis y media de la mañana y, sin embargo, el sitio estaba completamente lleno. Una mesa se desocupó y la arreglaron en el momento en que llegamos. Tiene sus ventajas comer con una mujer santificada.

Ordenamos un desayuno cubano-americano tradicional: una cacerola de huevos revueltos con tocineta ahumada, pan cubano bien untado de mantequilla, vasos de jugo de naranja y café con leche tan cargado que habría servido para despertar pacientes en coma. Sólo cuando el banquete estaba por terminar, Lourdes me abordó.

—Y bueno… —preguntó a la expectativa.

—Estoy trabajando en un caso muy difícil, y me está generando toda clase de problemas —comencé.

—Tú has tenido casos difíciles antes —replicó—. ¿Qué hace que éste sea tan distinto de los demás?

—Quebranté una norma muy seria —dije—. Y no me mires así. Sé lo que estás pensando, que infrinjo las normas frecuentemente y que eso no significa mucho para mí. Solamente porque eres una monja no tienes derecho a creerte más santa de lo que en realidad eres.

Verdaderamente, ella tenía el derecho, pero yo estaba incontenible. Lourdes escuchó en silencio mi perorata, pero tan pronto terminé me sentí muy mal. Observé que una mirada de reproche se dibujaba en su cara.

—¿Cuál norma quebrantaste? —preguntó Lourdes con voz calmada y compasiva—. Estoy segura de que no es tan grave como crees.

—Me involucré con uno de mis clientes —le dije apesadumbradamente—. Me dejé llevar por mis sentimientos.

—¡Ah! —Lourdes sonrió—. La mundialmente famosa y autocontrolada Lupe Solano ha fallado.

Esta no era la reacción que yo había anticipado.

—¿Así que no estás disgustada conmigo? —pregunté.

—Lupe, querida, creí que me ibas a contar algo grave. Como por ejemplo que tuviste sexo con un bisexual hemofílico adicto a la heroína —ella suspiró con descanso—. Eso fue lo que se me ocurrió pensar mientras manejaba hacia acá. Confía en mí, después de todos los escenarios que pasaron por mi imaginación, este pequeño problema es un bocado.

Yo entendía su comentario particularmente porque parte de sus labores como monja incluía cuidar a pacientes con sida. Como estábamos en el tema sobre el sexo, decidí aliviar sus temores.

—No me he acostado con él —le dije—. Solamente nos hemos besado una vez. Pero emocionalmente, yo... experimento ciertos sentimientos por él.

—¿Por qué? —preguntó Lourdes y frunció el ceño, con más curiosidad que desaprobación—. ¿Qué tiene de particular este caballero para hacerte quebrantar tus propias normas?

—Primero que todo, es cubano. Sabes que nunca había estado involucrada con un cubano —hice sonar el hielo en mi vaso de agua—. Tengo que admitirlo, él me fascina, Lourdes; es la clase de hombre que yo estaría frecuentando en Cuba si Papi y Mami estuvieran viviendo allá, si Fidel Castro no se hubiera tomado el poder.

Lourdes se quedó mirándome fijamente con una expresión de expectativa, sabiendo que no le había contestado su pregunta exactamente. Cuando se dio cuenta de que yo no iba a darle más información, dijo:

—¿Él sabe lo que tú sientes? ¿Siente lo mismo por ti?

—No le he dicho lo que siento —musité. No podía decirle mucho más a mi hermana, porque ni yo misma lo sabía. Realmente no quería profundizar más; en cierto sentido, me arrepentí de haber iniciado esta conversación—. Sé que él tiene fuertes sentimientos hacia mí.

—¿Cómo va a afectar esto el caso? —me preguntó—. Dijiste que era un cliente —a Lourdes no hay que ayudarle para que llegue al punto central. Recordé por qué la había llamado.

—Estamos en la parte más importante del caso —le dije—. No quiero que mis sentimientos por él interfieran mi toma de decisiones. Tengo que mantener la imparcialidad total, de lo contrario esto no va a beneficiar a ninguno de los dos.

—Suena a que esto va a ser muy difícil de hacer —dijo Lourdes—. ¿Por qué no le asignas el caso a otra persona?

—No puedo. Ya estoy demasiado involucrada —¿cómo diablos iba a decirle la verdad, que yo iba a quebrantar la ley por este hombre? ¿O que ni siquiera estaba segura de cuáles eran mis verdaderas motivaciones?

—No puedes, ¿o no quieres?

No le respondí. La verdad era demasiado dolorosa como para poderla enfrentar, para exteriorizarla abiertamente, aun con mi hermana. Le hice una señal a la camarera, quien vestía un uniforme color verde esmeralda con el sello de Versailles. Tan sólo miré la cuenta; torpemente busqué la billetera en mi cartera y tiré algún dinero sobre la mesa. Lourdes me observaba, sin hacer el menor esfuerzo por esconder su expresión de preocupación. Con todo lo eficiente que había sido el servicio, no ameritaba una propina del cien por ciento.

—Gracias por el desayuno —dijo Lourdes mientras caminamos al parqueadero juntas—, y por la indigestión de más tarde…, cuando esté pensando en lo que me dijiste allá dentro.

Empecé a sacudir las motas más prominentes de las docenas de bolas de polvo en su hábito. Me gustaba más cuando se vestía con su ropa usual de Banana Republic o de Gap; parecía demasiado intimidante con su hábito. Además, la gente se quedaba mirándonos: no era frecuente ver una monja joven y sensual.

—Bueno, espero que la madre superiora no te recrimine por haberte escapado durante el rosario —le dije—. Te veré pronto en casa, ¿está bien?

Lourdes asintió con la cabeza, fastidiada, mientras caminaba hacia su carro. Después de abrir la puerta, se dirigió a mí.

—¡Antes de que se me olvide, Lupe! —gritó a través del estacionamiento—. Aída me llamó ayer para decirme que todavía está preocupada por Papi y la cuestión cubana.

—¿Qué quieres decir? —pregunté, apagando la alarma del carro.

—Él tiene los teléfonos de la casa conectados al programa técnico de AT&T que toca el himno de Cuba cuando alguien está en espera. Habla con ella, ¿quieres? Cálmala por mí.

¡Ay! A las siete y media llamé a Sergio Santiago a su casa; yo sabía que el First Miami no abría hasta las nueve. Esta no era una conversación que él quisiera sostener en el trabajo.

—Sergio, buenos días. Es Lupe.

—Ya dije que no te iba a ayudar —dijo Sergio y suspiró en el teléfono; sonaba disgustado—. Este es tu problema, recuerda.

—Cincuenta mil dólares, en efectivo —le dije. Lo sentí por él, pero yo necesitaba su ayuda. Dejé las palabras en suspenso entre los dos por un momento.

—¿Por qué? —Sergio desembuchó; su resentimiento era casi palpable—. ¿Por cuánto estoy vendiendo mi alma?

—El saldo y los códigos de acceso de la cuenta en Montevideo —permanecí con la lengua firme y neutral.

—Tú debes haber estado husmeando mi situación financiera —dijo Sergio, ahora con un vestigio de tristeza—. Me estás ofreciendo la suma exacta que necesito para salir de todas mis deudas.

—Tendré el dinero listo al final de la tarde —le dije—. Te lo puedo enviar a la casa por mensajería postal —había planeado esta conversación, con la decisión de mantener las cosas fáciles. No quería darle a Sergio mucho tiempo para pensar. En cuanto a mí se refiere, quería ser la que le pone el hombro a todo el peso de los dilemas éticos; era lo conveniente.

—Si cualquier cosa falla, el más mínimo detalle, yo no te conozco —dijo él—. Salvo mi pellejo y te dejo en la jaula de las fieras.

Oí el clic en el momento en que colgó la bocina.

27

Regresé a mi oficina después de haber visto salir al mensajero de mi estacionamiento rumbo a la casa de Sergio. El mensajero se fue con una caja blanca plástica marcada "DOCUMENTOS: SIN VALOR COMERCIAL", a pesar de que en realidad contenía cincuenta mil dólares en efectivo. Detestaba la idea de enviar dinero en efectivo con un servicio de mensajería, pero no me podía dar el lujo de que me volvieran a ver en público con Sergio.

Estaba mentalmente exhausta, después de gastar las últimas siete horas urdiendo meticulosamente mi plan. Me dolía la espalda por la tensión y todo se reducía a un hecho: estaba a punto de quebrantar la ley. No estaba segura de poder decir que todo esto lo hacía por razones morales; aun si quería recurrir a mi habilidad para racionalizar, no era una sensación reconfortante.

Una vez adentro, marqué el número de teléfono de Suzanne. No quería crearle falsas expectativas acerca de una oferta de trabajo, pero yo necesitaba a Suzanne; aún la consideraba como el mejor recurso humano en Miami.

—Lupe —dijo ella—. Sabía que hoy me llamarías.

—Necesito que nos encontremos lo más pronto posible —le dije—. ¿Tienes tiempo?

—Claro que sí —ronroneó. Se me aceleró el corazón cuando oí el entusiasmo en su voz.

Antes de una hora Suzanne golpeó en la puerta de mi oficina. Cuando la hice entrar sus ojos se abrieron con expectativa. No había tenido tiempo de considerar su solicitud; y no lo tendría, al menos durante un lapso. Suzanne miró como si esperara que yo sacara una Biblia y le tomara el juramento para integrarla a una sombría sociedad secreta de investigadores.

—Querida, mira, yo sé que estás pensando que te pedí que vinieras para tratar sobre el trabajo conmigo —comencé a decirle como excusándome—. La verdad es que todavía no he tenido tiempo de pensarlo bien. Siento mucho desilusionarte.

—Estoy disgustada —el brillo de sus ojos se apagó—. Pero no estás diciendo que no definitivamente, ¿cierto?

—Eso es correcto —dije evasivamente.

—Está bien —parece que esto la aplacó—. Bueno, entonces ¿para qué me hiciste venir aquí?

—Necesito un pasaporte falso —le dije—. Tengo que hacer un viaje al exterior y no quiero que me hagan un seguimiento.

—Buenísimo —dijo Suzanne entusiasmada.

—De todas maneras. La cuestión es que tiene que ser una excelente falsificación. Yo conocía un tipo, pero ahora está preso en Raiford.

—Claro, yo conozco a alguien —dijo Suzanne después de pensarlo unos segundos—. ¿Qué tan rápido lo necesitas?

—Lo más pronto posible. Tengo las fotos y escribí toda la información falsa en este papel. ¿Estás segura que este tipo es bueno?

—Conozco su trabajo —respondió Suzanne—. Él ayudó a un tipo que yo conocí hace algunos años, al que los agentes federales estaban a punto de coger. Pero hace rato que no lo veo. Lo mejor es que lo llame antes de prometerte algo.

Suzanne escarbaba en su cartera para encontrar la invaluable libreta de direcciones. Marcó algunos números en su teléfono celular.

No usó el teléfono de mi escritorio, lo sabía, porque ella asumió que el tipo tenía un identificador de llamadas y entonces podría saber de qué número telefónico venía la llamada. Ella me había contado antes sobre su servicio especial de celular: sus llamadas quedaban registradas como "anónimas".

—Malas noticias —dijo frunciendo el ceño—. Su teléfono está desconectado. ¡Qué problema! Yo sé donde vive, y puedo ir a su casa. Un sujeto como éste no permitiría que le desconectaran el teléfono.

Me encontraba mentalmente comprometida a seguir mi plan paso a paso. Cualquier obstáculo me asustaba porque significaba que de pronto me vería forzada a reconsiderar y perdería determinación.

—Tengo que pensar en alguien diferente —dije.

—Él vive al lado de Brickell, cerca de mi apartamento —dijo Suzanne—. Si quieres, vamos hasta allá ahora mismo y vemos qué está pasando. No conozco a nadie más para recomendar. Este es un asunto delicado, tú sabes. Necesitas un verdadero profesional.

—Buena idea —le dije, echando mano a mi cartera.

—Hagámoslo.

Suzanne parecía cautelosa, pero reconozco que no me estaba haciendo preguntas de ninguna clase. Yo quería moverme, hacer que algo sucediera y, por encima de todo, no quería pensar. Nos montamos al Porsche de Suzanne y maniobramos por entre el tráfico hacia Brickell.

Suzanne señaló con el dedo la ventana de la vivienda donde él vivía y pudimos ver que no había luces en el interior. Me bajé y revisé el buzón del correo. Estaba cubierto con tiras de papel y cinta pegante, como si alguien hubiera removido de afán la plaqueta con el nombre. Había miles de hojas volantes y correo basura que rebosaba.

Vi a un hombre calvo paseando un schnauzer afuera y le hice señas ondeando la mano. Parecía intrigado, pero le dije que yo era una agente de finca raíz y le esgrimí una tarjeta ficticia de la colección que tenía en mi cartera.

—Me da pena molestarlo —le dije—, ¿pero, sabe usted si esta casa particular está actualmente desocupada?

El hombre tiró del collar mientras su perro hiperactivo trataba de alcanzar la calle.

—Mi esposa y yo nos mudamos aquí hace tres meses —dijo él—. El sitio ha estado desocupado todo ese tiempo.

—Excelente —improvisé—. Nos enteramos de que el inquilino anterior tenía ilegalmente subarrendado. Mi compañía está tratando de promover la venta de la unidad.

El hombre me miró burlonamente y balbuceó algo acerca de que la propiedad la habían vendido hacía seis semanas. Suficiente para mis habilidades de hablar basura. Me despedí agitando la mano amigablemente y me fui de prisa de regreso al Porsche.

Hicimos chirriar las llantas al entrar en el tráfico, pero Suzanne se orilló y paró el carro después de recorrer una cuadra nada más. Por su expresión me di cuenta de que obviamente estaba lista para protagonizar alguna clase de confrontación. Esto era lo último que yo necesitaba.

—Lupe, ¿por qué necesitas un pasaporte falso? —me preguntó. No tuve la fortaleza para mentirle:

—Tiene que ver con la información que me diste sobre Uruguay. Probablemente ya sospechabas eso.

—Pues claro —me contestó, satisfecha consigo misma.

Habíamos estacionado en una calle tranquila, y podíamos ver las luces de la mayoría de las casas del sector a nuestro alrededor. Me hizo pensar en vidas tranquilas, memorables, la clase de vida que yo anhelaba para mí en ese momento.

—No te conviene saber más de lo que te dicho —le dije—. Créeme.

—No me digas eso —Suzanne me agarró del brazo sorprendiéndome—. Quiero que me cuentes todo. Deseo ayudarte. ¡Quiero que me dejes trabajar contigo! Y no vamos a ninguna parte hasta que no me digas toda la verdad.

Para ilustrar su punto de vista, Suzanne activó el sistema central del seguro en su puerta y quedamos encerradas.

—No seas infantil —le dije—. ¿Estás verdaderamente segura de que quieres dejar todo para convertirte en una investigadora privada? Te aburrirías y en seis semanas estarías renunciando.

—Este caso tiene que ver con Miguel de la Torre —sentenció Suzanne. Traté de permanecer con cara de póker.

—¿De qué estás hablando?

—Tú no querías que yo supiera eso —dijo ella—, pero te descuidaste y mencionaste el nombre a Leonardo cuando yo estaba en tu oficina la semana pasada. Te das cuenta…, te advertí que puedo ser muy observadora.

—Y yo soy torpe —dije disgustada conmigo misma por ese desliz tan estúpido. Era un mal presagio, pero las compuertas de la represa ya estaban completamente abiertas, de tal suerte que después de hacer jurar a Suzanne que guardaría el secreto, le conté el resto de la historia de Luis y luego mi plan de retirar de la cuenta bancaria de Miguel el dinero que le adeudaba a Luis. Esperé que Suzanne se emocionara; después de todo, este era un verdadero asunto de espías y agentes secretos. Ella solamente escuchaba atenta y seria.

Cuando terminé prendió el carro, lo engranó, y lentamente se mezcló en el tráfico. Nos dirigíamos de regreso a mi oficina para que yo pudiera recoger el Mercedes, pero ella estaba tomando un camino más largo. Esperé que me hablara, lista para enfrentar sus ilusiones de vincularse a mi firma.

—Entonces, yo soy la que va a ir a Uruguay —dijo cuando paramos en un semáforo—. Hablo español fluido y tengo un pasaporte costarricense que está vigente dos años más. Parece que tú no vas a poder conseguir un pasaporte falso, Lupe, luego no vas a poder ir a ninguna parte.

Pensaba que yo era incapaz de sorprenderme, pero nunca había estado más equivocada. Esperé un momento, tratando de digerir lo que ella acababa de decir.

—¿Cómo diablos conseguiste un pasaporte costarricense? —pregunté.

—Oh, eso no es nada —observó por el espejo retrovisor y cambió de carril—. Hace dos años me involucré con un tipo que realmente me gustaba. Lo ayudé en algo para lo que se requería que yo consiguiera un pasaporte falsificado. No era un caso de drogas, Lupe. Era ilegal, no inmoral. Más o menos como esta situación.

"Ilegal, mas no inmoral", pensé. Ella racionalizaba mejor que yo, y pensé que me hallaba en disputa de un campeonato mundial.

—No puedo permitir que lo hagas —le dije—. Este no es tu problema y el riesgo es grande. Olvídate.

—No seas tonta, Lupe. Piénsalo bien —Suzanne suspiró con exasperación—. Yo tengo el pasaporte costarricense y no tengo ningún vínculo con el caso. Eso significa un doble seguro, nada se podría rastrear para involucrarte. También, soy inteligente y tú confías en mí.

—Pero…

—No me pongas en la nómina hasta más tarde, cuando todo se haya calmado —dijo—. Sabes que yo podría salir mucho mejor librada de lo que tú jamás podrías.

Estaba negociando conmigo, eso estaba claro, y el pago era un trabajo en Solano. Sacudí la cabeza, tratando de negar el hecho de que ella tenía absolutamente toda la razón. Podría hacer el trabajo y era confiable.

Por encima de todo, yo estaba desesperada. Sabía en todo momento que tanto los documentos como los testigos podrían eventualmente revelar que yo había ido a Uruguay. Mi vinculación con Luis estaba circunscrita a aspectos legales, lo que significaba que un mal paso podría hacerme aterrizar en la cárcel. Suzanne, por otro lado, podría volar dentro y fuera de Suramérica con mínimas complicaciones. Si ella tenía éxito, no existía ninguna conexión entre ella y lo que había sucedido. Después de todo, ¿quién sospecharía que una prostituta de Miami había robado de la cuenta bancaria secreta de Miguel de la Torre?

Suzanne no se había dado cuenta de que me había persuadido, por eso seguía empujándome con su argumento.

—Piénsalo bien, estaríamos derrotando al bastardo en su propio juego —dijo—. Estás haciendo esto porque crees que es la oportunidad de hacer algo justo por alguien, así tengas que quebrantar algunas leyes, y quiero ser parte de esto.

Simplemente practicando su profesión, Suzanne quebrantaba la ley diariamente, pero este no era el momento de precisar lo obvio. Y yo no quería discutir con ella mis motivos para quebrantar la ley. Ella sabía que yo no iba a sacar a codazos del camino al cielo a la madre Teresa, pero sí me interesaba que ella retuviera algo de fe en las bondades de mi personalidad.

—Suzanne…

—Mira, Lupe. De verdad quiero hacer esto.

—Vamos a mi oficina —le dije.

Las llantas del Porsche chirriaron en la medida en que Suzanne oprimía el acelerador y se dirigía de regreso al Grove. No podía creer que verdaderamente estuviera considerando dejar ir a Suzanne a Uruguay en mi lugar; sin embargo, este era el único plan que tenía sentido. Miré su perfil mientras manejaba y era como si estuviera viendo a una persona completamente diferente.

Suzanne se dio cuenta de que la estaba mirando fijamente y se volteó hacia mí con una gran sonrisa.

—Vamos, Lupe, no analices esto demasiado —dijo—. Ya verás. Después de que trabaje para ti unos meses, ¡te preguntarás cómo pudiste arreglártelas sin mí todo este tiempo!

Estaba positivamente eufórica y de golpe me encontré riendo con ella. Cuando entramos al estacionamiento vi que las luces de seguridad estaban prendidas, lo que significaba que Leonardo ya se había ido hasta el otro día. Apagué el sistema de alarma y sostuve la puerta para que Suzanne entrara. Ella prácticamente saltó dentro de la oficina.

Leonardo había dejado un sobre en la mitad de mi escritorio, para asegurarse de que yo lo viera. Era la confirmación oficial de que la mensajería postal había entregado el dinero… y según mi acuerdo con Sergio, éste contenía el código de acceso e información acerca de la cuenta de Miguel en el Banco Internacional de Comercio.

Suzanne estudió los apartes pertinentes de la carpeta de Delgado mientras yo llamaba a American Airlines para registrar a Suzanne en el próximo vuelo a Uruguay, usando el nombre ficticio que ella había puesto en el pasaporte falsificado. Me ofusqué cuando el funcionario de reservas me informó el costo del pasaje: cerca de dos mil dólares para el vuelo 999 de Miami a Montevideo. Suzanne no clasificaba para el descuento por compra del pasaje con catorce días de anticipación, tampoco iba a obtener el millaje de viajero frecuente, ya que viajaba con un nombre ficticio. El itinerario era una pesadilla: salida de Miami a las 11:30 a. m., luego llegada a las 12:24 del siguiente día a Montevideo, con escala de dos horas en São Paulo.

Continué trabajando, haciendo reservaciones de hotel para Suzanne bajo su nombre ficticio. Cuando terminé, nuestro estado de ánimo se tornó más serio. Todavía sentía como si tuviera todo el día por delante, que tenía que permanecer activa y actuando o la seguridad en mí misma desaparecería.

Tomé el papel que Sergio me había enviado. Estaba cuidadosamente escrito a máquina, como se lo había solicitado, en una oficina de secretariado comercial, de tal manera que no pudiera ser rastreado si todo el plan se derrumbaba. Tenía las instrucciones para la transferencia y los códigos de acceso, además del saldo. La cuenta tenía algo más de veinte millones de dólares. Esto sonaba correcto.

Hice un recorrido de todos los pasos para transferir el dinero, los que Suzanne captó fácilmente en el primer intento. Seguí recordándole que ella quedaría por su cuenta una vez que llegara a Montevideo. Su expresión se tornó más y más socarrona mientras hablábamos; de no ser otra cosa, me di cuenta de que se estaba sintiendo feliz.

Nos quedamos hasta tarde en mi oficina, pensando en planes contingentes por si acaso algo fallaba. Inmediatamente antes de que Suzanne se fuera, abrí la caja fuerte empotrada en la pared y

conté cuatro mil dólares en efectivo para dárselos; la mitad para
que pagara los pasajes aéreos, y la otra mitad para el hotel y demás
gastos. Había aprendido del ejemplo de Miguel. Si pagábamos todo
en efectivo, no dejaríamos huellas de papel. Traté de no preocuparme por las utilidades cada vez más escasas de Luis por la venta del
diamante. Este, verdaderamente, no sería un caso de gastar dinero
para hacer dinero.

Observé a Suzanne guardar el dinero y el sobre que contenía
las instrucciones, en el bolsillo negro trasero. Luego puse la Beretta
en el bolsillo de mi chaqueta, apagué las luces de la oficina, puse la
alarma y escolté a Suzanne hasta su carro.

Allí nos separamos. La vi alejarse en su carro, y le recé a María
Magdalena, la santa patrona de todas las mujeres con problemas en
todas partes.

28

Di vueltas alrededor de la puerta de salida de la aduana en el aeropuerto, esperando que Suzanne hiciera su aparición. Mascaba semillas de girasol porque de no hacerlo, lo sabía bien, destruiría todas mis uñas con los dientes.

El vuelo 924 de American desde Montevideo estaba programado para llegar a tiempo, pues debía aterrizar a la inverosímil hora de las 5:23 de la mañana. Me había quedado toda la noche viendo televisión y llegó un punto en el que creí que Mr. Ed me hablaba directamente. Oscilaba entre estar sobrealerta y sentirme totalmente exhausta.

Suzanne se había ido hacía tres días. Para mantenerme ocupada, así como para castigarme, había escrito informes de viejos casos y había ayudado a Leonardo a enviar cuentas. En siglos pasados, habría optado por la flagelación, pero estaba poco inclinada a confesar mis pecados en un programa de televisión, la versión moderna del cilicio. En estos tres días había dormido quizá un total de seis o siete horas, y ya empezaba a mostrar signos evidentes: las sombras bajo los ojos me hacían ver como un mapache demente.

Media hora más tarde hizo su aparición, cansada pero triunfante. No era difícil ubicarla en la multitud, una rubia alta y voluptuosa vestida con pantalones negros y una camiseta; era lo mismo que llevaba puesto cuando se fue, aunque ahora llevaba un buzo negro de lana sobre los hombros. Miraba a izquierda y derecha, pero no lograba verme a medida que me acercaba hacia ella en el Mercedes.

Incluso a esa hora, el aeropuerto estaba atestado. Logré deslizarme por entre dos limusinas y toqué la bocina. Luego me acordé de que Suzanne era miope; era probable que no se hubiera puesto los lentes de contacto. Salí del carro, me encaramé sobre la capota y comencé a gritar su nombre. Casi mato del susto a una pareja de viejitos que estaban a mi lado, pero funcionó. Suzanne corrió hacia el carro y me dio un fuerte abrazo antes de acomodarse en él.

—Esto es mucho mejor que el taxi diesel destartalado que tuve que tomar en Montevideo —dijo a manera de saludo—. No te imaginas el olor de ese aparato. Ni el ruido.

Se había arriesgado sólo una vez a llamarme mientras estuvo en Suramérica, así que ya estaba un poco enterada de lo que había pasado. Pero no podía aguantar el suspenso.

—Olvídate de eso —le ordené—. Cuéntame qué pasó, sin omitir detalle.

Comenzaba a amanecer cuando dejamos la carretera del aeropuerto y nos encaminamos rumbo al este por la I-95 hacia el centro.

—El vuelo fue eterno —dijo, recostándose en el asiento—. Dormí un poco, pero estaba demasiado excitada. Lo peor era saber que tenía que volver a volar en dos días. ¡Dios mío!

Le permití estas disgresiones sobre la incomodidad del vuelo. Se había ganado el derecho de quejarse: dos vuelos de doce horas en sólo tres días era inhumano.

—¿Sabías que hay un río que separa a Montevideo de Buenos Aires? —preguntó. Yo gemí. Ahora parecía que me tendría que aguantar una lección de geografía—. El chofer del taxi me hizo un tour cuando salimos del Aereopuerto Carrasco —agregó—. La calle se llama la Rambla. Es sólo un paseo de veinte minutos, pero fue muy agradable. Había una fortaleza: el cerro de Montevideo. Lo construyeron para defender a la ciudad de los invasores portugueses que venían desde Brasil.

Seguí manejando, pero en un momento me di cuenta de que ella esperaba una reacción.

—No me digas —repuse.

Suzanne escarbó en su bolso y extrajo una postal de la fortaleza y la puso frente a los ojos. Durante unos instantes no pude ver por donde íbamos, pero el tráfico estaba tan desordenado que tal vez no importaba.

—¿Ves? —me preguntó—. Y la Rambla es como una especie de Miami Beach, con edificios grandes de apartamentos y mucho tráfico. La Embajada de Estados Unidos también queda ahí. Tomé nota de eso, en caso de que tuviera que pedir ayuda.

—Buena idea —dije.

Siguió relatando su crónica de viaje, sin darse la menor cuenta de que yo no la estaba escuchando. Quería que llegara al meollo del asunto, pero me sentía demasiado cansada para ser exigente. Incluso después de doce horas en un avión, Suzanne tenía el doble de energía de la que tenía yo.

—Es tan triste, Lupe, lo que me contó el taxista —dijo—. Me hablaba todo el tiempo sobre la carne suramericana, y no fui capaz de decirle que soy vegetariana. Pero me contaba que nadie sabía que la carne uruguaya es la más deliciosa del mundo. ¿No es muy triste? Si alguien tiene que comer carne, ¿no debería por lo menos saber cuál es la mejor?

Me concentré en manejar hacia el apartamento de Suzanne en Brickwell.

—¿Qué pasó luego? —pregunté, haciendo un esfuerzo para no sonar molesta.

—Bueno, pues el Hotel Victoria Plaza es realmente agradable, Lupe —dijo—. He debido sospechar que me habías reservado el único hotel de cinco estrellas en la ciudad. El portero me contó que lo habían renovado totalmente.

Me puso otra postal frente a los ojos.

—Después de ese vuelo, el baño caliente fue una maravilla —agregó—. Lavé la mayor parte de mi ropa en el lavamanos, pero mandé los pantalones a la lavandería. ¿Está bien?

—Una cuenta de lavandería es el menor de los gastos en este caso. Por supuesto que está bien —me reí.

—Bueno, el sol no se había puesto todavía cuando llegué —dijo, y su rostro mostraba alivio—. Así que salí a dar una vuelta por la ciudad vieja. Quería ubicarme. Hay muchos edificios viejos y plazas; nada que ver con Miami. La plaza principal es la de la Independencia, donde tienen una estatua gigantesca de José Gervasio Artigas. Es el héroe nacional.

Otra postal se cruzó ante mis ojos. Pude ver la estatua de un hombre montado sobre un caballo, rodeado de muchos hombres apuestos.

—¿Y esos quiénes son? —pregunté.

—El Cuerpo de Blandegas —contestó—. También hay una zona que se llama el Mercado del Puerto, lleno de restaurantes y tiendas. Uno de estos días vamos a tener que ir juntas allá, tomarnos unas vacaciones.

Suzanne se había convertido. Faltaba poco para que se pusiera a cantar el himno de Uruguay. Encendí las luces para indicar la salida de Key Biscayne y reduje la marcha para detenerme ante un semáforo en rojo al final de la rampa.

—Cuéntame sobre la reunión en el banco —le ordené. Suzanne seguía en disposición de turista.

—Pues bien, la zona financiera queda a unas diez cuadras del hotel —dijo reflexivamente—. Los bancos están bastante concentrados, en la intersección de Veinticinco de Mayo y Misiones. Mira, aquí puedes ver.

Agarré el volante con fuerza y miré otra postal.

—Hay un banco que se llama el Banco de la República y está construido totalmente en mármol.

Ya me estaba alistando para ver la siguiente postal, pero no se produjo. Sentí una extraña decepción.

—¿Qué te pasa? —preguntó Suzanne.

—Nada —le dije—. Continúa.

—El banco que nos interesaba, el Primer Banco de Uruguay, queda directamente frente al Banco Internacional de Comercio, el banco de Miguel —dijo—. Conocí a un tipo que se llama el señor San Pedro. Estuvo muy amable, aunque tenía un aspecto un poco raro.

—¿Cómo así? —pregunté.

—Era de un solo color: todo gris —dijo Suzanne—. En serio: el pelo era gris, los ojos grises, la piel gris, el traje gris. Lupe, hasta llevaba una perla gris de pisacorbatas.

—Eso suena muy extraño —reconocí.

—¡Ni que lo digas! —Suzanne se rió—. Bueno, revisó mis documentos, sacó una copia de mi pasaporte costarricense y me dio un formulario para completar. Le di toda la información falsa que habíamos acordado, pero en realidad el formulario no indagaba en profundidad. He tenido que contestar preguntas mucho más difíciles para obtener una tarjeta de crédito de un almacén.

—¿Quieres decir que aceptó tu apartado aéreo en San José de Costa Rica como dirección permanente? —pregunté maravillada. Con razón los bancos uruguayos atraen tanto a los extranjeros.

—Hice lo que me dijiste que hiciera —continuó Suzanne—. Le hice todo tipo de preguntas sobre las leyes de confidencialidad. Me dijo que se haría cargo personalmente de mi cuenta. Eso no me extrañó: el tipo no podía dejar de mirarme los pechos.

Eso era exactamente lo que quería escuchar. Había contado con que la atendería un empleado del banco que se vería transportado por los ojos, el pelo, los pechos de Suzanne, cualquier cosa que lo mantuviera distraído y que evitara indagaciones sobre sus motivos para viajar a Montevideo.

—Le dije que quería abrir la cuenta con mil dólares —prosiguió—, pero que haría una transferencia de más fondos de otro banco en el país en uno o dos días.

Llegamos al edificio de Suzanne. Estacioné al lado de la rampa que conducía hacia la puerta de entrada.

—¿Cómo reaccionó? —le pregunté.

—No se inmutó —dijo Suzanne—. Me parece que esto es corriente allá. Medio le di a entender que estaba a punto de separarme de un hombre muy rico. Ya sabes, como si el tipo me estuviera despidiendo con un beso y un paquete de dólares.

—¿Le preguntaste sobre las leyes de confidencialidad cuando se hacen transferencias de fondos domésticas? —pregunté. Este era un dato vital.

—Por supuesto —respondió Suzanne—. Me dijo que todo era confidencial. El banco protege la identidad del cliente a toda costa. A cambio, ellos se quedan con el tres por ciento de los fondos depositados.

—¡Tres por ciento! —exclamé—. ¡Por Dios, eso es un asalto a mano armada! Esos no son banqueros, son agiotistas de lo peor.

—Bueno, Lupe, hacen grandes esfuerzos por proteger la identidad de sus clientes. ¿No te parece que tienen derecho a cobrar un porcentaje alto? —Me había olvidado de que Suzanne se había convertido en defensora de todo lo uruguayo.

—Olvídalo —dije—. Continúa.

—Acepté la comisión y nos dispusimos a fijar los detalles —dijo Suzanne—. Establecimos el código de acceso y las instrucciones de transferencia, y le di el efectivo para abrir la cuenta. Luego me pidió que saliera a almorzar con él.

¡Qué sorpresa!

—¿Y eso fue todo? —pregunté.

—Eso fue todo, aparte del agradable almuerzo con el señor San Pedro —Suzanne sacó de su bolso un sobre con membrete y me lo tendió advirtiéndome—: No vayas a perderlo, es la única copia.

Lo abrí y saqué la única hoja de papel que contenía. Pasando una mirada rápida me pude dar cuenta de los pocos trámites que se necesitaban para abrir una cuenta en el Primer Banco de Uruguay. El nombre de Suzanne no figuraba en ninguna parte del documento, tan sólo el número de la cuenta, un recibo por mil dólares, un código de acceso y las instrucciones para la transferencia de fondos. Una nota indicaba que el cliente podía contactar el banco veinticuatro horas al día.

—No hacía falta que salieras a almorzar con ese tipo —le dije, mientras doblaba el papel y lo volvía a guardar en el sobre.

—Ya sé, pero quería asegurarme de que el hombre nos iba a ayudar en todo lo que fuera posible —dijo Suzanne—. Además, me tenía fascinada el color gris. Hasta su anillo de casado era gris; me di cuenta porque se lo quitó antes de que saliéramos del banco.

Este agradable almuerzo me molestaba sobremanera. Esto significaba que el señor San Pedro podría describir a Suzanne. Estaba segura de que el hombre había absorbido hasta el último detalle. Pero no dije nada. No había forma de cambiar eso.

—¿Dónde te invitó a comer? —pregunté—. Espero que haya sido un lugar muy bueno.

—Fuimos a un lugar muy elegante en el Mercado del Puerto —dijo—. Tengo una postal en algún lado.

—¿Te hizo preguntas? —inquirí—. Ya sabes, ¿sobre tus proyectos de negocios o algo así?

—No, sólo trató de convencerme de que me quedara una semana en Montevideo —se rió Suzanne—. Me dijo que me podría mostrar cosas que los turistas nunca llegan a ver.

—Me imagino que no se refería a la señora San Pedro.

Soltamos la carcajada. Ya casi eran las siete de la mañana y comenzaba a salir gente del edificio de Suzanne, camino al trabajo. Me incliné hacia ella y le di un beso en la mejilla.

—Hiciste muy bien, Suzanne —le dije—. Yo misma no lo habría podido hacer mejor.

—Tengo que dormir un poco —dijo Suzanne y se sonrojó.

—Te llamo más tarde.

Agarró su bolso y entreabrió la puerta. Antes de salir, sin embargo, se detuvo un momento.

—Parece que lo logramos, ¿no? —dijo. Parecía que de pronto se daba cuenta de las ramificaciones que podían tener sus acciones de los días pasados. Nuestras acciones…

—Me parece que sí —le dije con verdadero afecto.

Suzanne era tal vez la única persona por fuera de mi círculo familiar a quien habría podido confiarle esta tarea. Me había ganado su lealtad eterna cuando la salvé en una ocasión de un novio que la acosaba, pero era más que eso. Ella era de una lealtad inquebrantable, del tipo que se produce en el Midwest. Me parece que se trata de una especie en extinción.

—Ya pasó —me dijo, saliendo del carro—. Deja de flagelarte.

La miré y sonreí. Saqué mi teléfono celular y comencé a marcar un número que me sabía de memoria. "Mis flagelaciones —pensé—, apenas comenzaban".

Me sentía completamente despierta después de haber hablado con Suzanne, así que me encaminé hacia la oficina, ansiosa de entrar en la cuenta uruguaya y verificar que todo estaba bien. Acababa de poner a preparar el café cuando sonó el teléfono.

—Lupe, soy Charlie —dijo una voz—. ¿Recuerdas el día en que nos encontramos en el edificio de Justicia?

Sentí que se me revolcaba el estómago. Era señal de malas noticias cuando Charlie empezaba a hablar de algo sin pasar por el ritual de echarme unos cuantos cumplidos.

—Hola, ¿cómo estás? —dije con énfasis—. Y sí, claro que me acuerdo.

—¿Recuerdas que te pregunté el nombre de la persona cuyo pasado judicial estabas buscando?

—Sí. Me acuerdo que te dije que se trataba de un hampón de lo peor —dije reclinada contra el escritorio de Leonardo.

—Así es —dijo Charlie—, pero nunca me dijiste el nombre del tipo.

—¿Por qué me estás preguntando todo esto, Charlie?

—Porque acabamos de recibir sus huellas para identificarlo formalmente —dijo Charlie—. Sabía quién era, por supuesto. Hace varios años conseguí que lo encarcelaran. Así que, Lupe, dime la verdad: ¿el nombre del tipo que buscabas es José Salazar?

Me senté lentamente en la silla de Leonardo, lo que resultó ser un gran error. Sentí cómo la fatiga me invadía todo el cuerpo: muy pronto, las noches en blanco iban a ser uno más de los gratos recuerdos de mi juventud.

—¿Qué es esto? —pregunté—. Charlie, es demasiado temprano como para...

—¿A quien también se le conoce como Pepe Salazar? —preguntó Charlie—. ¿Hombre de origen hispano, treinta y ocho años, uno setenta y ocho de estatura, noventa kilos, montones de joyas de oro? ¿Se ajusta esa descripción?

—Sigue hablando, Charlie —no estaba dispuesta a responder sin haber obtenido más información.

—Oye, sólo te estoy advirtiendo, porque sé lo que le pasó a tu investigador —dijo Charlie como defendiéndose—. Aurora está convencida de que estás ocultando evidencia. Tan pronto se entere del modus operandi de este asesinato va a suponer que hay una conexión con el caso de Mike Moore. Definitivamente te va a pasar una citación. Sólo quería avisarte a tiempo, ya sabes. Quería advertirte que ya se ha producido un arresto esta mañana. Para que estés prevenida.

—Charlie, me estás enloqueciendo —gemí y me froté los ojos. El cansancio me estaba embotando la cabeza—. ¿Cuál conexión? No entiendo ni una palabra de lo que me dices.

—Mira, Lupe, no sé si la persona que estás investigando es Pepe Salazar. Es sólo que me llamó la atención la coincidencia. No quiero verme involucrado en esto, y si no me hubiera topado contigo en el edificio de Justicia, ni siquiera lo habría pensado —podía oír que Charlie trataba de mantener la bocina del teléfono en el oído mientras manipulaba un encendedor para prender un cigarrillo.

—Estoy en la oficina de Medicina Legal —me explicó—. Soy el asistente del fiscal del estado de turno. Pepe Salazar yace muerto en una mesa en la habitación de al lado, a punto de ser sometido a una autopsia.

—¿Pepe Salazar está muerto? —pregunté.

—Ahora sí me estás escuchando —dijo Charlie aspirando fuertemente el cigarrillo—. Lo pescaron en el río Miami hacia el amanecer. Me pareció que te interesaría saberlo. Me parece que tenía razón.

—¿Tienes idea de cómo murió? —pregunté. Sentía que un dolor me atravesaba el estómago.

—El informe preliminar indica que lo estrangularon con algún tipo de cable —dijo Charlie y exhaló profundamente—. Probablemente una cuerda de piano. Luego lo echaron al río. Ahí tienes la conexión, ¿te das cuenta? Tu hombre, Mike Moore, murió de la misma manera, así que parece que los dos casos pueden estar relacionados. Después de la autopsia podré decirte algo más.

—Dios mío —dije, explorando rápidamente si sería posible establecer una conexión de todo esto. Sentí un escalofrío, aun cuando hacía calor en la habitación.

—En realidad, no puedo hablar ahora —dijo Charlie, lo que quería decir que había terminado de fumar su cigarrillo—. Sólo quería contarte las últimas noticias para que le tengas una ventaja a Aurora.

—Espera, espera —le rogué. Charlie hizo caso omiso de mis ruegos.

—Eso es todo lo que puedo hacer por ti —dijo Charlie—. Aurora está dispuesta a todo contigo. Haré lo que pueda, pero es mejor que estés preparada para esta guerra —colgó.

"Una cuerda de piano, lo mismo que Mike Moore", pensé.

Podría apostar a que nadie iba a lamentar la desaparición de Pepe Salazar, pero eso era poco consuelo. Oí que la máquina del café burbujeaba y me serví una taza con espumosa leche caliente. Tenía todas las trazas de ser un día de ésos.

En mi despacho, me paré frente a la ventana, contemplando a los loros en su rutina de la mañana. Al cabo de un rato, noté que se movían de modo extraño, casi como si estuvieran en cámara lenta. Saqué los binoculares y los observé con más cuidado. Las aves de verdad se estaban comportando de forma muy rara, saltando de una rama a otra, pero casi nunca lograban alcanzarla. Se hacía urgente hablar con Leonardo. Yo estaba muy a favor del espíritu de empresa, pero me aterraba la idea de que Aurora Santángel se enterara de que había marihuana en el jardín trasero de las oficinas de Investigaciones Solano.

Me senté al escritorio y marqué un número de teléfono. Una voz medio dormida me respondió.

—Espero que esto sea realmente importante, Lupe.

—Lo es, Tommy —dije—. La Policía pescó el cadáver de Pepe Salazar esta mañana en el río Miami.

—¿No estaba buceando, verdad? —preguntó Tommy. Dormido o despierto, nada conseguía perturbarlo—. ¿Estaba pescando langostas pequeñas?

—No, y tampoco estaba entrenando para los Olímpicos, como no sea que hayan creado una nueva competencia de natación con un cable de piano alrededor del cuello del atleta.

—Qué lindo —dijo Tommy.

—Y, además, me enteré de que Aurora Santángelo probablemente va a usar esto contra mí. Va a establecer una conexión entre Mike y Pepe Salazar por la causa de la muerte, y va a suponer que yo tuve algo que ver. No sé si lo logre, pero estoy segura de que va a mover Cielo y Tierra en el intento. ¿Has sabido de algo recientemente?

—Ya que lo mencionas, sí —dijo Tommy, y se aclaró la garganta—. Tengo una citación del gran jurado para ti. El viernes tempranito, a las ocho de la mañana. No debiera ser un problema para ti, pues veo que te has convertido en ave tempranera.

Colgamos. Era miércoles. Eso me daba dos días.

Todavía estaba mirando el calendario, esperando que se produjera algún milagro, cuando se me ocurrió digitar la docena de números que se encontraban en la hoja que me había dado Suzanne para tener acceso a la cuenta uruguaya. El sistema funcionaba a la perfección y me confirmó el depósito de mil dólares dos días antes. Era increíble: la hoja informaba en detalle, y en nueve lenguas, siendo el urdu la última de ellas, acerca de cómo se podían dar instrucciones en cualquier momento del día y de la noche. Colgué el teléfono. Dos días.

29

Tenía calor, estaba sucia, cubierta de rasguños y adolorida. Y cómo no iba a estarlo, al fin y al cabo, llevaba una hora arrastrándome de rodillas, inspeccionando el área donde habíamos encontrado a Mike Moore. Además, había dejado el carro estacionado en Cocoplum Circle y había trotado hasta las cercanías de la casa de los De la Torre, una distancia de más de tres kilómetros. No estaba de ninguna manera en condiciones como para correr maratones, pero no me quedaba alternativa, porque no quería llamar la atención. Tenía tres fantasmas espantándome: Miguel y Teresa de la Torre y Aurora Santángelo.

Había contactado a Marisol y confirmado que los De la Torre no iban a estar en casa. Me contó que irían a un evento para reunir fondos a favor de un político local de Gables Estates. Cada tanto la llamaba a su celular para comprobar que no hubiera salido temprano del evento.

Lo había pensado cuidadosamente y estaba cada vez más segura de que la clave para identificar al asesino de Mike y de Pepe Salazar era encontrar la cámara de Mike. No tenía la menor duda de que los dos crímenes habían sido cometidos por la misma persona. Al haber aparecido sumergido en el río, Pepe quedaba eliminado como sospechoso, como no fuera que el asesino de Pepe hubiera usado el mismo método para despistar a las autoridades. Pero no me parecía probable.

Se necesita mucha sangre fría para acercarse a alguien y quitarle la vida. Estos dos crímenes llevaban la marca de un individuo muy peligroso. Se me ocurrió una posibilidad y era que Pepe se había pasado de la raya con Teresa, amenazándola con la grabación que la implicaba en el caso de un contrato de asesino a sueldo. Si ese era el caso, el hombre ha debido ser un poco más suspicaz. Teresa ya había contratado a un asesino, ¿cómo no iba a ser capaz de contratar a otro? Bien podía haber contratado al segundo asesino para su propia seguridad personal, lo cual explicaba también por qué el hombre se había topado con Mike.

En cuanto a la cámara, dos cosas podían haber pasado. El asesino de Mike se la pudo haber llevado, con la intención de deshacerse de ella más tarde. Si ese razonamiento era correcto, entonces no había la menor posibilidad de recuperarla. La otra posibilidad era que Mike la hubiera escondido porque sentía que se encontraba en peligro, sabiendo que quienquiera que estuviera rondando la casa de los De la Torre podría ser identificado por las fotos. Yo sabía que la Policía ya había buscado toda el área como parte de sus investigaciones en el caso, pero sus búsquedas se habían limitado al perímetro que rodeaba el carro de Mike. A diferencia de la Policía, yo sabía lo que Mike se encontraba haciendo en el lugar y a quiénes estaba vigilando, así que tenía que buscar en un área más amplia.

Había terminado mi tercer rastreo del área cuando pensé en la conversación que estaba sosteniendo con Joe Ryan mientras buscábamos a Mike. Joe me había dicho que Mike hacía la vigilancia andando en el carro la mayor parte del tiempo, pero que de vez en cuando estacionaba y subía a un árbol para tener una mejor perspectiva del objetivo. Los árboles más grandes por ahí eran unos hermosos y viejos olivos, de los pocos que habían sobrevivido a los estragos del huracán Andrew. Puesto que el carro de Mike se encontraba estacionado en un terraplén alejado, la única teoría que podía explicar esto era que había estado ocultado en un árbol y había sido atacado cuando estaba de regreso hacia el carro. La pregunta era: ¿por qué?

Miré a un lado y otro de la calle, en busca de un árbol con buena visibilidad y muchas ramas y hojas, así como lo suficientemente fuerte como para aguantar el peso de un hombre. Sólo había dos árboles que parecían cumplir con el doble requisito: uno quedaba al lado derecho de la casa de los De la Torre y otro en diagonal al otro lado de la calle.

No me parecía que me hubieran visto, pero no podía estar segura. Era hora de que me pusiera en movimiento antes de que me llevaran a la cárcel por estar merodeando sospechosamente. Quince años atrás, me encontraba en las mejores condiciones para trepar árboles, pero eso ya era cosa del pasado; así que miré con cuidado para elegir el que más me convenía. Hacía un par de años había tenido que treparme a un árbol de mango en un apuro, pero en esa ocasión se trataba de salvar la vida. No me sentía muy segura de ser capaz de subir a ninguno de estos árboles, y menos vestida con pantalón corto y camiseta.

El árbol a la derecha de la propiedad ofrecía el mejor escondite, pero al mismo tiempo no se podía ver muy bien la casa. El árbol al otro lado de la calle brindaba una vista espléndida de la casa, pero por lo que podía notar, los puntos de apoyo se veían bastante incómodos y precarios.

"¿Qué habría hecho Mike?", me pregunté. La respuesta era clara: se trataba de un profesional y habría sacrificado la comodidad a cambio de hacer bien su trabajo.

Me situé debajo del árbol y miré hacia arriba, buscando la rama que habría podido sostener los noventa kilos de peso de Mike. Luego me despedí cariñosamente de la suave piel que cubría mis rodillas y codos, a sabiendas de que su recuperación iba a tomar algún tiempo.

Un par de ciclistas pasaron frente a mí, pero no me vieron. Cuando ya no se les veía, me impulsé para subirme a la rama más baja. Le di las gracias al santo —quienquiera que sea— que cuida a los que se suben a los árboles, porque logré encaramarme a esa rama sin hacerme daño. "Después de ese primer paso —pensé—, lo demás va a ser comparativamente fácil".

O tal vez no. A medida que subía me iba dando cuenta de que el árbol estaba bastante carcomido. Crujía por mi peso y me entraron grandes dudas de que hubiera podido sostener el peso de Mike. Con enorme cuidado, descendí nuevamente hacia la rama inferior y salté al pasto debajo del árbol. Sólo entonces me permití maldecir mi suerte.

Crucé la calle para planear mi asalto al otro árbol, el que se encontraba cerca del refugio de los De la Torre. Di vueltas buscando una rama lo suficientemente baja para agarrar. Nada. La única posibilidad era una rama que se encontraba a unos tres metros de altura, casi el doble de mi estatura. Habría podido llorar de la frustración. A cambio, examiné el árbol, con la misma dedicación que examina un cirujano la anatomía del paciente. Había una cavidad, pero se encontraba demasiado alta; una persona de más estatura podría haberse impulsado para alcanzarla. Mike era lo suficientemente alto y atlético para lograrlo. Me dejé caer a la base del árbol y pensé.

De ninguna manera me iba a rendir. Eso quería decir que no me quedaba más que una opción.

Troté de vuelta a Cocoplum Circle, jadeando y sudando, hasta el lugar en donde había dejado el Mercedes. Me subí y arranqué, manejando con una mano mientras marcaba el celular con la otra para llamar a Marisol.

—¿Qué hay, Lupe? —preguntó—. Suenas muy mal.

—Olvídalo. ¿Siguen ahí?

—Sí —dijo—. Esto no parece que vaya a terminar muy pronto.

—Eso era exactamente lo que quería saber. Gracias.

Cuando colgué ya entraba en la calle de los De la Torre. Estacioné directamente debajo del árbol, cuidándome de que las placas del carro no se vieran desde ninguna ventana del vecindario. Estaba oscureciendo, lo que me ayudaba a ser menos visible.

—Menos visible —me dije en voz baja—. Oye lo que dices.

¡Qué demonios! Me quité los zapatos, pues no deseaba despertar la ira divina de Osvaldo si dañaba la pintura del carro, y luego me paré en la capota del Mercedes. Estirando los brazos y empinada, logré alcanzar la rama más baja y me impulsé.

Trepé otras dos ramas para llegar a la parte más densa del árbol, y me senté en la rama más gruesa y sólida para tomar aire. Donde me encontraba, la oscuridad era casi total: la poca luz del día que quedaba no lograba penetrar el denso follaje. No obstante, desde el árbol se tenía una vista perfecta de la casa de los De la Torre.

Comencé a buscar cerca del tronco, pero no encontré nada. Luego me alejé un poco del tronco y me trepé a otra rama, mucho más alta. Trataba en lo posible de mantener presente la estatura y el peso de Mike, pues a mí me quedaba más fácil moverme que a él. Palpé las hojas de la rama más cercana y encontré unos papeles plateados de envoltura de chicle, moldeados en la forma y el tamaño de una bola de ping-pong. Me comenzó a palpitar el corazón. Mike siempre masticaba chicle; esto tenía que ser suyo. Sintiéndome animada por este descubrimiento, me sentí más optimista. Me puse de pie en el árbol, agarrándome del tronco para no perder el equilibrio, y seguí palpando en la oscuridad.

Todavía no había encontrado nada cuando oí un ruido debajo de mí. Me abracé más fuertemente al tronco del árbol.

—¿Necesita ayuda?

Miré hacia abajo. Junto al Mercedes se encontraba una patrulla de Policía y dos agentes estaban parados al lado. Uno de ellos apuntaba una linterna hacia mi rostro.

—No, gracias, señor agente —dije.

Se quedaron ahí, mirándome, sin dar las menores señas de irse. Sabía que estaban esperando a que les explicara qué hacía ahí, encaramada en las ramas de un olivo en una calle oscura. Yo estaba esperando lo mismo. Había sido tal mi obsesión, que había violado la regla más básica de la profesión: siempre hay que tener una explicación alternativa en caso de que te agarren.

—Estoy buscando a mi mascota. Un pájaro. Mi loro —improvisé.

"Mierda —pensé—, si me creen ésta, los deberían expulsar del cuerpo de policía".

—¿Su qué? —preguntó uno de ellos.

—Mi loro —dije desde arriba—. Lo vi volar hacia este árbol. Es muy nervioso.

Observé cómo se miraban y probablemente estaban tratando de establecer si yo estaba violando alguna ley. Echaron una mirada al Mercedes y luego me volvieron a mirar. Aun cuando parecía una loca, no estaba cometiendo ninguna infracción, pues el árbol se encontraba en el espacio público. Si portarse como una loca en Miami era ilegal, entonces no podrían construir suficientes cárceles para encerrar a los infractores de la ley. El más alto de los agentes se acercó al tronco y lanzó una mirada hacia arriba.

—¿La podemos ayudar en algo? —preguntó. Apuntó la luz de la linterna a través de las ramas y directamente a mi cara, dejándome ciega por un instante.

—No, gracias —dije—. Si lo sigo llamando, en algún momento va a volver. Esto ya me ha sucedido antes.

Justo en ese momento comenzó a sonar el celular que llevaba en mi carterita de cintura. Me quedé fría. Los policías me miraban como esperando algo. Saqué el teléfono y contesté.

—Lupe —dijo la voz de Marisol atravesando la estática—. Acaban de salir y van para Coral Gables. Tienes siete minutos; diez, como máximo.

—Ah, hola. ¿Cómo estás? —dije. Traté de mantener la voz en tono ligero y casual.

—Lupe, ¿no me oyes? —gritó Marisol—. ¡Salta corriendo de ahí! Los estoy siguiendo y van para su casa.

—Sí, muy bien. Entonces, nos vemos —cerré el teléfono y miré a los policías postrados a mis pies.

—Era mi amiga —expliqué con dulzura—. Me está esperando. Tengo que ir a encontrarme con ella.

Hice un despliegue de estar mirando el reloj. Podía sentir que los policías sospechaban que algo no andaba bien, y confiaba en que sencillamente creerían que estaba un poco loca. Los tres nos quedamos mirándonos, como suspendidos en el tiempo. Calculaba que había transcurrido un minuto desde que había llamado Marisol, y comencé a buscar una rama para descender. No quería ni pensar en lo que podría pasar si los De la Torre llegaban a casa y se encontraban conmigo y un par de policías alrededor de un árbol en su calle.

—Me imagino que va a estar tranquilo en la noche —dije—. Volveré mañana a buscarlo.

—Qué va, todavía hay un poco de luz del día —dijo esperanzado el más joven de los policías—. Podemos ayudarla a buscar uno o dos minutos más.

Me habría gustado estrangularlo. No era propiamente una idea generosa, pero últimamente las estrangulaciones rondaban mi mente. El otro policía sacó otra linterna y la dirigió hacia las ramas superiores.

—¿Qué aspecto tiene? ¿De qué color es? —preguntó, mientras movía el rayo de luz metódicamente de un lado a otro.

Pensé en los loros que vivían en el árbol de aguacate del jardín trasero de la oficina, los que habían estado probando los experimentos ilícitos de jardinería de Leonardo.

—Verde —dije, y en ese momento habría querido que mis poderes de observación fueran un poco más agudos para dar un dato que fuera medianamente plausible—. Verde, como de unos treinta centímetros y con plumaje color naranja en la cabeza.

Estaba rogando que ninguno de los dos fuera miembro de un club de observadores de pájaros. Era muy probable que la especie de pájaro que acababa de describir no existiera en el planeta. Volvieron a iluminar el árbol con sus linternas, y luego las retiraron, muy probablemente aburridos con esta búsqueda.

—Tenga cuidado —dijo uno de ellos—. Y ojalá encuentre a su loro.

Abrieron las puertas de la patrulla. El agente que se iba a subir del lado del conductor señaló hacia la parte alta del árbol.

—Me parece que allá arriba hay un nido —dijo—. Allá, en ese lado. Debería echar una mirada ahí; a los pájaros les gustan los nidos.

Más allá de demostrar su capacidad para hacer notar lo obvio, el oficial había conseguido ayudarme. Miré hacia el lugar que había apuntado y noté un amasijo de ramitas que no había visto antes. Tan pronto se fueron, comencé a trepar cuidadosamente hacia ese lugar. Me quedaban, según mis cálculos, otros dos o tres minutos antes de que llegaran los De la Torre.

Palpé dentro de la masa de palitos secos, rogando que no hubiera culebras o arañas ahí adentro. Estaba sudando tanto que me costaba trabajo agarrarme de la rama. Solté un fuerte suspiro de alivio cuando mi manó tocó algo metálico. No sabía qué era lo que había encontrado; había oscurecido y el sudor se me deslizaba dentro de los ojos, así que hice acopio de todo mi valor y rogué por que el objeto no fuera una trampa. Mientras sacaba cuidadosamente la cámara de su escondite, recé por Mike. Exhalé intensamente y me la colgué del cuello.

Me rasguñé la piel en el camino de bajada, pero la verdad que eso era lo de menos. Agarré los zapatos que había dejado en la capota del Mercedes, me metí rápidamente dentro del carro y encendí el motor. Aceleré brutalmente, levantando pasto y barro por todas partes. Pude ver un par de luces asomando en mi espejo retrovisor, pero giré antes de poder saber si se trataba de Miguel y Teresa.

Pensé por un momento en ir a casa a cambiarme; estaba empapada de sudor e increíblemente sucia. Pero este no era el momento para tales vanidades. Me encaminé velozmente hacia Eckerd's, que tiene servicio de revelado de fotos en una hora. En el camino llamé a Marisol para darle las gracias y explicarle por qué yo había respondido como una idiota cuando me llamó.

La chica en el mostrador de Eckerd's me aclaró que no podría revelar la película en la cámara antes de dos horas. Maldije y le señalé el aviso que decía "Servicio rápido - Una hora", pero eso sólo produjo una mirada de desprecio a mi aspecto, la ropa sucia y los codos raspados. Supongo que no parecía un cliente importante.

Eran las ocho y media. Decidí volver a casa, ducharme rápidamente y luego pasar por la oficina y usar ese tiempo de manera productiva. Me habría enloquecido la espera. La idea que me obsesionaba era que, una vez encontrada la cámara de Mike, ésta me iba a indicar quién había sido su asesino. Ojalá tuviera razón.

Para cuando llegué a la oficina, estaba hecha un atado de nervios. Todavía tenía que esperar una hora más antes de volver a Eckerd's. Era muy probable que me estuviera engañando al creer que en ese tiempo iba a lograr hacer algo.

Desconecté la alarma y encendí las luces. Podía oír los loros afuera, pero ya estaba demasiado oscuro como para verlos. Qué desilusión. Tenía ganas de saber cuán equivocada estaba la descripción que les di a los policías.

Saqué del archivo la carpeta del caso Delgado y comencé a echarle una mirada. Realmente, no había prestado mucha atención a los informes de Marisol. Leonardo había organizado los datos de las vigilancias de ella en listas con números que le adjudicaban un número a cada persona, y las fotos estaban organizadas indicando la fecha y la hora en que habían sido tomadas.

Todo eso estaba ahí, en espera de que yo lo interpretara. Había tanta información que obviamente Leonardo no había tenido tiempo de revisarla; sencillamente la había organizado y me había dejado el resto del trabajo a mí. La pila de impresos de las placas de carros era como de tres centímetros de alto.

Tenía que empezar por algún lado, así que saqué las fotos. De nuevo noté la foto un poco borrosa en la que se veía a un hombre que me pareció reconocer. Miré los números a los que remitía esa foto, y encontré en la lista los datos de fecha y lugar. Marisol había hecho una anotación de que la foto había sido tomada en el estacionamiento de Casa Juancho. Pasé el índice por la lista de los dueños de los carros que correspondían a los compañeros de mesa de Miguel en esa ocasión.

Se me heló la sangre. Ahora tenía certeza absoluta de que Leonardo no había revisado estas listas. Si lo hubiera hecho, habría notado el nombre de Ignacio Solano, con domicilio en Cocoplum. Maldije en voz baja a Leonardo por descuidar su trabajo y por no haberme mostrado esto mucho antes; pero bueno, quizás también era mi culpa por no supervisarlo. Marisol había hecho su parte del trabajo. Había tomado las fotos y las había marcado antes de entregárselas a mi primo. Era tarea de él cotejar esto con las listas e informar sobre cualquier cosa que llamara la atención. Era de esperarse que al ver el nombre de Papi —mi padre, su tío— hubiera reaccionado.

Miré la fecha que había anotado Marisol en su informe. El almuerzo había tenido lugar tres días antes. ¡Este informe llevaba tres días sobre mi escritorio! Me sentía indignada. Esto era pura incompetencia, y en última instancia yo era la responsable de todo esto.

Papi. Me sentía enferma. Volví a mirar el informe, con la esperanza de no haber leído bien.

Por supuesto que había leído bien. Evoqué la conversación que habíamos tenido en la terraza. Papi no había dado a entender que conociera a Miguel tanto como para reunirse con él socialmente. Y Miguel claramente conocía a mi padre, pero no mencionó para nada este encuentro. Pero bueno, ¿por qué habría de hacerlo? Se encontraba con mucha gente, quizá se le había olvidado. Tal vez yo estaba dándole demasiada importancia a esa reunión.

Tampoco era tan raro que Papi y Miguel se conocieran. Pertenecían a la misma generación y ambos eran exitosos hombres de negocios en Miami. Pero ¿por qué ninguno de los dos había mencionado el almuerzo? Ese era el punto.

Agarré mi bolso y me puse en camino hacia Eckerd's, dispuesta a pasar la última media hora de espera en la Cubantería. Prácticamente no había comido nada en todo el día, y quería tener fuerzas para enfrentar lo que me podría revelar la película en la cámara de Mike. En el camino estuve pensando cómo abordar la cuestión de Miguel con Papi, o incluso si debería hacerlo.

Mi impaciencia pudo más. Pasé primero por Eckerd's, en caso de que la mujer que me atendió hubiera estado demasiado pesimista. Me dijo que tal vez iba a tener que esperar todavía más tiempo del que me había indicado antes.

No era mi día. Crucé el estacionamiento hacia la Cubantería, con la esperanza de que Gregorio no hubiera cerrado la cocina.

Gregorio me vio entrar; salió de la cocina y dijo mi nombre con voz tan alta que los otros comensales se dieron vuelta para mirar.

—¡Cuánto tiempo! —gritaba—. ¿Qué quieres que te prepare?

Sentí el olor de la comida y súbitamente me dio hambre.

—Cualquier cosa, Gregorio —dije—, siempre y cuando esté caliente y sea cubana.

—Quédate aquí mismito —dijo y se frotó las manos con verdadero placer—. Ya sé qué es lo que te voy a dar.

Antes de volver a la cocina, Gregorio sacó un vaso de plástico azul de detrás del mostrador y me lo puso en frente. Abrió un escaparate que se encontraba detrás y sacó una botella de vino. Era un Sangre de Toro, un modesto vino de mesa chileno, pero a juzgar por la reverencia con la que Gregorio me lo servía, uno habría creído que se trataba de algo muy fino. La combinación del vaso azul claro con el rojo del vino no era exactamente apetitosa, pero aún así me tomé un buen sorbo.

La Cubantería no tenía licencia de expendio de licores, pero eso a Gregorio le daba lo mismo. En alguna ocasión me había dicho que era un protegido de los dioses.

—Disfrútalo —me dijo con un guiño.

Un cuarto de hora después, Gregorio entró con un plato humeante de arroz con pollo. Traté de controlarme mientras él ponía los cubiertos en la mesa. Me encontraba oficialmente durmiendo, viviendo y comiendo inmersa en el caso Delgado. Probé el primer bocado y pensé si sería como el que había cocinado Teresa de la Torre hacía casi cuarenta años.

El negocio no estaba particularmente concurrido esa noche. Gregorio se sentó en un taburete al lado mío después de servirme un poco más de vino.

—Lupe, siento que pasa algo —dijo en tono grave mientras se secaba las manos con un trapo—. ¿Tienes algún problema?

La religión esotérica de Gregorio no me inspiraba mucha confianza, pero el hombre tenía un sexto sentido infalible. Por supuesto que para darse cuenta de que no me sentía muy bien esta noche no hacía falta tener poderes especiales. Estaba mirando el reloj cada treinta segundos, comiendo sola en una cafetería a las diez de la noche y tomando vino barato en un vaso de plástico. Muy seguramente no daba la impresión de ser la encarnación de la paz y la armonía.

—Sí, Gregorio —dije. El hombre asintió con una mirada sombría.

Partí un pedacito de pan cubano y lo usé para limpiar los últimos restos de arroz con pollo. En esta comida no encontré diamantes dentro de las presas de pollo, pero estaba deliciosa. Volví a mirar el reloj y puse un billete de diez dólares sobre la mesa, pagando así mucho más de lo que esto costaba.

Me levanté de mi taburete y noté con sorpresa que no me sentía muy firme. El vino me había afectado más de lo que creía. Pues bien, tal vez eso me ayudaría a enfrentar las fotos.

Gregorio me acompañó hasta la salida. Levantó la mirada a las estrellas y sacudió la cabeza.

—Siento que te rodea algo malo, Lupe —dijo—. Siento que se vienen problemas. Cuídate, cuídate mucho, mi amor.

Se dio vuelta y volvió a entrar a la Cubantería, hablando para sí mismo en voz baja. Se veía pequeño, encorvado y solo… tal como yo me sentía.

Instintivamente metí la mano dentro del cuello de mi camiseta hasta que sentí las medallas que Lourdes había insistido que me colgara de la tira del brasiere como forma de protección. Encontré el gancho de nodriza del que colgaban las tres medallitas de la Virgen.

La chica tras el mostrador en Eckerd's puso mala cara tan pronto como me vio entrar; claramente no me había perdonado las quejas formuladas en mis visitas anteriores. Deslizó el sobre por encima del mostrador y en una voz cargada de odio me informó sobre las ofertas especiales de dos por el precio de uno, rollo gratis y otras maravillas de las que me había hecho merecedora.

Sentí el sobre caliente en mi mano, como si se estuviera quemando. Sorprendí a la chica al rechazar todas las ofertas de descuento; le pagué el precio normal. Salí del lugar apretando las fotos firmemente.

Cuando estuve en el recinto cerrado del Mercedes, abrí el sobre. Eché una sola mirada y salí corriendo del carro; alcancé a llegar, escasamente, al bote de basura donde vomité todo el vino y el arroz con pollo.

Era apenas justo, me imagino, que salpicara sobre el rostro fotografiado de Luis Delgado.

30

Al día siguiente, permanecí en la cama hasta tarde. Era tan raro que hiciera esto, que Aída y Osvaldo se turnaban para revisar que aún estuviera viva. Logré mantenerlos un poco a raya alegando que tenía un virus estomacal, una mentira a la que traté de dar más veracidad mencionando un pescado que me había comido la noche anterior. Me levanté hacia el mediodía. Entraban a preguntarme cómo me encontraba con tanta frecuencia, que mis respuestas evasivas ya estaban tomando un cariz algo dramático, y quizá un poco vergonzoso.

Me sentía disgustada. No sabía qué era lo que más me afectaba: si el hecho de que Luis fuera un asesino, o que hubiera logrado engañarme. Me había involucrado emocionalmente y había descuidado totalmente mi objetividad. Habría despedido sin piedad a cualquier investigador que se hubiera comportado de esa manera.

Finalmente el hambre me hizo abandonar la habitación. En la cocina, me quedé contemplando la placidez de esas horas tempranas de la tarde a través de la ventana panorámica. Pero mi estado de ánimo parecía más bien como un devastador huracán. Tenía que trazar un plan, lo cual era un imposible absoluto con el estómago vacío.

Estaba terminando mi segundo café con leche cuando sonó el teléfono.

—Leonardo me dijo que no habías ido a la oficina y que tratara de llamarte a casa —dijo Marisol, a quien las palabras le brotaban como una cascada—. Te estoy llamando desde la entrada del First Miami, Lupe. Acaban de sacar a Miguel de la Torre de su oficina en una camilla.

—¡Qué es lo que me estás diciendo! —grité. Sentí que el café se me devolvía por la garganta.

—Lo seguí de su casa al banco esta mañana, como siempre —dijo Marisol—. Me ubiqué en el estacionamiento para poder observar su carro y entonces, hace como media hora, llegó una ambulancia.

—¿Entraste al edificio? —pregunté—. ¿Estás segura de que era él?

—Entré y me puse a dar vueltas en el vestíbulo, como si fuera una cliente —dijo Marisol—. Hace cinco minutos salieron los paramédicos con Miguel en una camilla. Le pregunté al guardia de seguridad qué había pasado y me dijo que a Miguel le había dado un derrame cerebral.

—¡Dios mío! —exclamé.

—Oí a los paramédicos que decían que lo iban a llevar al Hospital de Doctores —continuó Marisol—. Estaban furiosos, porque el Jackson queda más cerca, pero Teresa intervino y se empeñó en que debían llevarlo al de Doctores.

—¿Sabes cómo se encuentra? —pregunté—. Es decir, ¿sabes si va a sobrevivir?

—Te estoy llamando desde el carro, y estoy siguiendo la ambulancia —dijo—. Vamos rumbo norte, así que parece que Teresa se salió con la suya. No sé cómo está, pero lo vi sobre la camilla y se veía muy mal. Estaba blanco como un papel.

—¿Dónde estás ahora? —pregunté. Empecé a ponerme los zapatos.

—¡Mierda! ¡Los perdí! —Marisol trataba de sostener el teléfono en la mano mientras conducía—. Lo siento, Lupe, los perdí. Pero giraron hacia el oeste en Bird Road, así que definitivamente lo están llevando al Hospital de Doctores. ¿Qué quieres que haga?

—Quédate en el área de emergencias y averigua lo que puedas sobre su condición —dije—. Seguramente va a llegar pronto la prensa. El colapso de Miguel de la Torre es noticia de primera plana.

—Veré qué puedo averiguar —dijo Marisol.

Le di las gracias y colgué. Terminé rápidamente mi desayuno y me dispuse a salir antes de que Aída me preguntara por qué llevaba tanta prisa. Fui directo a mi oficina, pues había caído en cuenta de que era mejor pensar bien qué iba a hacer.

Leonardo estaba sentado ante su escritorio, sorbiendo plácidamente una asquerosa poción azul. Se puso de pie tan pronto como me vio.

—Lupe, ¿estás bien? —preguntó—. Te ves muy mal.

—No, no estoy bien —espeté—. Estoy cansada, estoy de mal genio y todo anda mal. Y antes de que me preguntes, no quiero una de tus malditas pociones.

Leonardo puso cara triste. Me sentí como si acabara de darle un puntapié a un gatito. No me sentía capaz de amonestarlo en estos momentos por no haber hecho el seguimiento del informe de Marisol. Tendríamos que conversar sobre eso, pero, naturalmente, sería más tarde.

—Lo siento —dije, pero mi voz seguía dura—. Voy a estar en la oficina. Y no quiero que me pases ninguna llamada.

Me encerré en mi despacho. Todo se veía igual, pero todo había cambiado. Miré por la ventana en busca de la familia de loros, pero no andaban por ahí. Tal vez ya se habían dado cuenta de que yo andaba metida en demasiados líos y se habían ido de la ciudad antes de que las cosas se pusieran peores.

No tenía sentido posponer la llamada que tenía que hacer. Me sentía como una actriz, haciendo apenas los gestos y movimientos para colocar las piezas de un rompecabezas que ya tenía resuelto en mi cabeza.

Le envié un mensaje de emergencia a Néstor en el *beeper*. Me respondió un minuto después.

—Necesito que llames a Verónica —le dije—. Pregúntale si Miguel de la Torre recibió esta mañana una carta de Uruguay.

—Supongo que esto quiere decir que estoy trabajando en este caso otra vez —dijo Néstor con voz fría.

Se me había olvidado completamente que lo había despedido.

—Siento mucho lo que te dije. Por favor, discúlpame —agregué. No estaba simulando. No he debido sacar a Néstor del caso. El hombre era capaz de cuidarse y, además, a mí me habrían venido bien sus consejos. Néstor no dijo nada.

—La última vez que nos vimos, me pediste que acudiera a ti si llegaba a necesitar ayuda —le recordé—. Bueno, ahora sí que la necesito. Necesito esa información, y muy pronto.

Me estaba humillando como un perro, pero no era nada comparado con las profundidades en las que ya me había sumido.

—Puedo intentarlo —dijo Néstor— ¿Qué pasa, Lupe? Te oyes muy perturbada.

—Llámala, Néstor. Por favor. Estaré aquí en la oficina esperando tu llamada.

Néstor tiró el teléfono con tanta fuerza que me fruncí. Tenía razón de estar furioso conmigo. Lo había despedido del caso sin darle una buena razón para ello. Y luego, un par de días después, se encontraba con que yo lo llamaba a pedirle un favor. Tenía que ver cómo podría recompensarlo por haberme comportado tan mal con él.

Quince minutos más tarde sonó el teléfono. Era Néstor.

—Disculpa que me haya demorado un poco —dijo—. Verónica había salido a almorzar.

Rechiné los dientes.

—¿Y bien? ¿Recibió una carta desde Uruguay? ¿Una como las otras?

—Así es.

Bajé la mirada y vi cómo me temblaba la mano.

—Gracias, Néstor —le dije—. Realmente aprecio mucho tu ayuda.

—Con mucho gusto —dijo—. Llama si necesitas cualquier otra cosa. Y cuídate, Lupe. En serio.

Colgó y me quedé quieta, tratando de recuperarme. Sentía como si cada nueva información fuera un clavo más en mi ataúd.

Levanté de nuevo el teléfono y digité el número de Tommy en la memoria. Contestó Sonia y me dijo que Tommy iba a estar en la Corte todo el día, tal vez hasta las seis o las siete de la tarde. Le dejé un mensaje pidiendo que me llamara tan pronto llegara.

Caminé hacia la ventana y contemplé el árbol de aguacate. Empecé a imaginarme cómo sería construir una casa en el árbol y vivir en ella, así nadie me podría encontrar nunca más. El sonido del teléfono me sacó del ensimismamiento. Leonardo estaba del otro lado del intercomunicador.

—Lupe, ya sé que no quieres que se te interrumpa —dijo—, pero me parece que esta es una llamada que vas a querer tomar.

—¿Quién es? —pregunté. Leonardo sabía que no era conveniente interrumpirme en momentos como éste, a no ser que se tratara de una cuestión de vida o muerte. Tenía que correr sangre para violar la orden de que no me pasara ninguna llamada.

—Teresa de la Torre —dijo.

Llegué a mi escritorio en tres pasos, una verdadera proeza para alguien de mi tamaño. Esperé un par de segundos antes de levantar el teléfono, tratando de calmarme. Quería hablar con una voz firme.

—¿Señora De la Torre? —dije—. Habla Guadalupe Solano. ¿En qué puedo servirle?

—Buenas tardes —dijo—. Nos conocimos… Nos vimos en el velorio de Héctor Ramos y hace poco en el Baile de la Amistad Cubano-Americana en el Hotel Intercontinental. ¿Tal vez se acuerde?

—Por supuesto —le dije—. ¿Cómo está?

Tenía la leve sospecha de que Teresa no estaba acostumbrada a tener que recordarle a la gente quién era ella o dónde la habían visto. Lo más probable era lo contrario. Así que era bastante extraño que me preguntara si la recordaba. Por otro lado, si yo había hecho bien mi trabajo, ella no tendría por qué suponer que podía haber alguna otra conexión aparte de la funeraria y el baile. Hablaba con voz baja y como en susurros.

—Estoy bien, gracias —dijo—. Pero mi marido, Miguel, no está bien. La estoy llamando desde el Hospital de Doctores en Coral Gables.

—¿Pasa algo? —pregunté. Por supuesto que pasaba algo. No iba a estar en el hospital para disfrutar de la comida de la cafetería.

—Hace unas horas, Miguel sufrió un ataque muy grave —dijo—. Está en la unidad de cuidados intensivos en este momento y los médicos están tratando de establecer cuál es su condición.

Teresa contuvo un gemido y por un momento reinó el silencio.

—Recuerdo que usted me dijo que era investigadora privada —dijo, haciendo un esfuerzo para mantener la calma—. ¿Es cierto?

—Ay, Dios. Sí, señora, así es.

Me preguntaba si se trataba de algún jueguito tonto. Por supuesto que era una investigadora. ¿Acaso no me estaba llamando a la oficina?

—Miguel y yo necesitamos su ayuda —me informó—. Me gustaría hablar con usted sobre sus servicios.

—¿Servicios? —repetí como un zombi. La mujer debía pensar que yo era una idiota.

—Soy muy consciente de que todo lo que sé sobre los investigadores privados lo he aprendido en la televisión y el cine —dijo—, pero parte de su trabajo es averiguar cosas, ¿verdad?

—Mmm, sí. Investigamos.

—Necesito ayuda en una cuestión que es muy delicada —dijo—. No me gustaría tener que hablar de esto por teléfono, pero quisiera que usted comenzara a trabajar en ello tan pronto como sea posible.

—Por supuesto —le dije—. ¿Cuándo le vendría bien que nos encontráramos?

Teresa vaciló por un instante.

—¿Puede verse conmigo esta tarde? —preguntó.

—Me dijo que estaba en el Hospital de Doctores —dije y miré el reloj—. ¿Le parece bien que nos veamos ahí, o prefiere en otro lugar?

—Es muy probable que vaya a estar aquí toda la noche. O por lo menos hasta que se sepa que mi marido está fuera de peligro. Así que tenemos que vernos aquí. Pero, por favor, Lupe… ¿Te puedo llamar Lupe?

—Por supuesto —dije. En realidad la única persona que me llamaba casi siempre Guadalupe era Mami. No habría podido aguantar que Teresa me llamara así.

—No te lo tomes a mal, pero debemos encontrarnos en un lugar privado —dijo—. Hay gente de la prensa aquí, y no quisiera que me vieran contigo, puesto que eres una detective. Por favor, no me malinterpretes.

—De ninguna manera. Sólo está siendo cautelosa —dije.

"Esto ya es el surrealismo total", pensé. En todo caso, yo tampoco quería que me vieran con ella, dado que era muy probable que este caso me saliera supremamente mal.

De cualquier manera, esto no se atenía muy bien a las normas: tenía que discutir con la persona a quien estaba vigilando acerca de la posibilidad de que ella me contratara. Me preguntaba si debía enviar un mensaje de emergencia al *beeper* de Tommy; estaba pisando un terreno frágil al encontrarme con ella, para no mencionar la posibilidad de trabajar para ella. A esas alturas, en todo caso, mi ética profesional parecía estar en el mismo lugar que mi primer novio: sabía que ambos habían existido alguna vez, pero parecían algo tan remoto que era difícil imaginar cómo y cuándo.

—Te agradecería mucho si pudieras venir al hospital —dijo Teresa, ya en tono más tranquilo.

Acordamos que nos encontraríamos en media hora en un lugar poco notorio, cerca del estacionamiento de los empleados. Recordaba que había unos asientos a lo largo del canal, lo cual nos permitiría contar con algo de privacidad y tener un lugar donde sentarnos.

Le envié a Tommy un mensaje de *beeper* con código de emergencia. Esperaba que tuviera el *beeper* consigo, aunque sabía que estaban prohibidos en casi todas las cortes del condado de Dade.

Esperé hasta el último minuto antes de partir, con la esperanza de que Tommy me llamara. No lo hizo, así que tuve que salir sin contar con el beneficio de sus consejos. Manejé con más exceso de velocidad del que acostumbraba.

Cuando entraba al estacionamiento, vi a Teresa cruzar la calle en dirección a nuestro punto de encuentro. La observé: caminaba con paso firme, la espalda recta, altiva. Metí la mano dentro de mi camisa y toqué las medallitas para que me dieran suerte y salí del carro. Nos saludamos de lejos con gestos de cabeza y nos encaminamos hacia los bancos al lado del canal.

—Señora De la Torre —le extendí la mano formalmente. No me la aceptó; a cambio, me dio un beso en la mejilla.

—Gracias por responder a este llamado tan súbito —dijo y señaló uno de los asientos que tenía la pintura quebrada y se veía bastante astillado. Me hizo sentir como si me hubiera invitado a sentarme en un trono de oro.

—¿Cómo está el señor De la Torre? —pregunté.

—Sigue igual —dijo en voz baja, y desvió la mirada—. Pero se mantiene firme. Gracias por preguntar.

—¿En qué puedo servirle?

—Antes de contarle, necesito estar segura de que todo lo que le diga será tratado como estrictamente confidencial —dijo Teresa y me miró directamente a los ojos.

Era el momento de ser evasiva. No le iba a mentir a esta mujer. Ya me estaba reuniendo con ella de manera bastante deshonesta, y trataba de justificar este acto como parte de la investigación del caso Delgado, aun cuando ya no sabía muy bien a quién estaba investigando.

—No estoy muy segura de poder ayudarla —dije— si no me indica qué es lo que necesita.

Teresa me miró con detenimiento. Le sostuve la mirada, pues sabía que ella estaba considerando cuánto podría confiar en mí. Comparé su rostro con todas las fotos y los datos que se encontraban en mi oficina. Dentro de tres meses iba a cumplir sesenta años, pero no delataba la edad. Incluso bajo el sol inclemente, la piel se veía tersa e inmaculada. Llevaba el pelo negro con un impecable corte que le llegaba hasta la quijada. El vestido camisero color albaricoque estaba atado en la cintura con un discreto cinturón de piel de lagarto. Las manos estaban perfectamente arregladas y las uñas pintadas de rojo oscuro. Era una de las presencias más imponentes a las que me había acercado jamás. Sonrió y con ello finalizó esta pequeña guerra de miradas.

—Te voy a explicar por qué te llamé —dijo en tono de conversación—. Te debió haber sorprendido.

—Pues sí, así fue —dije. Claro que me había sorprendido—. Y asustado, intimidado, despertado sospechas y aturdido. Hay para escoger.

—Te llamé porque eres cubana —dijo—. Tú puedes entender situaciones que tengan que ver con nuestra gente.

Esto no me sorprendía. Siempre, tarde o temprano, la cuestión tenía que ver con Cuba.

—También te llamé por la relación que tiene Miguel con tu padre —debí haber puesto cara de asombro, porque agregó—: tu padre comprende la importancia de deponer a Castro, así como lo que venga después de eso. Y yo recuerdo la colaboración con tu madre en obras de caridad. Era una santa. Seguro que heredaste su sentido de la decencia y del honor.

No podía hacer más que seguir ahí sentada y escuchar. Esta mujer había conspirado para matar a Luis, había robado a sus más viejos amigos, y ahora quería ablandar mi corazón apelando a las virtudes y a la bondad de mi finada madre. Era como una película de Fellini, pero no tenía noticias de que se hubiera rodado jamás.

Súbitamente, la mirada dulce de Teresa fue reemplazada por una fría y voluntariosa.

—Necesito que busques a un hombre —dijo.

—¿Ubicar a alguien? ¿Aquí en Miami? —pregunté. Pero sabía la respuesta aun antes de haber formulado la pregunta.

—Un cubano, un balsero —me contestó—. Vive aquí en Miami, y es muy peligroso. Nos robó, a Miguel y a mí, una suma considerable de dinero —su mirada era tan dura como el diamante que llevaba en el dedo.

—¿Les robó? —pregunté—. ¿Cómo?

—Es una historia larga —dijo Teresa—. Se remonta a 1959, el año en que salimos Miguel y yo de Cuba. No hace falta que conozcas todos los detalles. Sólo quiero que encuentres a este hombre. Pronto.

—Si alguien les robó, ¿por qué no acuden a la Policía? —pregunté. Decidí hacerme la tonta. Esta podría ser la única oportunidad de obtener información directamente de ella—. Estoy segura de que ellos lo encontrarían más fácil y más rápidamente, sobre todo si ha violado la ley.

—Nada con la Policía —me advirtió Teresa con el dedo—. Queremos mantener esto callado. Mi marido se encuentra muy mal de salud.

Estaba acostumbrada a dar órdenes y, por lo visto, también a que la gente aceptara sus razones, por insensatas que fueran. Simulé estar pensando en lo que me acababa de decir.

—Bueno, para poder encontrar a ese hombre, necesito alguna información sobre él. Necesito el nombre, obviamente. La fecha de nacimiento también me podría ser útil, así como el último domicilio que se le conozca.

Teresa se metió la mano al bolsillo y extrajo una tarjeta de fichero blanca. Tenía algunos datos y el nombre: Luis Delgado. La contemplé brevemente y me causó admiración lo bien preparada que venía. Claramente, la decisión de contactarme no había sido espontánea.

Nos quedamos calladas, sentadas sobre esa banca desgastada por la intemperie. Ninguna experiencia previa en mi trabajo como investigadora me servía de referencia para enfrentar una situación como ésta. Todo era nuevo.

—¿Cómo puedo comunicarme con usted cuando tenga algo que informarle? —pregunté.

—Llámame a mi celular —Teresa anotó el número en la tarjeta que me había dado, al lado del nombre de Luis—. Y dime cuánto te debo por este servicio.

—Ya hablaremos de eso cuando haya progresado la investigación —parecía que esta respuesta la satisfacía.

—Hay algo más —añadió—. Quiero que tengas mucho cuidado. No voy a entrar a discutir mis asuntos personales, pero tengo buenos motivos para creer que este individuo ha contratado a alguien para que nos vigile, a mí y a mi esposo. Hubo un incidente infortunado. Tal vez debería darte dinero ahora…

—Por favor, no me diga más —le dije. No podía soportar el tener que escuchar una palabra más—. La llamaré cuando tenga información. No se preocupe por el dinero hasta entonces —aceptar su dinero era como dar el último paso hacia el abismo.

—Espero que el señor De la Torre se recupere muy pronto —agregué.

Me levanté rápidamente, aunque el protocolo dictaba que, siendo la mayor de las dos, a ella le correspondía dar por terminada la reunión. Con una agilidad que desafiaba sus años, Teresa saltó de su asiento y me besó en la mejilla.

La miré directamente a los ojos; mi mente trataba de comprender qué era lo que había pasado entre nosotros. Yo trataba de entender mis propios motivos para encontrarme con ella. Todo lo que yo sabía era que parecía que había adquirido una nueva cliente que quería contratarme para investigar a mi cliente anterior. No podía comenzar a especular acerca de las implicaciones legales. Dudaba que el Departamento de Regulaciones Profesionales, la agencia que rige a los investigadores privados en Florida, hubiera establecido las pautas para una situación de este tipo. Pero decidí que me preocuparía por las implicaciones legales más adelante.

—Encuéntralo, Lupe —me ordenó Teresa—. Encuéntralo rápido.

31

Esperé la llegada de Sergio Santiago en el parqueadero del supermercado Publix, a una cuadra de distancia del First Miami. Tenía diez mil dólares en efectivo en mi bolsillo, empacados en un sobre de manila sin indicación alguna. Había terminado con todo tipo de precauciones. Quería respuestas y las quería de inmediato.

En menos de veinticuatro horas, salvo que Tommy pudiera hacer un milagro, tenía que enfrentarme a un gran jurado en el condado de Dade, que sería el primer paso de mi inmolación pública a manos de Aurora Santángelo. Supuse que habría estado consumiendo carne cruda durante la última semana con el fin de fortificarse y que había alardeado con anticipación el hecho de hacerme huésped de la cárcel de mujeres del condado de Dade. La verdadera parte aterradora era que ella ni siquiera sabía cuánta munición habría allí contra mí.

Tan pronto como dejé el hospital y me aseguré de estar fuera de la mirada de Teresa, me retiré a un área con pasto bajo un árbol de caucho y me puse a trabajar. Necesitaba saber qué había sucedido en la oficina de Miguel de la Torre a comienzos de ese día, y tan sólo había una persona que podría decírmelo.

Hice una llamada al First Miami desde el teléfono celular en mi carro, rezando para que Sergio no se hubiera ido. Después de tomar mi camino a través de un atado de opciones automáticas, finalmente obtuve a una persona real en la línea, quien me comunicó con Sergio.

Respiré con alivio cuando escuché su voz y le dije que era yo. Su reacción después de escuchar mi voz fue diferente: su tono pasó de ser cortésmente profesional a abiertamente sospechoso.

—¿Por qué me estás llamando? —dijo—. No quiero hablar contigo nunca más.

—¡Espera! ¡Espera! —le rogué—. No me cuelgues. Por favor tengo que hablar contigo una vez más.

—Tienes que hacerte un examen de oídos, necesitas trabajar en tu capacidad de escuchar —dijo Sergio—. He terminado contigo.

—Te daré diez grandes si te encuentras conmigo en una hora —le ofrecí. Contuve el aliento. Qué me importaba, al fin y al cabo era el dinero de Luis.

—¿Qué deseas saber ahora? —musitó.

—El recibo de confirmación del Internacional de Comercio que Miguel recibió hoy —dije y exhalé el aire. Silencio. Esperé a medias que me preguntara cómo lo había sabido, pero no lo hizo. Como yo, estaba más allá de la sorpresa y, quizás, del orgullo.

—Hay un supermercado a una cuadra al norte del banco. En el estacionamiento. Una hora y diez mil dólares en efectivo.

Colgó el teléfono. Esta reacción me había sucedido con demasiada frecuencia últimamente.

Oprimí el botón del teléfono y lo puse en su base. Quedó impregnado del sudor de mi palma.

En la oficina pasé delante de Leonardo sin explicación alguna, abrí la caja fuerte y saqué el dinero. Supuse que Sergio habría utilizado los cincuenta mil dólares para pagar sus deudas y que sería receptivo al respiro que otros diez grandes le darían. La tranquilidad de espíritu siempre era una motivación, sin mencionar la necesidad.

Fuera del supermercado miré cada pocos segundos en la dirección en que Sergio aparecería. La hora se convirtió en hora y media y comencé a sentir las náuseas propias de la ansiedad.

Casi estaba lista para renunciar cuando vi que se acercaba. Se veía terrible, pálido y temeroso, más delgado que antes. Hizo una señal de reconocimiento y me indicó que nos dirigiéramos hacia un rincón del estacionamiento, lejos de la vía.

Cuando llegamos al rincón, Sergio se detuvo. Busqué en mi bolsillo y saqué el sobre.

—Aquí está —dije.

Dobló el sobre y lo puso en su chaqueta. Era demasiado caballeroso como para ponerse a contar los billetes o también podría ser que hubiera límites acerca de cuán bajo podría permitirse a sí mismo descender.

—Siento mucho llegar tarde —dijo en un acto de contrición—. Tuve que esperar hasta que quedé solo en la oficina para poder sacar lo que querías. Ha sido una locura allí desde que Miguel fue al hospital. ¿Escuchaste eso?

Yo asentí.

—Naturalmente lo sabes —dijo con amargura—. Es tu negocio saber todo acerca de todos.

No hice ningún comentario. No tenía idea de cuán errado podía estar con respecto a algunas personas. Sergio buscó en el bolsillo de la camisa y sacó un sobre doblado y me lo tendió.

—A propósito, Lupe, estuviste errada —agregó—. No fue solamente un recibo de confirmación lo que Miguel recibió, había dos. No te cobro nada por el segundo. Los dos están en el mismo sobre.

Luego dio media vuelta y caminó en silencio. Lo miré detenidamente hasta que giró en el rincón. No se volteó para mirar ni una vez.

Abrí el sobre y saqué las dos piezas de papel. Era la confirmación de que diez millones de dólares habían sido retirados de la cuenta numerada. Entonces, había un segundo retiro, lo que dejaba un saldo de tan sólo $250.000.

Esto era todo lo que quedaba —un cuarto de millón de dólares— mucho menos de lo que habíamos planeado. Sentí como si hubiera recibido un golpe en el estómago.

Realmente no tenía importancia. El papel en mis manos confirmaba que Luis Delgado era un mentiroso, un asesino y un maldito ladrón. La única cosa que me sorprendió fue el hecho de que estuviera sorprendida. Había hablado acerca del honor. Había dicho que jamás había robado.

La pregunta ahora era dónde estaba el dinero que Luis había robado. Me acomodé en el Mercedes y manejé hasta mi oficina. Estaba totalmente segura de dónde no estaba el dinero, pero quería comprobarlo por mí misma.

Al llegar, me di cuenta de que el carro de Leonardo no se encontraba. Me sentí aliviada, aunque de alguna manera sabía que probablemente se había ido temprano porque estaba furioso conmigo. No quería que él ni nadie me viera en mi actual estado mental.

Cerré la puerta del frente y me dirigí a la cocina, donde me serví un vaso de champaña de los restos que habíamos guardado en el refrigerador para ocasiones especiales. Puse el contestador para oír los mensajes recibidos, esperando escuchar que mi aparición ante el gran jurado a la mañana siguiente había sido cancelada. En su lugar, escuché la voz de Tommy que me decía —no, me ordenaba— llamarlo tan pronto como revisara mi testimonio. También se quejaba amargamente de no haber podido hablar conmigo en toda la tarde en respuesta a mi mensaje de emergencia. Tommy, quien tenía agua helada en sus venas, sonaba genuinamente preocupado.

Después de terminar el primer vaso y de servirme otro, corrí hacia la caja fuerte. Marqué la combinación y me mantuve retirada, teniendo cuidado de que la puerta no me golpeara. Encontré el sobre que contenía los códigos de acceso a la cuenta del banco uruguayo que Suzanne había abierto. Activé el fax de mi oficina, marqué los números necesarios y di las instrucciones para lograr el cometido. Luego me senté a esperar.

Cuando acababa de terminar la operación, la información ingresó. Tenía que dar al señor San Pedro el crédito de comandar un recio barco. La información estaba tan clara y detallada que un estudiante de sexto grado podría haberla seguido. Además de los iniciales mil dólares con los cuales Suzanne había abierto la cuenta, otro depósito de diez millones de dólares había sido efectuado el mismo día. Hasta aquí todo estaba bien. Este era el plan: que la mitad del dinero de la cuenta de De la Torre pertenecía a los Delgado. Todo habría debido detenerse allí.

Pero, naturalmente, no fue así. Se hizo un segundo depósito por diez millones de dólares. El dinero fue robado mediante transferencia cablegráfica después del reglamentario período de espera de veinticuatro horas y luego fue enviado a un banco en las Islas Caimán. Todas las transacciones fueron efectuadas tarde, la noche anterior. El momento era adecuado: no se había desperdiciado un sólo minuto, eliminando así la posibilidad de errores.

¿Cómo diablos lo había logrado? Tan pronto como terminé de preguntarme esto, respondí mi propia pregunta. Me reproché a mi misma por haberlo llamado justo en el momento en que Suzanne había regresado de Montevideo y me había dado los detalles de su viaje, incluyendo las instrucciones para las transferencias cablegráficas. Cuestioné mis motivos por haberlo hecho; ¿fue esto debido a que como cliente mío tenía derecho a dar la información, o estaba orgulloso de que mi esquema cuidadosamente concebido hubiera funcionado tan bien? Sospeché esto último, no en vano el orgullo era uno de los siete pecados capitales.

Me dije a mí misma que debía calmarme. Tenía que procesar todo esto. Cerré los ojos y reconstruí la escena en la cual había telefoneado a Luis para relatarle los resultados del viaje de Suzanne. Repentinamente me di cuenta de que no le había dado todos los detalles: le había mencionado únicamente cómo se efectuaban las transferencias cablegráficas, pero no los números. Tenía que pensar con claridad. Esto era vital. Tenía que saber con certeza lo que estaba revelando. Tal vez no lo había estropeado totalmente. Bien, si no lo había hecho, ¿cómo logró entonces la información que necesitaba para limpiar la cuenta? El hecho de saber que tan sólo le había transmitido la mitad de la información en lugar de la totalidad no me hizo sentir menos terrible, pero era mejor que nada. Me sorprendí a mí misma racionalizando de nuevo.

Caminé hasta la ventana y observé a los loros. Estaba a doce horas de enfrentar al gran jurado. Tomé el teléfono y llamé a Suzanne, y luego a Luis.

32

Las investigaciones tienen mucho en común con otros importantes aspectos de la vida —amor, guerra y sexo—, por ejemplo. En todos estos actos, el momento y la preparación son esenciales para el éxito.

Cuidadosamente diseñé todos los elementos clave para mi reunión con Luis Delgado. Mi plan se estructuraba fuertemente sobre el efecto dominó —todas las piezas tenían que estar en su lugar y cada aspecto tenía que llevar claramente al siguiente—.

Había llamado a Luis y arreglé para encontrarlo en el rompeolas detrás de la Ermita de la Caridad, nuestro lugar habitual. Cuando hice todo cuanto tenía que hacer, aún tenía energía nerviosa sobrante. Me encaramé a dos de las máquinas de Leonardo —la caminadora y el StairMaster—, fue una de las pocas veces en que me sometí a mí misma a estos dispositivos de tortura. Cuando terminé, también había dado buena cuenta de la champaña y me sentí alerta y en forma.

A las 9:30 recogí todo, verifiqué nuevamente, apagué las luces, activé la alarma y me subí al Mercedes. Llegué al santuario quince minutos antes para reconocer el lugar. Era una noche clara, caliente, con una luna llena que proyectaba sombras alrededor.

En silencio observé las olas que rompían contra la pared, sentí el rocío que golpeaba mi cuerpo y esperé la llegada de Luis. A las diez en punto divisé las luces que se acercaban al estacionamiento, sentí el suave ruido de un carro que se detenía y finalmente el silencio cuando estacionó. Una puerta de auto se abrió y se cerró, y luego sentí el ruido de pisadas que se acercaban. El viento me trajo el olor de su cigarrillo antes de verlo. Luis se detuvo cerca de mí, mirando hacia el océano.

—Parece que hace tanto tiempo que estaba en la balsa cruzando por estos lados —dijo—. Cuánto ha pasado en los tres años que han transcurrido.

Se sentó cerca de mí con su pierna rozando la mía. Hice un esfuerzo para no retirarme.

—Ciertamente así ha sido —acepté.

Sabía que siempre llevaría su imagen en mi memoria. Luis estaba vestido con pantalones color caqui y una camisa color azul pálido con el cuello abierto. Su vestimenta era brillante y limpia; sus pantalones tenían un corte perfecto. Sus pies calzaban Top Siders sin medias. Aspiró su cigarrillo, demostrando calmada confianza.

—Lupe —dijo, y pasó su brazo a mi alrededor. Yo delicadamente lo retiré de mi hombro; no podía permitirle estar tan cerca. Luis se encogió de hombros—. Hemos llegado tan lejos juntos. Me has ayudado mucho —no atendí lo que dijo.

—Dime qué pasó con el dinero de los De la Torre —le ordené.

—¿El dinero?

—El dinero en el banco de Uruguay —miré mi reloj; estaba furiosa conmigo misma por haberle dado la información acerca de la cuenta bancaria en Montevideo, pero no tenía control sobre mis actos y me enfoqué en saber de él tanto como fuera posible. Traté de recordar algunos ejercicios de relajación.

—No te preocupes. Está en un lugar seguro —dijo pacientemente—. Lo transferí de la cuenta que me diste a otra cuenta en Islas Caimán.

—Pero ese no era nuestro acuerdo.

—No, no realmente —aceptó—. Pero, ves, Lupe, pensé mucho acerca de lo que Miguel y Teresa le habían hecho a mi familia y en lo que me habían hecho a mí, en particular, así que decidí que realmente no merecían tener el resto. Transferir el dinero internacionalmente fue muy fácil.

—¿Cómo? —pregunté, rogando a todos los santos que la respuesta me exonerara. A pesar de las profundidades en las cuales me había sumergido, la buena niña que hay en mí no quería una responsabilidad total en esta debacle. Luis rompió con un tono arrogante.

—Tú no eres la única que puede ponerse en contacto con Sergio Santiago —dijo—. Él fue receptivo frente a un pequeño estímulo.

—Entonces les robaste el dinero —dije, sintiendo alivio en todos los poros de mi cuerpo. Me sentí tan agradecida de no haber sido totalmente responsable de que Luis hubiera robado el dinero, que ni siquiera estaba furiosa con el doble papel de Sergio—. Aún así, eso es naufragar a su nivel. Les hiciste a ellos lo que ellos te hicieron a ti, ¿verdad?

—Pienso simplemente que se hizo justicia —dijo Luis—. Tomé lo que perteneció a mi familia. Dejé doscientos cincuenta mil dólares, lo que calculé con base en lo que Tony nos había dicho que sería el valor de los cuatro diamantes que mi padre tomó de los De la Torre sin decírselo. Les pagué su deuda. Luego tomé el resto para asegurarme de que sufrieran tanto como sufrieron los Delgado.

—¿Y qué pasa con Mike Moore? —pregunté—. Te estaba ayudando, estaba trabajando para ti. ¿Por qué tenías que matarlo?

Procuré mantener la voz calmada y sin estridencias, asegurándome de que estaba hablando con claridad y sensiblemente. Era vital para mí mantener mis emociones bajo control.

—¿Sabes acerca de la investigación? —preguntó Luis. Aspiró su cigarrillo y me miró con curiosidad. Pude ver que se sintió fuera de equilibrio, sin tener seguridad de lo que yo podía hacer. Lo cual era favorable.

—Sí, Luis, yo sé.

—Yo no tenía intención de herirlo —dijo Luis—. Pero él me vio cuando yo espiaba a Miguel y a Teresa. Lo hacía con frecuencia, tú sabes. Quería saber todo acerca de ellos.

—¿Entonces te escondiste fuera de su hogar?

—Conoce a tu enemigo —dijo categóricamente—. Tu investigador me sorprendió. Yo esperaba ver a la niña que hacía el turno de la noche, sabía dónde le gustaba esconderse y siempre era capaz de evitarla. Pero tu hombre me descubrió y simplemente no podía dejarlo vivir después de que me había visto allí. Hubiera comprometido todo el caso. Te habría informado de que me había visto allí y tú me habrías cuestionado. No podía permitir que tuvieras dudas de mí, o por lo menos más dudas de las que ya tenías.

En la tenue luz vi que la colilla del cigarrillo de Luis estaba como una llama roja. Era extrañamente bella.

—¿Y qué hay de Pepe Salazar? —pregunté.

—Ese hijo de puta[11] —espetó Luis—. Me estaba esperando anoche en mi apartamento cuando regresé del trabajo. No entiendo cómo me encontró, pero había decidido chantajearme. Dijo que debía pagarle o de otra manera iría adonde los De la Torre y les diría que yo aún estaba vivo.

—¿Y qué hiciste? —pregunté. Estábamos hablando acerca de asesinato, pero Luis tenía la capacidad de enfrentar mi tono conversacional con su propio nivel de frialdad.

—Lo seguí después de que partió —dijo Luis—. Y lo estrangulé. Lo merecía. Estaba borracho, gordo y fuera de forma. Yo sabía que Miguel y Teresa iban a saber que aún estaba vivo, ese no era el problema. Lo que sucedió es que sencillamente no podía permitir que ese estúpido bastardo continuara apareciendo en mi vida.

Allí, a la luz de la luna, escuchándolo relatar esta serie de horrores, aún sentí su encanto. Era enfermo, era diabólico, me recordé a mí misma.

—¿Qué vas a hacer con el dinero? —le pregunté—. ¿Para qué

---

[11] En español en el original (n. de la t.).

necesita uno veinte millones de dólares, de todos modos? No parece que seas el tipo de persona que desea vivir como un rey.

—Tienes razón, Lupe. No voy a cambiar demasiado —sonrió imperceptiblemente, como sintiéndose cómodo con su propio sentido—. Yo habría querido dejar a Miguel y a Teresa totalmente desnudos. Habría deseado quitarles todo y ver si eran capaces de empezar de nuevo.

La fuerza de su malicia comenzaba a molestarme, independientemente de cuánto tratara de progresar en la conversación. Debí traicionarme a mí misma porque Luis se acercó.

—Tengo sentido del honor —dijo insistentemente—. Les dejé un cuarto de millón; por lo tanto, les pagué las cuatro piedras que mi padre tomó en La Habana. Allí radica el honor: pagué la deuda de mi familia.

Ésta era la segunda vez que me explicaba acerca de los 250 mil. Esto significaba para él que tendría que devolverlos.

—Ya veo —dije, tratando de sonreír. Honor—. ¿En cuántas formas puede ser manchado y abusado este concepto?

—Quiero compartirlo contigo —dijo, tomando mi mano y su voz con un tono de sinceridad—. Al comienzo quería el dinero para el recuerdo de mis padres, pero las cosas han cambiado a medida que fui conociéndote más. Quiero acercarme a ti como un igual, no como un balsero mecánico de autos. Eres una buena mujer, Lupe. Mira, quiero demostrarte cuánto confío en ti —buscó en su bolsillo y me estiró el recibo.

—¿Qué es esto? —pregunté tratando de registrar todo lo que él acababa de decir.

—La cuenta y los códigos del dinero en las Islas Caimán —dijo Luis—. Es para ti. Nunca más tendrás que trabajar. Lo ves, es todo para ti.

Me sentí avasallada en silencio, sintiendo que el papel pesaba cien libras, aunque no lo necesitaba. Antes de venir a ver a Luis, le había solicitado a Suzanne que verificara qué tan estrictas son las leyes sobre el secreto bancario en Uruguay. Después de que

llegó a mi oficina, le permití llamar a la línea personal del señor
San Pedro.

Suzanne le había dicho al señor San Pedro, su recién mejor amigo, que su dulce padre se había puesto celoso y sospechaba de sus
pasadas infidelidades. Con lágrimas en los ojos, Suzanne le explicó
que su cuenta bancaria había sido desocupada y que su dulce padre
había escondido el dinero en las Islas Caimán. Ella lanzó una pista
cuando mencionó el nombre del señor San Pedro en la conversación,
lo cual debió despertar sus celos.

Yo me había sentado en mi escritorio, observando trabajar a
Suzanne. Después de muchas más lágrimas y de haber dicho que su
dulce padre se había tornado violento con todo esto, el señor San
Pedro había entrado en acción. La puso en espera y, en pocos minutos, volvió al teléfono con el número de cuenta de las Islas Caimán
y los códigos de acceso.

Nuevamente miré el reloj. Era casi la hora. Mi corazón comenzó
a bombear. Sentí que la sangre recorría todo mi interior y que el
calor brotaba de mi pecho. La única cosa que sabía era que no podía
permanecer sentada por más tiempo sosteniendo la mano de Luis
Delgado. Con un suave movimiento me retiré de él y lo empujé lejos
del rompeolas hacia las olas negras que rompían abajo.

Vi cómo su cabeza salía del agua, y la última imagen que tuve de
él fue su mirada de total incredulidad. "Podrá salvarse a sí mismo",
pensé. Después de todo, había salido de Cuba en una balsa. ¿No
había dicho alguna vez que quería practicar el surfing? No me sentí
preocupada en forma alguna por su supervivencia.

Caminé aceleradamente a través del parqueadero hasta mi Mercedes. Estaba tan nerviosa que busqué apresuradamente las llaves
y las dejé caer al suelo. Las recogí y me golpeé en la cabeza con la
cerradura. Mis manos estaban fuera de control.

Apenas había encendido el motor cuando divisé dos carros llenos
de sombras de personas manejando hacia el rompeolas. Disminuí la
marcha, mirando por el espejo retrovisor y pude confirmar que se
trataba de Teresa de la Torre.

Estaba fuera de sí, buscando sangre y venganza por lo que le había sucedido a su esposo. Lo escuché en su voz cuando la llamé previamente para decirle que había localizado a Luis. Yo sabía lo que hacía cuando le dije que podía encontrarlo a las 10:30 p. m. de esa noche, no más temprano ni más tarde. Sabía que Teresa hallaría la forma de lograr que Luis pagara y que yo sería cómplice en lo que su destino podría ser.

Ya lo tenía todo. A partir de toda su charla acerca del honor, era claro que lo único que le importaba era el dinero. Había subestimado el poder que el dinero ejerce sobre la vida de aquellos que siempre han tenido que privarse de él. En Cuba, dinero significaba super-vivencia y se me había olvidado este hecho. Miguel y Teresa tenían dinero y vivían muy bien. Luis, María del Carmen y su hijo, Luisito, lo habían perdido todo y vivían en la pobreza y en el temor. Sospeché que Luis, a medida que crecía en Cuba, no comprendió totalmente el poder que el dinero ejercía sobre él. Había utilizado el honor como un tema para lograr que sus motivaciones fueran más saboreadas por mí y tal vez por él mismo. Y quizás había sido lo suficientemente vengativo como para desear que los De la Torre sufrieran las mismas privaciones que su familia tuvo que enfrentar.

Yo me había dejado enceguecer por él y no lo había visto. Me subyugó con su charla acerca del honor y del deber, sin mencionar mi culpabilidad de cubano-americana cuando escuché todo lo que mi paisano tuvo que soportar. Sabía exactamente cuál de mis botones debía oprimir. Me había manipulado para que lo ayudara, pero lo que pretendía era lograr tres cosas: el dinero en efectivo, la venganza y la muchacha: yo. Y ahora trataba de consolidar los números uno y tres. Bello cálculo y muy eficiente de su parte, si hubiera funcionado, naturalmente. En ese momento sentí que no podía ser testigo de lo que iba a suceder entre él y Teresa. Indudablemente sería una escena digna de ser vista.

Después de que Teresa y su comitiva pasaron, salí rápidamente con las llantas chirreando y me dirigí hacia una casa en la Pequeña Habana. Tenía un amigo allí —no realmente un amigo, sino más bien un socio— que me estaba esperando. Tomé una vía circundante para asegurarme de que nadie me seguía y luego llegué a una indescriptible casa de un solo piso, que necesitaba con urgencia una capa de pintura.

Golpeé tres veces —como habíamos acordado— y la puerta se abrió. La sala estaba amoblada con un sofá bastante averiado y dos sillas desvencijadas tapizadas con terciopelo floreado. No estaba allí para juzgar la decoración, sin embargo. Estaba más interesada en el dormitorio de mi huésped. La habitación tenía los equipos electrónicos más avanzados. El hombre que me condujo hasta allí era un técnico cuyo sobrenombre era Spliceman; después de saludar, se sentó pesadamente en una silla que parecía bastante incómoda. Lo conocí muchos años atrás. Era el jefe del laboratorio de vigilancia electrónica de la Policía del condado de Dade. Había sido despedido por dedicarse a asuntos personales en las horas laborables del condado, muy a pesar de la oficina del fiscal del estado. Sabían perfectamente que su experiencia en el cumplimiento de la ley jamás podría ser igualada, por lo menos no con el sueldo de un empleado del condado. Para Spliceman un equipo de grabación era como un violín en manos del solista de una orquesta. Spliceman podía editar una cinta y hacer que sonara como si jamás hubiera sido intervenida.

—Lupe, Lupe —refunfuñó Spliceman a manera de saludo—. ¿Cómo te va? Hace mucho tiempo no te veía.

No lo había visto en algún tiempo y, a diferencia de los vinos finos, no había mejorado con la edad. Se parecía mucho a un hurón calvo, fuera de forma y bastante disoluto.

—Gracias por ayudarme —le dije besando la parte superior de su cabeza calva. Se sintió tan sorprendido por esta muestra de afecto que rompió su usual norma de comportamiento e hizo contacto con mis ojos.

—¿Qué puedo hacer por ti? —preguntó tímidamente—. Dijiste que se trataba de una emergencia.

—Date vuelta primero —le ordené. Me quité la blusa y saqué la cinta adhesiva que había sostenido los cables a la parte superior de mi cuerpo—. ¡Mierda! Cómo duele.

Sentí como si hubiera pelado varias pulgadas de piel, creo que puse demasiada cinta en la noche cuando envolví el cable. Yo ya había usado un cable anteriormente, pero nunca había sido de esta magnitud.

Me puse nuevamente la blusa, le dije a Spliceman que podía mirar nuevamente y le extendí el casete. Lo puso en una de sus máquinas y un momento después estábamos escuchando mi conversación con Luis en el rompeolas. Sonaba perfecta y podíamos escuchar cada detalle de lo que se dijo.

—Necesito borrar cualquier mención acerca de dinero y de cuentas bancarias —le dije. Además de mí misma, me di cuenta de que tenía que proteger a Papi. Yo no tenía ni idea del grado de su amistad con Miguel.

—Ningún problema —dijo Spliceman—. ¿Quieres esperar? Me tomará dos horas. A lo sumo tres.

—¿Hay algún sitio donde pueda recostarme y tomar una siesta? —pregunté mientras miraba el reloj: 11:30.

—Hay una cama en el cuarto siguiente —me indicó Spliceman—. Te despertaré tan pronto como haya terminado.

Lo dejé allí con la luz del techo que hacía brillar su calva. Mi último pensamiento antes de ir a dormir fue preguntarme si debía decirle a Spliceman que no recogiera su escaso cabello en una cola de caballo.

La cama era incómoda, pero limpia. Sentí que tan sólo acababa de cerrar mis ojos, cuando alguien golpeó mi hombro.

—Todo listo —dijo parándose en forma de silueta que proyectaba la luz—. No hay bancos, ni cuentas, ni referencias a nada de ello.

—¿Lo hiciste todo? —le pregunté, todavía medio dormida.

—Hace parte de la historia. Ven a escuchar.

Seguí a Spliceman a su laboratorio, donde escuchamos la cinta juntos. El hombre era un genio pensé, a medida que escuchaba mi conversación con Luis. Me dio un par de copias, además del original, o sea la versión inalterada. Nunca se sabía. Busqué en mi bolso para sacar el dinero y pagarle con un pequeño extra, puesto que era un trabajo de urgencia.

Miré hacia afuera para ver que en la calle no hubiera sucedido nada fuera de lo ordinario. Una vez satisfecha, subí a mi Mercedes y manejé hasta Cocoplum. Me sentí despierta y alerta a medida que maniobraba por entre las calles de Miami.

El amanecer llegaría pronto. Una vez en la casa, tomaría una ducha y escogería un atuendo adecuado para mi aparición ante el gran jurado del condado de Dade. Aún era demasiado temprano para que Aída se levantara, por lo tanto me preparé un gran desayuno con huevos, tocineta, tostadas y pan. Lo llevé a la terraza y comí mientras esperaba que el sol se levantara. A las seis de la mañana llamé a Tommy.

—Soy yo —dije, interrumpiéndolo para que no tuviera ocasión de quejarse de que no lo hubiera llamado antes—. ¿Puedo ir? Tengo una cinta que estoy segura de que quieres escuchar.

33

—Lupe, no tienes que responder si no lo deseas.

Charlie Miliken me observó por encima de sus anteojos de sol. Esos ojos azules de bebé podían llevarme a la distracción especialmente ahora que tenía ese dorado tan atractivo después de dos días de permanecer tendido al sol.

—Muy bien, no lo haré —dije.

—Vamos —insistió—. ¿Qué fue lo que realmente sucedió por fuera de la sala del gran jurado la semana pasada?

—¿Qué quieres decir? —musité

Estábamos sentados lado a lado en las mecedoras debajo de la linda sombrilla en la playa detrás del Hotel Ritz Carlton en Naples, en la costa occidental de Florida. Nos hallábamos profundamente inmersos en nuestra principal ocupación durante estas vacaciones: no hacer nada.

Después de dos días habíamos establecido un patrón: levantarnos tarde, pedir el desayuno a la habitación y luego trasladarnos a la playa hasta la hora del almuerzo en la terraza. En la tarde tomábamos una siesta, luego íbamos a nadar y después caminábamos por la playa hasta la hora de los cocteles y de la comida. Nuestra decisión más crucial del día era la película que veríamos en el servicio "pague por ver" de la televisión para ordenarla desde la habitación. Todo había sido perfecto, pero ahora Charlie quería comenzar a hacerme preguntas.

Lo mejor de estas vacaciones es que eran pagadas por la pila de billetes de cien dólares de mi caja fuerte: el dinero de Luis Delgado. Yo le había dado a Sergio Santiago una bonificación extra de cinco mil dólares después de que hablamos y me confesó que se le había diagnosticado un sida. Si bien es cierto que no podía restaurar la salud de Sergio, al menos sí podía comprarle algo de paz en su mente. Aun si me había traicionado y había actuado a mis espaldas para vender información, tanto a Luis como a mí.

Charlie no sabía de esto, naturalmente. Tan sólo sabía que yo lo había llamado la mañana después de mi decisión de no presentarme ante el gran jurado y lo invité a ir a un lugar donde no conociéramos a nadie y donde nadie nos conociera.

—Vamos, Lupe, he sido muy bueno hasta ahora. Llegó el momento de hablar —Charlie se inclinó sobre un hombro y me sacudió hasta obligarme a abrir los ojos.

—Yo me presenté a la sala del gran jurado, como me ordenaste —dije—. Pero luego Tommy le habló a Aurora durante un momento y el caso fue absuelto.

Traté de cerrar mis ojos nuevamente, pero sabía que Charlie no me iba a dejar ir con una explicación tan esquelética.

—Qué recuerdo tan cándido —dijo Charlie en son de burla.

—Vamos, ahora sí sírveme el helado. Cualquier cosa que sea lo que haya sucedido entre Aurora y Tommy McDonald, Aurora estaba tan profundamente molesta que empleó todas sus vacaciones para salir de la ciudad un rato. Estaba desgastada, Lupe. Estaba preguntándose qué iba a hacer para estar presente con el fin de localizar los datos cuando te metieran a la cárcel.

—Yo no sé lo que Tommy le dijo. Todo lo que sé es que yo jamás tendría que testificar —alcancé el frasco de bloqueador solar. Charlie masculló cerca de mí.

—Bueno, está bien si no quieres decírmelo —dijo—, pero me gustaría saber qué sucedió antes de que me muera.

No me sentía realmente preparada para contar este secreto, aun a alguien en quien confiaba tanto como Charlie. Aún me sentía culpable por haberle escondido a Tommy la cinta original, pero supuse que cuanto menos supiera, mejor.

Además, aún tenía planes para el dinero. Y sabía que antes de que hubiera hablado con Aurora, Tommy había contratado al detective Anderson y le había dicho que tenía a Luis Delgado —su propio cliente— confesando en una cinta. El detective Anderson tuvo la oportunidad de recibir el crédito, de resolver dos casos, sin hacer ningún trabajo adicional. Tommy ofreció comercializar la cinta y las fotografías de Mike Moore, a cambio de liberarme con el gran jurado. Le había dado al detective Anderson una hora para resolver el trato, puesto que yo debía enfrentarme a Aurora a las ocho.

Me encontré con que el detective Anderson tampoco era particularmente aficionado a Aurora. Además, Aurora había estado viéndose con uno de los amigos del detective, un policía que decidió romper con ella. Aurora reaccionó muy mal y abusó de su posición como asistente del fiscal del estado para que su ex novio fuera trasladado a Princeton —una pequeñísima ciudad al norte de Homestead—, donde su nuevo cargo era el de vigilar los cruces escolares.

Por lo tanto, el detective Anderson tenía la forma de lograr dos objetivos que eran para él muy apreciados: ganarse los créditos por resolver dos asesinatos y obtener venganza contra Aurora. Estaba muy ocupado y probablemente en el momento en que Tommy y yo llegamos a las afueras del gran salón del jurado, Aurora estaba esperándonos, pálida, temblando y con un aire de furia amenazante en sus ojos. Después de mirarnos fijamente, Tommy y yo supimos que el detective Anderson había tenido éxito al llamarla.

—Lupe, quédate aquí por favor —dijo Tommy—. Me gustaría cruzar dos palabras con la señorita Santángelo.

—Naturalmente —respondí con cortesía.

Traté de no mirarlos, pero era demasiado curiosa. Aurora entró en un trance clásicamente histérico, haciendo gestos y señalándonos

a Tommy y a mí. Tommy cumplió el papel del estoico hombre de
estado manteniendo su postura muy calmada y tratando de mantener su voz baja.

Después de algunos minutos, Tommy regresó a mi lado. Me tomó
del hombro y me condujo hacia la escalera.

—¿Nos vamos? —pregunté—. ¿Así no más?

Tommy refunfuñó y sonrió. Yo no podía resistir una mirada hacia
Aurora. Aún permanecía parada en el mismo sitio, con sus puños
apretados y una mirada en su rostro como si acabara de saber que
Santa Claus era un villano.

Sonreí al recordar todo. Yo había sudado por el hecho de tener
que comparecer ante el gran jurado, por decir lo menos. Puedo asegurar que no quería mentir; de hecho, quiero asegurar que no podría
mentir bajo juramento, aun para proteger mi propio culo.

Miré a Charlie, quien sonreía amablemente. Justo en ese momento
bajo la sombrilla, con el sol brillante y las olas rompiendo en la playa y
con la brisa marina soplando suavemente, tuve una dulce sensación de
paz. Sentí pesar por tener que regresar a Miami al día siguiente, pero
esto era algo inevitable. Lo pensé un momento, pero me di cuenta de
que probablemente estaba más lista para regresar a casa de lo que yo
quería confesarme. Después de unas vacaciones de dos días estupen-
dos, el caso de Luis Delgado aún no estaba cerrado para mí.

Me encontraba en la terraza de la casa de Cocoplum con un
mojito y contemplando el atardecer particularmente coloreado.
"Pronto llegarán los fritos", pensé, pero luego apareció Papi con una
expresión de tristeza.

—¿Qué pasa, Papi? —pregunté. Papi muy pocas veces se mostraba triste por algo. Usualmente dejaba la tristeza para mis hermanas
y para mí, en especial para Fátima.

—Oh, Lupe —dijo Papi mirando con tristeza sobre el agua—.
Es mi amigo Miguel de la Torre.

Mi corazón naufragó. Eventualmente sabía que tendría que hallar
la naturaleza de la relación de Papi con Miguel.

—¿Qué pasa con él?

—Está muy enfermo —dijo Papi—. Probablemente leíste en las noticias que tuvo un derrame hace tres días. Acabo de enterarme de que nunca más podrá caminar ni hablar.

—Está en los periódicos, sí. Recuerdo que lo encontré en el funeral de Héctor —dije reaccionando.

Hice una pausa tratando de decidir si debía presionar a Papi. Él se encontraba en un momento de perturbación emocional. Este era probablemente un momento de apertura en el cual podría obtener información.

—Alguna vez te pregunté si tú conocías a Miguel y me dijiste que sí —comencé, seleccionando mis palabras muy cuidadosamente—. Pero no tuve la impresión de que fueras muy cercano a él. Parecía como si hubieras tenido una relación comercial. Pero ahora me pareces muy preocupado, Papi...

Papi se sentó pesadamente en la silla frente a mí. Por primera vez en mi memoria reciente en verdad se veía como una persona de su edad.

—Bien, Lupe querida —dijo—, quizás no fui tan honesto como habría debido serlo en cuanto a Miguel.

—¿Por qué, Papi? ¿Por qué no me confesaste la verdad?

Pronto recordé que yo tenía la virtud de lanzar preguntas e inducir respuestas. Los ojos de Papi brillaron a medida que decía:

—Bien, no te mentí tampoco. Lo que pasa es que no te conté la verdadera naturaleza de nuestra amistad. Compartimos el mismo sueño, ves, ir pronto a Cuba. Eso es lo que hemos estado planeando durante todos estos años y ahora Miguel jamás podrá ver sus sueños hechos realidad.

—Pero tú sí —le recordé—. Irás de regreso a Cuba y la verás nuevamente libre. Tú sabes que podrás.

Traté de no traicionarme a mí misma con la voz, pero no fue fácil, permanecer sentada allí, discutiendo con Papi lo que le había sucedido a su amigo Miguel. Aun sabiendo que, en cierto sentido, él y Teresa habían atraído la decadencia para sí mismos, hizo poco para contrarrestar mi culpabilidad acerca de haber actuado como catalizador. Tal como lo había venido haciendo durante los últimos días con un fervor cada vez en aumento, me reprendí a mí misma por haber tomado el caso. Yo sabía que este sentimiento me perseguiría durante años y probablemente nunca llegaría a término con mi sentido de responsabilidad por causa de la condición de Miguel de la Torre. Oré por que, al menos, algún día pudiera conciliar mi papel en todo esto.

—Primero tu madre, y luego Miguel —dijo Papi—. Llevaré las cenizas de tu madre algún día y las enterraré allí, como se lo prometí.

Papi dio una palmada en la mesa para reforzar, pero se enderezó cuando Osvaldo llegó con una jarra llena de mojitos junto con un plato de fritos hirviendo y la salsa picante de Aída. Dejé que Papi se sirviera su vaso y tomé un trago antes de presionarlo.

—¿Qué estaban planeando Miguel y tú? —pregunté.

—Sacar a Fidel Castro y luego reconstruir la economía cubana —dijo sencillamente; escurrió su vaso y luego se sirvió otro.

—Esos son planes muy ambiciosos Papi —le dije sosteniendo mi vaso para que me sirvieran más—. ¿No requeriría esto mucho dinero?

Papi explicó que había un fondo para esto y añadió que había dinero aparte.

—¿Cuánto dinero, Papi? —pregunté—, ¿dónde está?

—Ay, Lupe, tantas preguntas —Papi sonrió—. Realmente no tienes para qué saber los detalles. Mientras menos detalles sepas, mejor.

Yo sabía cómo se sentía.

—De todos modos, solamente Miguel sabía donde estaba el dinero, agregó Papi con remordimiento. Y solamente él sabía cómo sacarlo. Por lo tanto, ahora se ha ido para siempre.

—¿Por qué estaba fuera del país? —pregunté. Papi me miró incisivamente.

—¿Por qué todas estas preguntas en este momento, Lupe? ¿Sabes algo acerca de todo esto?

—Es la única respuesta que tiene sentido —dije. Había aprendido cómo evadir al maestro.

—Miguel probablemente tuvo que sacar el dinero de Estados Unidos. Probablemente no quería informar a la oficina de recaudación de impuestos y, de todos modos, es ilegal respaldar el derrocamiento de un país extranjero. ¿Estoy en lo cierto?

Para este momento, cada uno de nosotros necesitaba otro trago. Papi volcó las últimas gotas de la jarra en nuestros vasos.

—El dinero se ha ido —dijo Papi—. Solamente Miguel sabía cómo recuperarlo y ahora es prácticamente un vegetal. Todos aquellos millones, toda la planeación, todas las esperanzas se han esfumado.

Papi parecía estar al borde del llanto. Yo no podía mirarlo, especialmente porque yo sí sabía dónde estaba el dinero y cómo tener acceso a él.

Una cosa era cierta: me negaba a darle el dinero a Papi para que pudiera poner en marcha un esquema de fusiles y el inicio de una revolución. En este momento el dinero podía permanecer en las Islas Caimán ganando algo de interés antes de ser utilizado en una buena causa. Yo ya tenía algunas ideas para dedicarlo dentro del espíritu del objetivo para el cual había sido programado. Y había tenido la precaución de transferirlo de la cuenta de Luis a una nueva cuenta numerada con un código cablegráfico e instrucciones de acceso de manera segura, que ya habían sido guardadas en la caja fuerte de mi oficina. Había pagado un alto precio aprendiendo cómo trasladar dinero de un sitio a otro y, por lo tanto, había decidido utilizar esos conocimientos.

Estaba furiosa conmigo misma por no haber escuchado a Osvaldo, a Fátima y a Aída cuando me advirtieron que Papi estaba asociado con algunas personas obsesionadas con el derrocamiento de Castro. Yo siempre había sabido la pasión que consumía a Papi por Cuba, pero no sabía cuánta fuerza había tomado esta idea.

—¿Por qué Miguel no le confió a nadie más la información? —pregunté—. ¿No era peligroso dejar que sólo una persona tuviera acceso al dinero?

—Miguel tenía razones para no confiar a nadie los detalles del Fondo para Cuba, que es como lo llamábamos —explicó Papi—. La razón más valida es que temía que Castro pudiera enviar espías. Le preocupaba que un traidor pudiera infiltrarse en el grupo e informar a La Habana acerca de la existencia del plan y del dinero.

—¿No fue difícil mantener el plan en secreto? —pregunté—. Después de todo, había varias personas involucradas. Asumí que esto era cierto, dado lo que yo había sabido después de estudiar cuidadosamente las fotos de vigilancia y las bitácoras de la investigación.

—Todos juramos guardar el secreto —replicó Papi, afortunadamente sin preguntar por qué sabía yo todo eso—. Aún así, nunca sabes si alguien es traidor o si está siendo sometido a un chantaje. La mayoría de nuestros miembros aún tienen parientes en Cuba. Castro debe suponerlo y puede utilizarlo como palanca para lograr que alguien sirva como informante.

Papi movía su cabeza con tristeza, cuando Osvaldo hizo su aparición con mojitos frescos. La ocasión no podía ser mejor: en este momento Papi se había convertido en el padre más hablador que había tenido en años.

—¿Recuerdas a Juan Pablo Roque? —preguntó Papi repentinamente. Tomé un trago y busqué en mi memoria. El nombre me parecía familiar.

—Oh, ya sé —dije—. El traidor. El hombre que voló con Hermanos al Rescate pero que se había infiltrado en el grupo para espiar a nombre de Castro.

—Es verdad. El que traicionó a sus hermanos; ojalá se pudra en el infierno —no era característico de Papi hablar de esa manera.

"Entonces Miguel tuvo razones válidas para pensar que alguien podía infiltrar el fondo de Cuba", pensé. No es solo que hubiera estado paranoico. Aún así, yo tenía otras preguntas.

—Pero, Papi, casi todos los grupos de exiliados en Miami, planean deshacerse de Castro. No sería posible infiltrarlos a todos ellos; hay cientos de organizaciones bien conocidas, ¿por qué sería diferente la tuya?

Papi sonrió lentamente y luego me habló como si yo fuera una niña.

—Lupe, debido al dinero que nuestro grupo recogió, todos los fondos de los De la Torre, después de los gastos personales, fueron depositados en la cuenta.

—¿Todos? —pregunté.

—Esta es la razón por la cual Miguel era el líder del fondo. Miguel no tenía hijos y era un patriota ferviente. Puso todo lo que tenía en esa cuenta.

—¿Fue capaz de esconder todo ese dinero? —pregunté, sabiendo la respuesta. Papi se rió con benevolencia.

—Una vez Miguel me dijo que alguien había tratado de calcular cuánto dinero tenían él y Teresa, cuál era su patrimonio y que estarían sorprendidos de ver cuán poco dinero podrían hallar.

Yo lo sabía muy bien. Comenzaba a tener un cuadro perfectamente claro. Luis nunca tuvo una oportunidad legítima de recuperar la mitad del dinero de los De la Torre. Aun si ellos hubieran querido honrar el acuerdo, no habría sido posible. Luis ciertamente había cuestionado el patrimonio si se lo hubieran presentado, pensando que era inverosímilmente bajo.

No hay duda de que Luis había representado una gran amenaza para Miguel y Teresa, no solamente desde el punto de vista personal, sino también para el Fondo Cuba. Si ellos lo hubieran recibido como el hijo de sus viejos amigos, habrían tenido que arriesgarse a exponerle el plan. Por todo lo que sabían podía ser un espía de Castro para infiltrarse en sus vidas y enviar información acerca del Fondo. Honrar este acuerdo habría significado tener que decir la verdad acerca de sus arreglos financieros, lo cual era imposible. No es extraño, por lo tanto, que hubieran vuelto los ojos hacia Pepe Salazar. Sintieron que no tenían elección. Luis, aun si sus intenciones eran honestas, jamás habría tenido una oportunidad.

Papi movió su mano en un gesto de ecuanimidad.

—Miguel nos decía a menudo, a mí y a otros hombres de negocios, que cuanto menos supiéramos, era mejor, en caso de que alguna vez nos cuestionaran al respecto. Esto tenía sentido, Lupe, si lo piensas. Y así era como Miguel actuaba realmente. La gente jamás cuestionó su buen juicio.

—¿Y qué hay de Teresa? —le pregunté—. ¿Miguel no confiaría la información ni siquiera a su esposa? —Papi se movió nerviosamente.

—Bueno, Lupe querida, no estoy exactamente al corriente de la naturaleza de la relación de Miguel con su esposa. Pero puedo decirte que alguna vez en una reunión uno de los viejos amigos, Héctor Ramos, lo recuerdo muy bien, le hizo a Miguel esa misma pregunta —y Papi agregó—: Miguel dijo que Teresa sabía del fondo pero que no conocía los detalles. Agregó que las mujeres no comprenden este tipo de cosas.

—Ciertamente pagó un alto precio por su chauvinismo, ¿verdad? —pregunté, sin poder resistirme.

Caí en cuenta de que si viviera hasta los cien años, nunca sabría totalmente todo lo sucedido en el caso de Luis Delgado. Habían conservado muchos secretos, y a un precio muy alto.

Papi y yo permanecimos en la terraza observando a los pelícanos que se lanzaban en picada de sus perchas en los marcadores del canal para pescar aquellos peces que nadaban demasiado cerca de la superficie. Aída trajo otra cantidad de fritos y Osvaldo llenó nuestros vasos gracias a una nueva jarra de mojitos.

Papi y yo habíamos estado un tiempo en silencio, cada uno de nosotros reflexionando acerca de los secretos que solamente nosotros conocíamos, cuando Osvaldo apareció y anunció que Tommy me necesitaba al teléfono. Me paré un poco mareada por todos los mojitos y entré para recibir la llamada. No quise navegar por las escaleras y por lo tanto me dirigí al estudio de Papi y cerré la puerta.

—¿Cómo estás Tommy, qué hay de nuevo?

—Puedo escuchar que has estado oliendo mojitos nuevamente —dijo Tommy, bastante divertido.

"Osvaldo y Aída", pensé. No había secretos en nuestro hogar, por lo menos no mientras ellos dos estuvieran rondando.

—Me reformaré mañana, ¿está bien? —dije—. Esta vez estoy
sentada afuera con Papi. Estamos contemplando el atardecer y hablando acerca de Miguel de la Torre.

—Ya veo —murmuró Tommy—. Y hablando de esa ilustre familia cubana, tengo algo que decirte. ¿Estás sentada? —me dejé caer
en la mullida silla de cuero del escritorio de Papi.

—Está bien —dije—, puedes hablar.

—Recibí una llamada de Teresa de la Torre hace media hora
—dijo Tommy. Casi dejé caer el auricular.

—¿Qué quería?

—Quería que yo la defendiera —replicó Tommy—. Hay una
investigación acerca de la muerte de Luis Delgado.

No pude responder. Había asumido que Luis había nadado esa
noche y se había escondido en algún lugar. Una vez que concluyó
el negocio de la cinta y que Aurora había sido obligada a retirar los
cargos, yo había tratado de bloquear los eventos esa noche en el
rompeolas. No había querido considerar lo que había pasado con
Luis después de que lo dejé a merced de Teresa. Lo había empujado
hasta la bahía Biscayne, pero estaba segura de que él había podido
ponerse a salvo.

Empujarlo al agua había sido mi forma de exorcizarlo de mi
vida. Él había llegado a las aguas de los estrechos de Florida y yo lo
había dejado en el mar. No es que estuviera muy orgullosa de dejarlo
a merced de la venganza de Teresa, pero yo había hecho lo que creí
que debía hacer en ese momento, sin poder darme el lujo de escoger
entre demasiadas opciones. Me había dado cuenta de que él podía
escapar de Teresa, pero no me dio temor de que viniera a buscarme.
Estaba errada acerca de él antes, es verdad, pero me sentí segura de
que nunca lo vería nuevamente. Pensé que yo era intocable a sus ojos.
Él me había cortejado a su manera y me honró de la mejor forma
que conocía, diciéndome dónde estaba el dinero. Y aun si yo hubiera
puesto ese dinero fuera de su alcance, de alguna manera sentía que
jamás me abandonaría.

No había necesidad de preocuparse. Traté de no prestarle atención a la sorpresiva sensación de alivio que había comenzado a invadirme.

—Cuéntamelo todo —dije. Repentinamente me sentí totalmente sobria—. Comienza por el principio.

—Bueno, Teresa me recordó cómo nos habíamos conocido, en el Baile de la Amistad Cubano-Americana unas dos semanas antes —dijo Tommy—. Miguel le dijo esa noche que si alguna vez se veía en dificultades, podía llamarme. Agregó que yo era el mejor abogado defensor del país.

Escuché tranquilamente. A Tommy siempre le gustaba iniciar las charlas con el pecho henchido.

—Después de que terminó de alabarme, pasamos a los negocios. Ella dijo que el cuerpo de un balsero ahogado había sido encontrado flotando en Elliot Key, y que tenía razones para creer que ella lo conocía y probablemente sabía lo que le había sucedido. Aparentemente la Policía hizo una búsqueda de antecedentes y encontró que ella y Miguel habían patrocinado a Luis cuando llegó de Guantánamo. Teresa me dijo que se había puesto muy nerviosa con todas las preguntas y se sintió muy alarmada. Ella no sabía qué era lo que realmente la Policía sabía o no sabía. Le dijo al funcionario investigador que quería un abogado y me llamó inmediatamente.

—¿Teresa pidió los detalles de la muerte de Luis? —pregunté. Retuve el aliento. Ahogado. Sentí una quemazón en el pecho, en algún lugar donde había logrado poner toda mi culpabilidad y confusión.

—Lupe, tú sabes más que hacerme esa pregunta así.

—¿Vas a hacerte cargo del caso? —pregunté—. Después de todo, tienes conflicto de intereses. Eras el abogado de Luis Delgado.

—No, yo no voy a tomar el caso —dijo Tommy—. No por causa de Luis, sino por ti.

—¿Qué quieres decir?

—Quería estar calmado y pensar racionalmente para que me contaras qué sucedió en el caso de Luis Delgado. Ahora es un buen momento —el tono de Tommy se había tornado serio—. Dime la verdad, Lupe: ¿hay algo que quieras decirme, que consideres que yo debería saber acerca de qué sucedió entre Luis Delgado y tú?

Me tomé algún tiempo antes de responder. Había mentido, trampeado y robado por cuenta de Luis Delgado. Había comprometido mi moral y mi ética; yo era probablemente instrumental en la causa de su muerte; había falsificado evidencia, y, lo peor de todo, había destruido mi regla inquebrantable acerca de no involucrarme emocionalmente con un cliente.

—No —repliqué—. Mucho por honor, creo —pasaría un rato antes de comprender con precisión lo que esta palabra significaba.

Con un solo empujón había concluido la larga cadena de eventos que terminaron la larga y distinguida línea familiar de los Delgado. Luis Delgado padre, había conservado cuatro diamantes hacía mucho tiempo, sin decirle a Miguel de la Torre, un acto de desesperación. Luisito, el hijo, utilizó esos diamantes para destruir al amigo de su padre y para destruirse a sí mismo. María del Carmen se habría sentido devastada al saber cómo terminó la vida de su hijo; tal vez ella también tuvo un papel importante en la tragedia.

Ella le contó a su hijo el trato que habían hecho con los De la Torre y le transmitió la noción de que en Miami había una fortuna que le pertenecía. Los padres de Luis, junto con los De la Torre y, finalmente, el mismo Luis sembraron el camino para su destrucción.

No es que yo haya olvidado mi papel en este caso por un instante. Y no lo haré jamás.

Regresé a la terraza para terminar mi mojito; luego tomé otro y otro. Tomé hasta que ya no pude ver más el rostro de Luis Delgado en las suaves ondas de la noche.